三穗

SANSUI
GENGDI

耕地

杨光海　张其昌 ◎主编

贵州出版集团
贵州科技出版社

图书在版编目（CIP）数据

三穗耕地／杨光海，张其昌主编. -- 贵阳：贵州科技出版社，2018.10

ISBN 978 - 7 - 5532 - 0725 - 4

Ⅰ. ①三… Ⅱ. ①杨… ②张… Ⅲ. ①耕地资源 - 资源评价 - 三穗县②耕地资源 - 资源利用 - 三穗县 Ⅳ. ①F323.211②F327.734

中国版本图书馆 CIP 数据核字（2018）第 211325 号

三 穗 耕 地

杨光海 张其昌 / 主编

出版发行	贵州出版集团 贵州科技出版社
地　　址	贵阳市中天会展城会展东路 A 座（邮政编码:550081）
网　　址	http://www.gzstph.com http://www.gzkj.com.cn
出 版 人	熊兴平
经　　销	贵州省新华书店
印　　刷	贵阳新华印务有限公司
版　　次	2018 年 10 月第 1 版
印　　次	2018 年 10 月第 1 次
字　　数	207 千字
印　　张	11 彩插 1.625
开　　本	787 mm × 1 092 mm 1/16
书　　号	ISBN 978 - 7 - 5532 - 0725 - 4
定　　价	46.00 元

天猫旗舰店:http://gzkjcbs.tmall.com

《三穗耕地》编写委员会

序

　　土地是人类赖以生存的物质基础。自古以来,人们为之奋斗、为之流汗,甚至流血,耕耘着每一寸土地。随着社会的发展,人口的增多,土地显得越来越重要,尤其是经济高速发展的今天,耕地更显得空前珍贵。

　　三穗县土地面积 1035.8 km²,其中耕地面积 10 184.59 hm²,人口 22.02 万,是一个人多地少的县份。由于受到地质、地貌等自然因素的制约,三穗县的耕地分布不均衡,大多数海拔偏高、坡度大,使得生产劳动强度大、种植成本高。长期以来,由于受到传统观念和农业种植技术水平的影响,全县耕地大多数都是粗放经营,以致土地利用率不高,产能一直徘徊在较低的层次上。非但如此,耕地被非法改作他用的情况时有发生,以致本来就不多的耕地呈减少之势。为此,切实保护和科学合理地利用耕地,是摆在我们面前迫切和艰巨的任务。

　　如何科学合理地利用好、保护好耕地? 首先要认识和了解耕地。在这方面,三穗县农业部门做了很多富有成效的工作,《三穗耕地》一书的编写出版就是具体体现之一。本书以科学的态度、翔实的资料、专业的手法,对三穗耕地资源状况进行深入细致的记述和分析,使三穗的耕地资源状况一目了然,读了之后很受启发。这是一本很好的农业知识教材,全县广大干部职工特别是农业部门干部职工更应该认真阅读这本书,以增进对三穗耕地资源的了解,以便我们在今后的工作中更加利用好、保护好耕地。

　　耕地资源是有限的,利用好、保护好耕地是关系国民经济和社会可持续发展的全球性战略问题。"十分珍惜和合理利用土地,切实保护耕地"是一项必须长期坚持的基本国策。我们一定要在认清三穗耕地资源情况的基础上,遵照党中央、国务院和各级党委、政府关于保护和利用好耕地的文件精神,从三穗县的实际出发,科学合理规划,并开展切实有效的保护和利用耕地的工作。希望通过我们的努力工作,让现有的耕地资源得到真正的保护和科学合理的利用,让我们所拥有的每一寸耕地都能释放出最大的能量,让我们把肥沃滋润、经营良好的耕地留给我们的子孙后代。

　　希望本书的出版发行,能对加强三穗县耕地资源的保护和利用有所裨益,并为三穗县现代农业的发展和生态文明建设做出有益贡献。

三穗县人民政府副县长

2018 年 7 月

前　言

农业是安天下的产业,是国民经济的基础。耕地是人们获取粮食及其他农产品不可代替的生产资料,是保持社会和国民经济可持续发展的重要资源。现距第二次土壤普查(1979—1985年)已逾30年,人口、资源、环境的变化,对农业发展提出了更高的要求。农村经营体制、耕作制度、作物品种、种植结构、栽培方式、产量水平、肥料和农药的使用、土壤肥力等要素均发生了巨大变化。为了解决现实生产中影响作物产量和耕地质量的问题,必须查清现在的耕地资源,才能有效、合理地利用耕地,发挥耕地最大的利用潜力。

2008年,三穗县农业部门开始实施农业部、财政部测土配方施肥补贴资金项目,至2016年已连续实施了9年。通过项目的实施:一是建立健全了三穗县测土配方施肥技术体系,二是逐步摸清了土壤养分现状,三是收集了大量的施肥参数,四是构建了多种推荐施肥方式,五是搭建了三穗县耕地资源信息管理平台。为了将这些基础性技术成果更好地应用于生产,笔者收集三穗县耕地资源方面的资料,建立数据库与评价指标体系,用现代农业的研究方法,从全县耕地数量和质量、分类和评价、利用和改良等方面进行了全面的研究与分析,参阅国内外相关耕地资源研究资料,撰写完成《三穗耕地》一书。

此书以严谨的态度、专业的视角,从耕地资源现状、土壤分类、作物适应性评价以及培肥改良等方面,对三穗县耕地资源状况进行了细致的叙述和分析,耕地资源一目了然。这是一本不可多得的农业知识读本,尤其对从事农业生产、土地资源管理等人员具有很重要的参考价值,在农业生产规划中也具有现实的指导意义。

本书在撰写过程中参阅或引用了三穗县第二次土壤普查资料和第二次土地调查资料,在此向有关部门和作者表示衷心的感谢。

由于编者水平有限,加之编写时间仓促,书中不妥或错误之处在所难免,敬请广大读者批评指正。

编　者
2018年4月

目　　录

第一章　三穗县概况

　　三穗县位于贵州省东部,黔东南苗族侗族自治州东北部,地处东经 108°32′~109°04′,北纬 26°47′~27°04′,东北与湖南省新晃侗族自治县毗邻,东南、西南与天柱、剑河两县接壤,北与镇远县相连。为贵州省东出口之一,素有"黔东要塞"和"千里苗疆门户"之称。先后荣获"全国科技进步县""全国科普示范县""全国计划生育优质服务先进县""贵州省保障性住房示范县""贵州省农村劳动力转移就业工作示范县""贵州省政府服务环境十佳县"等荣誉。

　　全县南北宽 24.8 km,东西长 41.6 km,县域面积为 1035.80 km^2。2015 年全县辖八弓镇、台烈镇、桐林镇、瓦寨镇、雪洞镇、良上镇、长吉镇、滚马乡、款场乡 7 镇 2 乡(附图 1),159 个行政村,5 个居民社区,总人口约 22 万,其中以苗族、侗族为主的少数民族占 75%,农业人口占 89%。耕地面积 18 104.59 hm^2,占县域面积的 17.48%;水田和旱地各约占一半,水田面积为 9043.29 hm^2、占全县耕地面积的 49.95%,旱地面积为 9061.30 hm^2、占全县耕地面积的 50.05%。耕地主要分布在八弓镇、台烈镇和长吉镇,耕地面积均在 2100 hm^2 以上。

　　全县岩层主要由砂页岩和变质岩组成,石灰岩有零星分布,境内海拔在 600~800 m 之间,地势南部高于北部,西部高于东部,为低中山丘陵河谷盆地地貌。最高海拔为 1470 m(南部良上老山坡),最低海拔为 450 m(北部坪茶大坡脚新美河)。

　　三穗县人民政府驻八弓镇,距州政府驻地凯里市 87 km,距省政府驻地贵阳市 247 km。沪昆高速公路和沪昆铁路客运专线、三黎高速公路和三施高速公路、320 国道、310 省道在县城呈"十"字交汇,特别是沪昆铁路客运专线三穗站的设置,使得三穗县黔东交通枢纽的地位更加凸显。

第一节 气 候

三穗县属亚热带湿润季风气候区,气候温和,四季分明,雨量充沛,湿度较大,日照较少,无霜期长,季风气候显著。春季气温不稳定,寒潮活动较频繁;夏季降雨集中,雨热同季,局部有洪涝;秋季降温快,多阴雨天气;冬季常有凝冻。

一、热 量

热量是影响农业生产的主导因素之一,作物布局、耕作熟制、栽培措施及农作物的发育过程,随着气温高低而呈现差异。

1.气 温

据三穗县气象站多年资料统计,年平均温度为 15.1 ℃(表 1-1)。最热月(7 月)平均温度为 25.3 ℃,最冷月(1 月)平均温度为 3.8 ℃;极端最高温度为 37.1 ℃(1966 年 8 月 14日),极端最低温度为 -13.1 ℃;极端地面最高温度为 69.3 ℃。全年总积温为 5437.4 ℃。稳定通过 10 ℃,80%保证率的初日为 4 月 8 日,终日为 11 月 12 日,活动积温为 4569.7 ℃;≥10 ℃地面温度初日为 3 月 16 日,终日为 11 月 23 日;≥20 ℃80%保证率的初日为 6 月 1日,终日为 9 月 10 日;10~20 ℃的积温 80%保证率为 3562.6 ℃,10~22 ℃的积温 80%保证率为 3353.6 ℃,全县 10~20 ℃生长日数平均为 164 d,偏多的年为 178 d,偏少的年为 146 d。

表 1-1 三穗县 30 年的月平均气温 单位:℃

1 月	2 月	3 月	4 月	5 月	6 月	7 月	8 月	9 月	10 月	11 月	12 月	年平均
3.8	5.7	9.7	15.5	19.9	23.2	25.3	24.6	21.0	15.9	11.0	5.9	15.1

2.霜 期

全年无霜期为 281 d,最多的年为 335 d,最少的年为 235 d;初霜一般出现在 12 月 2 日,最早出现在 11 月 14 日,最晚出现在 1 月 7 日;终霜期一般出现在 2 月 27 日,最早出现在 1月 17 日,最晚出现在 4 月 4 日。

二、光 能

光能资源包括太阳辐射能和太阳照射时间,太阳辐射能是作物产量形成的基础。因此,农业生产取决于利用和固定太阳能的数量。

1.日照时数

三穗县地处山区,由于水汽含量大,云雾偏多,影响日照时数。据县气象部门多年资料统计,年日照时数为 1206.7 h,占可照时数的 27%,平均每日为 3.4 h。最多的 7 月,日照时数平均为 184.3 h;最少的 1 月,日照时数平均为 42.5 h(表 1 – 2)。最多是 1959 年 7 月,为 275.4 h,最少是 1975 年 2 月,为 6.2 h(平均每天仅 0.22 h)。生长期(4—9 月)日照数为 847.0 h,每日平均 4.6 h,≥10 ℃期间的平均日照时数为 976.1 h,80%保证率为 948 h,从日照的季节变化看,夏季最多,秋季次之,冬季最少。

表 1 – 2　三穗县 30 年的月平均日照时数　　　　单位:h

1 月	2 月	3 月	4 月	5 月	6 月	7 月	8 月	9 月	10 月	11 月	12 月	总计
42.5	43.3	60.0	91.1	115.8	118.4	184.3	180.6	130.5	86.8	84.2	69.2	1206.7

2. 光合辐射

三穗县年总辐射量为 353.37 kJ/cm²,其中光合有效辐射为 176.68 kJ/cm²。最大为 364.84 kJ/cm²(瓦寨),最少为 327.29 kJ/cm²(海山)。从年总辐射分布来看,大致情况是:中部地区 359.98 kJ/cm²以上,南部和北部小于平均值,其中大季作物生产期(4—9 月)的太阳辐射能为 243.32 kJ/cm²,而有效辐射为 109.13 kJ/cm²。由于各乡镇生长季节长短不一,按 >10 ℃日数计算,长的达 237 d,短的是 206 d。

三、主要气象灾害

大气对人类的生命财产和国民经济建设等造成直接或间接的损害,称为气象灾害,主要有干旱、暴雨洪涝、凝冻、秋绵雨、冰雹、雷暴等。三穗县地形复杂,南高北低,垂直落差大,形成独特的山区区域性天气气候,气象灾害具有种类多、范围广、频率高、突发性强、连锁反应显著等特点,一年四季均有气象灾害发生,三穗县气象灾害占自然灾害的 80%以上。随着全球变暖,气候发生变化,三穗县常出现极端性和突发性天气,气象灾害次数和严重程度也在逐渐增加,如 2008 年 1 月持续低温雨雪冰冻天气灾害,致使该县经济损失达 6 亿多元;2 月 27 日至 3 月 6 日持续困扰该县的多日高火险天气,引发森林、村寨火灾多起。气象灾害造成的损失相当巨大,人民生命、生产、生活等各方面面临严重威胁。2010 年极端最高气温达 37.9 ℃,刷新了多年保持的 36.5 ℃的记录。

1. 干　旱

干旱是指水资源的收与支或供与求不平衡而形成的水分短缺现象。从某种意义上说,大气降水是水资源的主要来源,直接影响着地表径流、地下水、土壤水分的短缺程度及作物、人类社会等对水分需求的满足程度。三穗县一年四季都可能发生干旱,有轻旱、中旱、重旱、特旱之分。

春旱为每年 3 月 1 日至 5 月 31 日发生的干旱。其中发生在 3 月 1 日至 3 月 31 日的春旱称为早春旱;发生在 4 月 1 日至 5 月 31 日的春旱称为晚春旱。夏旱为每年 6 月 1 日至 8 月 31 日发生的干旱。其中发生在 6 月 1 日至 6 月 30 日(初夏)的夏旱称为初夏旱(洗手干),特指水稻移栽后不久发生的干旱;发生在 7 月 1 日至 8 月 31 日(盛夏)的夏旱称为伏旱。秋旱为每年9月1日至11月30日发生的干旱。冬旱为12月1日至次年2月28—29日发生的末至干旱。

据有关资料记载,从1424—1949年的525年中,发生大旱(重旱、特旱)48次。据1958年建立三穗县气象站后的资料记录,基本情况是3年有一次中等强度以上的干旱,5～9年有一次重旱,10～20年有一次特旱。

据资料记载,1959年6月21日至9月21日,连续干旱93 d,由此引发饥荒。1981年6—8月,全县发生旱灾,山塘干涸,河水断流,稻田受灾面积达3651.07 hm²,占播种面积的65.60%;旱地受灾面积1715.33 hm²,占播种面积的70.90%。1995年7月8日至8月12日出现35 d干旱,同时并发虫灾,导致全县粮食减产421.2万kg,造成3.48万人缺粮,人均缺粮156 kg。

2. 暴雨洪涝

三穗县属黔东南多暴雨区,紧靠东南部的番溪暴雨中心区,形成暴雨的主要天气类型是冷锋低槽类和两高切变类,暴雨特性是量级大、历时短。据县气象档案资料统计,最大1日降水量为132.0 mm,出现时间是1991年7月31日;最大1小时降水量为99.2 mm,出现时间是2007年6月9日。短时间集中强降暴雨是造成洪涝灾害的原因。暴雨一般出现在5—8月,尤其以6月最多。县境河流属雨源性河流,因地处山区丘陵地带,落差大,水流急,加上短促的强大暴雨,易形成暴涨暴落的大洪水。洪水特征是洪峰流量大,持续时间短,洪水历时一般在1～2 d,大洪水和次大洪水多出现在5—7月。山区溪沟多,切割深,两岸是砂页岩,抗水土流失性能差,一降暴雨就导致山洪暴发,造成农田被水打沙壅。

三穗县洪涝灾害频繁,危害极大。据史料记载,1990年6月,全县普降暴雨,农田受灾面积300 hm²,受灾4900人,死亡3人,房屋倒塌8间,公路损坏3 km,造成经济损失20.1万元。1991年7月31日,1日降水量132 mm,为三穗县有记录以来最大降水量,农田受灾面积320 hm²,受灾5500人,死亡1人,房屋倒塌36间,公路损坏5.5 km,造成经济损失37.9万元。1999年7月23—24日,八弓镇出现暴雨,降水量113.9 mm,造成严重的洪涝灾害,美敏村64处山体滑坡,暴发泥石流,房屋倒塌205间,8 hm²稻田被毁。2003年5月11日,由于连续降雨,台烈镇平溪发生山体滑坡,造成修建沪昆高速公路工人32人死亡,2人失踪,为三穗历史上最大的地质灾害伤亡事故。2007年6月8—9日,暴雨造成洪灾,全县农作物受灾面积3153.33 hm²,绝收313.33 hm²,房屋倒塌421间,冲毁桥梁18座,损毁河堤9 km,公路交通中断,水利设施多处遭到破坏,受灾人口8.56万人,死亡1人,受伤4人,因灾造成经济损失15 713万元。

3. 凝冻

冻雨,俗称"凝冻"或"桐油凝",学名"雨凇"。具体表现为:在冬季受冷空气入侵影响低温阴雨天气时,常常在电线、树枝、地面上形成坚硬的冰层。在0～6 ℃时易出现道路、电线结冰,造成交通受阻,通讯中断。据三穗县气象资料统计,从1958—1980年,每年都有不同程度的冻雨天气出现,最早出现在11月15日(1976年),最晚出现在次年的2月10日(1978

年）。凝冻严重的年份有 1963 年、1966 年、1968 年、1973 年、1976 年等 5 年,持续时间在10 d
以上。典型凝冻年对人们生产生活影响较大,如 2004 年 12 月 23—30 日期间发生的雨凇,
电线结冰最大直径为 17 mm,1 m 导线最大重量为 1510 g,造成山林中松树、杉木、果木压倒
压断,绿化县城的樟树、桂花树毁损较多。2008 年 1 月 11 日至 2 月 9 日,全县出现特大低温
凝冻灾害,持续时间之长、影响范围之广、破坏程度之大均为历史罕见,灾害使交通受阻、水
电中断、物资短缺、电网瘫痪、工业停产、林农业受损,严重影响群众生产生活,造成经济损失
6 亿多元。

4. 冰　雹

冰雹是从发展强烈的积雨云中降落下来的固体降水物,民间称之为"雪雹子",常与大
风、雷雨同时出现。三穗县地处云贵高原东侧,属山区或半山区,境内地形复杂,是强对流天
气多发地区。全年各季都有冰雹天气发生,降雹日数以春季最多,约占全年总降雹日数的
73.2%,冬季次之,占 12.3%。

途经三穗县境的冰雹路线有两条,一是"都匀—凯里—台江—三穗",二是"镇远—三
穗—天柱"。前者覆盖三穗县全境,危害面大;后者受灾地区主要在款场、等溪、木良、顺洞、
良上、稿桥一线,对该地的烤烟、油菜的生产造成很大威胁。如 1994 年春夏,良上、巴冶、顺
洞、桐林发生雹灾,受灾农作物面积 191.20 hm²,成灾 122.80 hm²,损失粮食 280 t、油料
368 t。2009 年 2 月 4 日,三穗受冰雹袭击,22 个烤烟育苗大棚受损,造成经济损失 13 万元。

5. 雷　暴

雷暴,俗称"打雷",是积雨云强烈发展阶段产生的闪电鸣雷现象,是云层之间、云地之
间、云与空气之间的电位差增大到一定程度后的放电现象,常伴有大风、暴雨以致冰雹和龙
卷风,是一种局部但却很猛烈的灾害性天气。它不仅影响飞机、导弹等安全飞行,干扰无线
电通讯,而且击毁建筑物、输电和通信线路的支架、电杆、电气机车,损坏计算机、网络等设
备,引起火灾,击伤、击毙人畜等。

第二节　地质地貌

三穗县境内分布有前震旦系上板溪群,寒武系、二叠系及第四系地层,以前震旦系上板
溪群及寒武系下统地层为主。

1. 地　质

三穗县大地构造单元划分大致以施洞口断层为界,断裂南东属华南准地台,其北西属扬
子准地台,反映在断裂两侧地层分布、沉积特征、构造运动及褶皱断裂特征及变质作用均有
所不同,主要构造线呈南西—北东向褶皱及断裂。地层以前震旦系上板溪群清水江组为主,
其次为震旦系上统、下统和寒武系九门冲组。未有出露的还有乌叶组及番招组。

施洞口断层南东,地层出露以上板溪群为主,其次为震旦系和寒武系。寒武系、震旦系

上板溪群之间为假整合接触,可见加里东运动的存在,促使寒武系与其下伏岩层一起形成北东向及东西向褶皱和断层。施洞口断层北西向,地层出露以古生界为主,其中尤以寒武系分布最广。

总的来看,加里东运动由南向北西逐渐减弱,施洞口断层东南为褶皱运动,西北为振荡运动,与褶皱、断裂相伴有脉岩及多金属、水晶等热液矿产生成。矿产资源主要有钒、锰、钾、铅、锌、重晶石、石灰石、煤矸石等,其中钒储量丰富,已探明储量达 20.82 万 t,远景储量超过 100 万 t,品位在 0.8% ~1.5% 之间,具有很大的开发潜力。

2. 地 貌

地壳大运动带来了现在的地貌变迁,由于三穗县境内多数地层是在寒武系前形成的,又处于江南古陆边缘,经过加里东期、燕山期、雪峰期的褶皱运动,县内发育了不同时期的地层,并经过几次抬升,导致地面破碎,起伏较大,沟谷深切。三穗县为低中山丘陵河谷盆地地貌,地势南部高于北部,西部高于东部,海拔在 600 ~800 m 之间。县城海拔为 600 m,北比镇远县城海拔高 141 m,南比剑河县柳川镇海拔高 191 m,东比天柱县城海拔高 226 m,中部是低山丘陵盆地。苗岭山余脉通过县域南部形成的最高峰老山坡海拔为 1470 m,武陵山的余脉通过县境西北,海拔最低是坪茶的大坡脚为 450 m。全县海拔 1000 m 以上的山峰有 54 座。

全县为侵蚀构造及少量的岩溶地形,其形态有溶洞、暗河、深谷、盆地、丘陵、低山、低中山地貌。见表 1 -3。

表 1 -3 三穗县主要地貌类型

地貌类型	海拔/m	面积/hm²	分布情况
河谷盆地	450 ~600	20 920.00	县境几条大河流的沿岸
低山丘陵盆地	600 ~800	37 600.00	县境腹地
低中山山地	800 ~1200	22 193.33	县境南、北两部
中山山地	1200 ~1470	2780.00	县境南部

由于加里东期、燕山期、雪峰期、第四纪的地质构造运动,形成三穗县地质结构和不同的地貌类型,出露岩层不同,所发育的土壤、质地受气温、光照、降雨、植被的影响也各不相同,因而影响农业生产,使其具有明显的地域差异。

三穗县的地域差异是以地貌类型、海拔高度、气温、降雨多少为主要依据划分的。县境南部腰里坡、老山坡、麻栎山、老营盘、烂泥沟一带为低中山丘陵深谷,年平均气温 13.8 ~14.0 ℃,≥10 ℃活动积温 4300 ℃,无霜期 190 ~240 d,是本县冷凉山区;西北部的摩天岭、霸王坡、十万沟、秦雷坡一带为低山丘陵冲沟,海拔在 600 ~900 m,年平均气温 14 ~15 ℃,≥10 ℃活动积温 4300 ~4500 ℃,无霜期 290 ~300 d,是本县温凉干旱区;东北部的圣德山、相见坡、观音坡、芭蕉湾一带为低山丘陵河谷,自然条件与西北部相似;中部的白马坡、长吉坳、观音阁、八弓镇等六洞河一带为低山丘陵河谷盆地,海拔 500～800 m,年平均气温15.0～15.6 ℃,≥10 ℃活动积温 4500～5000 ℃,无霜期 290～300 d。

第三节 水 文

据三穗县多年水文数据统计,三穗县年平均降水量为 1069.2 mm,总水量为 11.9 亿 m³,最大降水量为 1997 年的 1215.3 mm,最小降水量为 2006 年的 767.2 mm。县境地下水情况:出露地层是以含水性弱的变质岩隙水和碎屑岩隙水为主,地下水多年平均总量达 6564 万 m³,丰水年为 7254 万 m³,平水年为 5484 万 m³,枯水年为 4780 万 m³。其中泉水总量为 211 万 m³。

一、降水量

全县雨量充沛,各月降水量分布不均,变化较大。从县气象部门统计资料看,年平均降水量为 1069.2 mm;其中汛期(4—8月)降水量为 691.5 mm,占全年降水量的 64.7%(表 1－4)。1991 年 7 月份降水量为 316.8 mm,1992 年 7 月份降水量为 24.5 mm,相差 292.3 mm。全年水量变差系数 CV 值为 0.16 左右。

表 1－4 三穗县 30 年月平均降水量

单位:mm

1月	2月	3月	4月	5月	6月	7月	8月	9月	10月	11月	12月	年平均
35.4	41.7	69.0	108.5	157.7	157.4	144.9	123.0	68.7	77.4	55.8	29.7	1 069.2

二、地下水

三穗县出露地层是以含水性弱的变质岩隙水和碎屑岩隙水为主,该类地层出露面积占全县土地面积的 90% 以上。加之此类地层地势陡峭,脊沟发育,水土流失严重,因此地下水资源不甚丰富。21 世纪以来,通过实施植树造林、退耕还林、天然林资源保护、集体林权制度改革等林业生态工程,山林郁闭,植被增加,地下水资源有所增加,含水性强和中等的占 18%,故地下水多年平均总量为 6564 万 m³,而丰水年为 7254 万 m³,平水年为 5484 万 m³,枯水年为 4780 万 m³。其中泉水总量为 211 万 m³。

三、地表水

三穗县河流属长江水系沅江上游的一部分。全县境内流域面积大于 20 km² 或主河道长度在 10 km 以上的中、小河流有 16 条,总长为 323 km;另有溪沟 162 条。河流、溪沟总长为 776 km。全县河、沟分两条支流汇入沅江,流入潕阳河后再流入沅江的有苗鸟河及坪茶、泥山等村的 14 条溪沟,流域面积为 87.6 km²。流入清水江后再流入沅江的有邛水河、寨头河、款场河,流域面积为 950.4 km²。境内的主要河流有六洞河干流及其支流台烈河、贵秧河、坦洞河(桐林河)4 条,全县水能蕴藏量 2.58 万 kW。

(1)六洞河:在本县境内又叫邛水河,位于县境中部,是本县最大的一条河流,发源于镇远县的金堡,从本县东南角顺洞出境,流经剑河,汇入清水江。在本县境内的干流长为 81.2 km,流域面积包括支流溪沟在内有 830.49 km²,水能理论蕴藏量为 16 779 kW。

(2)台烈河:发源于本县良上镇巴冶村从脚地区,位于本县西南部,流经台烈、颇洞、青洞,在县城东南角汇入六洞河。主河长 38.1 km,水能理论蕴藏量为 3877 kW。

(3)贵秧河:发源于良上镇巴冶村寨往附近,位于本县中南部,流经良上镇、长吉镇,在长吉街附近汇入六洞河。主河长 31 km,流域面积 103 km²,水能理论蕴藏量为 2182 kW。

(4)坦洞河:又名桐林河,位于县东北部,发源于天柱县阳寨扣会附近,流经本县坦洞、新场,在桐林镇的新场村附近汇入六洞河。主河全长 30 km,流域面积 132 km²,水能理论蕴藏量为 3017 kW。

2003 年,在瓦寨镇顺洞建起了平坝电站,蓄水量为 987 万 m³,装机容量为 2200 kW/2 台,年发电量为 1650 万 kW·h。2010 年,国家投资 7.2 亿元修建塘冲水库,控制集雨面积 185 km²,库容 5264 万 m³。该水库建成后,可发电,可供邛水河下游特别是城镇人民生活用水、工农业用水。县境自然生态环境好,水质好,流量在 1 L/s 以上的泉点有 87 处,屏树冒沙井和良上老山坡矿泉水已被开发利用,建成水厂,生产瓶装饮用水供应市场。

第四节　社　会

一、国民经济

十二五以来,在中共贵州省委、省人民政府和黔东南苗族侗族自治州委、州人民政府的正确领导下,中共三穗县委、县人民政府坚持以科学发展观统领经济社会发展全局,始终坚定主基调、主战略不动摇,认真贯彻落实中央和省、州一系列重大决策部署,紧密结合三穗工作实际,以"小县也能大发展"的思维,深入践行"民本为上"的执政和发展理念,围绕建设"一城两中心三基地"(黔东中心城市;黔东旅游集散中心、黔东商贸物流中心;黔东产业承接示范基地、黔东创新创业示范基地、黔东大健康产业示范基地)的战略目标,积极抢抓机遇,大力实施工业强县、城镇带县、商贸活县主战略,推动"三区联动"(老城区、开发区、高铁新区)发展,经济社会跨入了又好又快发展的轨道,全县上下呈现出团结向上、科学发展、和谐稳定的崭新局面。2015 年,全县生产总值完成 35.33 亿元,同比增长 14.4%,财政总收入完成 4.64 亿元,增速 7.1%,城镇居民、农村居民人均可支配收入分别达 22 931 元、6933 元,同比增长 10.9% 和 12.4%;城镇化率达到 41.43%;贫困人口由 2011 年 9.01 万人减少到

4.53万人,减少贫困人口 4.48 万人,贫困发生率从 46.32% 降至 2015 年底的 22.72%,减少近 24 个百分点,小康实现程度达 90.2%。2015 年在全省 47 个非经济强县的综合测评中排第 32 位,全州 13 个非经济强县排第 3 位。

二、交通设施

三穗交通区位独特,自古就有"黔东要塞"和"千里苗疆门户"之称,位于贵州铜仁市、凯里市和湖南怀化市三大区域性城市的地理中心,是由湘入黔的重要通道,是贵州连接华中、华东地区的前沿阵地,是贵州"东进战略"的桥头堡。县境内高速公路、国道、省道纵横全境,交汇县城,半径 100 km 范围内有 4 个机场(黎平机场、铜仁凤凰机场、凯里黄平机场和湖南芷江机场),能快捷融入长三角、珠三角及成渝经济圈。随着国家新一轮西部大开发的深入实施,沪昆高铁三穗站的建成营运,为三穗县打造贵州沪昆高铁经济带黔东高铁经济"第一站""第一城"带来了前所未有的机遇。

第二章　耕地资源信息系统

三穗县耕地资源信息系统是以县内耕地资源为管理对象,应用遥感技术(RS)、全球定位系统(GPS)、田间测量等现代技术对土壤—作物生态系统进行动态监测,应用地理信息系统(GIS)构建耕地基础信息系统,并将此数据平台与土壤养分的转化和迁移、作物生长动态等模型相结合,而建立的一个适合本县实际情况的耕地资源智能化管理系统。

第一节　基础数据来源

一、采样分析

在作物收获后或播种施肥前进行采样,在保证采样点具有典型性和代表性的基础上,同时兼顾空间分布的均匀性原则,以 5 ~ 10 hm² 为一个取样单元。取样时避开路边、田埂、沟边、肥堆等特殊部位。

测土配方施肥项目实施过程中,土壤分析测试项目包括 pH、有机质、全氮等 7 个项目,分析方法及质量控制参照《测土配方施肥技术规范》要求(表 2 - 1)。

表 2 - 1　测土配方施肥样品测试项目及分析方法汇总表

	测试项目	分析方法
1	pH	电位法测定,土液比 1:2.5
2	有机质	油浴加热重铬酸钾氧化容量法测定
3	全　氮	凯氏蒸馏法测定
4	碱解氮	碱解扩散法测定
5	有效磷	碳酸氢钠浸提—钼锑抗比色法测定
6	速效钾	乙酸铵浸提—火焰光度计法测定
7	缓效钾	$1 \ mol \cdot L^{-1}$ 热硝酸浸提—火焰光度计法测定

二、野外调查

在土壤取样的同时,调查田间基本情况,填写测土配方施肥采样地块基本情况调查表。调查内容包括:样点的地块位置、地形地貌、土壤类型和质地、耕层厚度、肥力等级、障碍因素、排灌条件、作物生长季节、施肥次序、施肥时间、肥料种类、肥料名称及养分含量情况、施肥实物量等。

同时开展农户施肥情况调查,填写农户施肥情况调查表。调查内容包括:作物生长季节、作物名称、品种名称、播种季节、收获日期、产量水平,作物生长期内的降水、灌溉情况及灾害情况,是否有推荐施肥、推荐施肥情况及实际施肥情况等。

三、图件收集

收集整理各类图件资料。图件是指印刷的各类地图、专题图、卫星图片以及土壤图、土地利用现状图、行政区划图、采样点点位和耕地土壤养分图等的矢量图和栅格图。

地形图:统一采用中国人民解放军总参谋部测绘局测绘的地形图。由于近年来公路、水系、地形地貌等变化较大,因此与水利、公路、规划、国土等部门联系收集有关最新图件资料对地形图进行修正。

土地利用现状图及基本农田保护现状图:近几年来,国土部门开展了第二次土地资源大调查和基本农田调查工作,这些图件资料可为耕地地力评价提供基础资料。

行政区划图:收集最新行政区划图(含行政村边界),并注意名称、编码等的一致性。

第二次土壤普查成果图:包括土壤图、土壤改良利用图、土壤养分图等。

水利分区图:运用市水利局提供的资料,根据灌溉条件、灌溉保证率、灌溉模数、排涝模数、抗旱能力、排涝能力等指标(根据评价指标体系确定)编绘灌溉分区图、排水分区图。

耕地地力调查点位图:在行政区图、地形图或土壤图上准确标明耕地地力调查点位位置及编号。

四、历史和社会经济数据收集

主要是收集第二次土壤普查相关数据和当前行政区划以及人口、耕地面积等数据。包括土壤志、土种志、土壤普查专题报告;各土种性状描述,包括其发生、发育、分布、生产性能、障碍因素等;第二次土地资源大调查资料,基本农田保护区划定资料;近三年农业生产统计资料,土壤监测,田间试验,各乡镇历年化肥、农药、除草剂等农用化学品销售及使用情况,农作物布局等,全县及各乡镇基本情况、自然资源状况描述。

第二节 属性数据库建立

自第二次土壤普查,特别是 2008 年实施测土配方施肥项目以来,通过野外调查、土壤分析、图件绘制等获得了大量宝贵的信息和数据资料。利用农业部"测土配方施肥汇总软件"将野外调查资料和室内化验分析数据进行录入,再将野外调查资料、室内化验分析数据、土壤代码、行政区划代码等相关数据导出为 EXCEL 表格后采用 ACCESS 建立数据库。

一、样点调查、分析数据

耕地地力调查对象是全县耕地,主要是对单元样点基本情况进行调查(见附图 2)。根据样点布点原则和采样要求,三穗县耕地地力调查采样共计 4615 个。采样地块基本情况调查包含:统一编号、调查组号、采样序号、采样目的、省(市、区)名称、地(市)名称、县(市)名称、乡(镇)名称、农户名称、地块名称、距村距离、经度、纬度、海拔、地貌类型、地形部位、地面坡度、田面坡度、坡向、通常地下水位、最高地下水位、最低地下水位、常年降水量、常年有效积温、常年无霜期、农田基础设施、排水能力、灌溉能力、水源条件、输水方式、灌溉方式、熟制、典型种植制度、常年产量水平、土类、亚类、土属、土种、俗名、成土母质、剖面构型、质地、土壤结构、障碍因素、侵蚀程度、采样深度、肥力等级、地块面积、代表面积、意向作物名称、意向作物品种、意向目标产量、单位名称、联系人、地址、单位电话、采样调查人。

土壤测试结果表包含:统一编号、pH、有机质、全氮、碱解氮、有效磷、速效钾、缓效钾,共分析化验了 4615 个土样的上述养分状况。

二、耕地资源管理单元属性数据

该属性数据表包含每一个评价单元的相关历史数据和测土配方施肥项目产生的大量属性数据,并以具有唯一值的内部标识码进行区分。不仅存储方便,更便于对属性数据的查看、统计和分析(图 2-1)。

	D	E	F	G	H	I	J	K	L	
1	乡镇名	权属单位代	权属单位名	行政区代码	村名	地类编码	地类名称	国家土类	国家亚类	国
2	八弓镇	5226241000	马鞍村	5226241000	马鞍村	013	旱地	黄壤	黄壤性土	砂
3	八弓镇	5226241000	马鞍村	5226241000	马鞍村	013	旱地	黄壤	黄壤性土	砂
4	八弓镇	5226241000	菜冲村	5226241000	菜冲村	011	水田	水稻土	渗育水稻土	渗
5	八弓镇	5226241000	菜冲村	5226241000	菜冲村	011	水田	水稻土	渗育水稻土	渗
6	八弓镇	5226241000	贵坪村	5226241000	贵坪村	011	水田	水稻土	潴育水稻土	潮
7	八弓镇	5226241000	菜冲村	5226241000	菜冲村	011	水田	水稻土	渗育水稻土	渗
8	八弓镇	5226241000	羊古村	5226241000	羊古村	011	水田	水稻土	渗育水稻土	渗
9	八弓镇	5226241000	贵坪村	5226241000	贵坪村	011	水田	水稻土	渗育水稻土	渗
10	八弓镇	5226241000	贵坪村	5226241000	贵坪村	011	水田	水稻土	渗育水稻土	渗
11	八弓镇	5226241000	马鞍村	5226241000	马鞍村	011	水田	水稻土	渗育水稻土	渗
12	八弓镇	5226241000	马鞍村	5226241000	马鞍村	011	水田	水稻土	渗育水稻土	渗
13	八弓镇	5226241000	马鞍村	5226241000	马鞍村	011	水田	水稻土	潴育水稻土	潮
14	八弓镇	5226241000	马鞍村	5226241000	马鞍村	011	水田	水稻土	潴育水稻土	潮
15	八弓镇	5226241000	马鞍村	5226241000	马鞍村	011	水田	水稻土	潴育水稻土	潮
16	八弓镇	5226241000	贵坪村	5226241000	贵坪村	011	水田	水稻土	潴育水稻土	潮
17	八弓镇	5226241000	羊古村	5226241000	羊古村	011	水田	水稻土	渗育水稻土	渗
18	八弓镇	5226241000	羊古村	5226241000	羊古村	013	旱地	黄壤	典型黄壤	砂
19	八弓镇	5226241000	羊古村	5226241000	羊古村	011	水田	水稻土	渗育水稻土	渗
20	八弓镇	5226241000	贵坪村	5226241000	贵坪村	011	水田	水稻土	渗育水稻土	渗
21	八弓镇	5226241000	杉木村	5226241000	杉木村	011	水田	水稻土	潴育水稻土	潮
22	八弓镇	5226241000	贵坪村	5226241000	贵坪村	011	水田	水稻土	渗育水稻土	渗
23	八弓镇	5226241000	羊古村	5226241000	羊古村	011	水田	水稻土	渗育水稻土	渗
24	八弓镇	5226241000	贵坪村	5226241000	贵坪村	011	水田	水稻土	潴育水稻土	潮
25	八弓镇	5226241000	贵坪村	5226241000	贵坪村	011	水田	水稻土	潴育水稻土	潮
26	八弓镇	5226241000	贵坪村	5226241000	贵坪村	011	水田	水稻土	潴育水稻土	潮
27	八弓镇	5226241000	贵坪村	5226241000	贵坪村	011	水田	水稻土	潴育水稻土	潮
28	八弓镇	5226241000	贵坪村	5226241000	贵坪村	011	水田	水稻土	渗育水稻土	渗
29	八弓镇	5226241000	贵坪村	5226241000	贵坪村	011	水田	水稻土	渗育水稻土	渗

透视表　耕地单元带各种结果　加权平均　改良利用分区　施肥分区

图 2－1　耕地资源管理单元属性数据图示

该属性数据包含：内部标识码、县名称、县代码、乡镇名称、村名称、县内行政码、权属单位代码、权属单位名称、行政区代码、地类编码、地类号、地类名称、国家土类、国家亚类、国家土属、国家土种、贵州土类、贵州亚类、贵州土属、贵州土种、贵州土种代码、地区土类、地区亚类、地区土属、地区土壤图、地区土种、县土类、县土属、县土种、县土种代码、县土壤图、剖面构型、土体厚度、成土母质、抗旱能力、耕地坡度级、海拔、有效积温、年降水量、耕层厚度、地貌、地形部位、排水能力、灌溉能力、质地、缓效钾、碱解氮、pH、全氮、速效钾、有机质、有效磷、平差面积，共计 55 个属性字段，31 777 条信息。

三、土种归并

对于第二次土壤普查资料的整理，聘请地区、县内参与过土壤普查工作，对省内土壤分类历史和资料比较熟悉，并有丰富的生产实践经验的土壤肥料专家，根据国家标准《中国土壤分类与代码》及《贵州省土种志》《贵州省土壤》《黔东南苗族侗族自治州土壤》《三穗县土壤志》对土壤分类系统进行整理、归并，制定了县土种与地区土种、贵州省土种与国家土种对照表，使三穗县的土种都能归入省级土壤分类和国家土壤分类系统。建立一套完整的土壤类型代码表，并与土壤分类系统表、土壤图图例、典型剖面理化性状统计表、农化样数据表等资料一致。

第三节 空间数据库建立

建立空间数据库首先应进行图件数字化。图件数字化采用 R2V 软件,数字化后以 shape 格式导出,在 ArcGIS 中进行图形编辑、改错,建立拓扑关系。然后进行坐标及投影转换。投影方式采用高斯—克吕格投影,3 度分带,坐标系及椭球参数采用西安 80/克拉索夫斯基;高程系统采用 1980 年国家高程基准;野外调查 GPS 定位数据的初始数据采用经纬度,统一采用 GW84 坐标系,并在调查表格中记载,装入 GIS 系统与图件匹配时,再投影转换为上述直角坐标系坐标。

以建立的数据字典为基础,在数字化图件时对点、线、面(多边形)赋予相应的属性编码,如在数字化土地利用现状图时,对每一多边形同时输入土地利用编码,从而建立空间数据库与属性数据库具有连接的共同字段和唯一索引。图件数字化完成后,在 ArcGIS 下调入相应的属性库,完成数据库和空间的连接,并对属性字段进行相应的整理,最终建立完整的具有相应属性要素的数字化地图。

利用比例尺为 1:10 000 的三穗县土地利用现状图、土壤图、行政区划图(村级)、地形图等基础图件数据建立耕地地力评价空间数据库。数据库以 shp 文件格式保存在空间文件的 VectorFile 文件夹中,每一个独立的空间信息以独立的图层文件存储,包括村界、乡镇界、公路、农村道路、等高线、采样点、乡镇驻地、城镇、村庄、土地利用现状、土壤图、河流湖泊水库、年降水量、有效积温、耕地资源管理单元图等 15 个空间图层数据。

第四节 管理单元的确定与属性值获取

管理单元是由对土地质量具有关键影响的各土地要素组成的基本空间单位,同一管理单元的内部质量均一,不同单元之间,既有差异性又有可比性。管理单元主要以土种类型相对独立成块来确定,在所有耕地中,每一个具有一定面积且相对独立成块的土种类型就是一个管理单元。管理单元(即图斑)的生成,即利用计算机技术把土壤图、土地利用现状图和行政区划图叠加相交生成管理单元图。由于原图件来源时间不统一,出现行政区划图、现状图和土壤图中的行政边界、乡镇边界有出入;土壤图、土地利用现状图、行政区划图不同年代、不同精度,重叠后形成许多"真空"图斑、碎图斑,导致耕地管理单元图斑不正确。于是,通过分析不同图件的信息,结合土壤专业的基础理论,制订了按自动生成图斑与手动生成图斑相结合的方式进行耕地管理单元图斑制作,减少纠错工作量,并使图斑更适合于实际情况。如筛选、确定一个有精确坐标的边界图为基准去修改(合并、切割等)其他相应的图。三穗县耕地资源管理信息系统共计管理单元 31 777 个。

　　影响耕地地力的因子非常多,而且这些因子在计算机中的储存方式也不尽相同,如何准确地在评价单元中获取评价信息是关键的一环。由土壤图、土地利用现状图和行政区划图叠加生成施肥指导单元图斑,在单元图斑内统计采样点,如果一个单元内有一个采样点,则该单元的数值就用该点的数值;如果一个单元内有多个采样点,则该单元的数值采用多个采样点的平均值(数值型取平均值,文本型取大样本值,下同);如果某一单元内没有采样点,则该单元的值用与该单元相邻同土种单元的值代替;如果没有同土种单元相邻,或相邻同土种单元也没有数据,则可用与之较近的多个单元(数据)的平均值代替。

一、海拔因子值的获取

　　海拔因子值的获取首先是利用 ArcGIS 9.3 软件将数字化的三穗县地形图生成数字高程模型(DEM)。在生成的 DEM 的基础上,利用 ArcGIS 9.3 中的空间分析(Spatial Analyst)模块下的表面分析(Surface Analysis)功能来提取每个评价单元范围内海拔的平均值,并将其赋予对应的评价单元,从而实现海拔因子值的提取。

二、概念型因子值的获取

　　概念型的属性包括:灌溉能力、排水能力、剖面构型、耕层厚度、成土母质、土体厚度、地形部位等。由于没有相应的专题图,因此其值不能通过 ArcGIS 中的空间分析功能直接进行提取,只能通过土壤采样点的调查数据得到。本次评价的土壤调查样点分布较为均匀,且密度较大,在采集土壤样品时,对各样点的概念型属性进行了详细的调查,而这些属性在空间上一定范围内存在相对的一致性,也就是说在一定的采样密度下,每个采样点附近的评价单元的这些属性的值可以用该样点的值代替,即以点代面来实现评价单元中对灌溉能力、排水能力、剖面构型等概念型因子值的获取。

三、土壤养分属性的获取

　　对于土壤有机质、全氮、有效磷、速效钾等因子值的获取,可以通过野外采集的土壤样品化验分析数据用地统计的方法进行 Kriging 空间插值来获得。首先,将采样点调查及分析数据按照经纬度在 ArcGIS 9.3 中进行布点。然后,利用其中的地统计分析(Geostatistical Analyst)模块选择最优的插值模型进行 Kriging 空间插值,得到各因子的空间分布图。最后,同样使用确定的评价单元图通过空间分析(Spatial Analyst)模块下的区域统计(Zonal Statistics)功能来提取每个评价单元范围内的土壤有机质、全氮、有效磷、速效钾等因子的平均值,并将该值赋予相应的评价单元,最终实现对这些因子值的提取。

第三章　耕地土壤

第一节　耕地土壤分类

一、分类原则

土壤分类就是根据各种土壤发生、形成、发展的理论正确地把客观存在的不同类型的土壤,按照各类型之间的内在联系和它们之间的差别加以区分。

1. 以土壤发生学分类为基础

三穗县地形地貌、气候、成土母质、人为活动等成土条件差异较大,成土过程不一,不同的成土因素组合形成的土壤性状、理化性质、肥力水平有很大差异。因此,应用发生学来分类是土壤分类的基本原则。

土壤作为历史自然体,其发生、发育受各种因素制约,由于受各种成土因素影响的强烈程度以及成土过程在空间和时间上的进程不同,因而土壤的发育方向和程度不一致,必然要在土壤分类中给予应有的体现,以避免机械地把已经发生的成土过程同即将发生的成土过程混为一谈,把熟化土壤(具 A、B、C 剖面构型)与幼年土壤(具 A – C 或 A – BC – C 剖面构型)合成一体。在土壤分类中还应重视土壤地带性的客观存在,因而在高级分类单元中对自然成土因素给予反映。在划分地带性土壤时,既注重"中心"概念,又尽量结合考虑"边缘"概念,并以土壤本身具备的特征特性为依据而不生搬硬套。在基层单元划分时尽可能应用数值和指标,以弥补在地带性土壤按中心概念划分时的不足,以逐渐向土壤诊断分类靠近。

2. 以自然土为基础,把自然土和耕作土纳入分类系统中

耕作土壤是在自然土壤的基础上,经过长期的耕作影响而形成的,同时还继续受自然成土因素的影响,它们之间存在发生学上的联系。

在耕种以前的很长时间,受相同的自然成土因素影响,经历着复杂的、一致的成土过程,

产生相似的属性。耕种以后,经人工培肥作用,土壤形态和性状虽然发生变化,但其非耕作土壤与耕作土壤具有发生上的联系,土壤属性上具有某些方面的继承。因此,将两种土壤归入统一的分类系统中,并给予恰当的位置。水稻土具有独特的成土过程,在土类一级给予独立;旱作土则一般在土种一级与非耕作土给予区分,这既不割断耕作土壤与非耕作土壤的发生联系,又顾及其性态上实质性的差别。

3. 土壤分类要体现科学性、生产性、群众性三统一的原则

以群众性生产通俗土壤命名为导向,按照科学性进行整理,取其精华,统筹安排,充实土壤分类内容。

三穗县第二次土壤普查工作于 1988 年结束,其土壤分类系统是按照《全国第二次土壤普查暂行技术规程》的规定,结合三穗县的实际划分的。而贵州省土壤分类系统是在 20 世纪 80 年代后期至 90 年代初期,根据全省各县(市、区)的土壤普查结果进行归纳整理而来,在系统分类与土种命名上与县级土壤分类系统有所不同,存在同一土性分处不同土壤类型的状况,如三穗县"黄壤土类"中的"黄泥土亚类",在贵州省土壤分类系统中将其归并到"粗骨土土类"的"钙质粗骨土亚类"或"黄壤土类"的"黄壤亚类"和"黄壤性土亚类";"水稻土土类"的"渗育型亚类",在贵州省土壤分类系统中将其归并到"渗育型水稻土亚类"或"潴育型水稻土亚类"。因此为了与国家、省土种对接,有必要对三穗县第二次土壤普查的各土种进行省级归并,使之溯源到省级土壤分类系统。如三穗县的"火石砂土"土种,在贵州省土壤分类系统中不存在,但其发育的母质、程度和土体构型与省土种"岩砂土"土种相似,故遵循相同土壤属性的原则归并到省土种"岩砂土"。

二、分类依据

三穗县耕地土壤分类采用土类、亚类、土属、土种 4 级分类制。根据第二次土壤普查结果,三穗县耕地土壤分为 6 个土类、11 个亚类、24 个土属、32 个土种,其依据分别是土类、亚类、土属、土种。

1. 土　类

土类是土壤分类的高级单元。它是根据成土条件、成土过程,以及由此而产生的土壤属性划分的。同一土类在土壤属性上较接近,不同土类具有明显的差异性。同一土类的生物气候条件基本相同,具有明显的地带性特征。在自然因素和人为因素的影响下,每一土类都具有一定的成土过程。各土类间在性质上具有质的差异,每一土类都具有各自的剖面性态和相应的土壤属性,特别是作为鉴定该土类的诊断层,如铁铝层、黄化层、潴育层等。同一土类具有相同诊断特征和相类似的利用改良方向,如潮土、粗骨土、红壤、黄壤、石灰土、水稻土和紫色土。

2. 亚　类

土壤亚类是土类的辅助单元,属土类范围内或土类间的过渡类型,主要是反映土壤类型发育的阶段特征。每一亚类除具有该土类共同的成土过程外,还有一定的附加过程,如潜育过程和潴育过程。每一亚类具有与附加过程相联系的发生特征和剖面构型,如紫色土中可

分为石灰性、中性和酸性紫色土亚类等。

3. 土　属

土属是土壤分类系统中的中级分类单位,是土类与土种之间承上启下的分类单元,一般受地区性限制程度较大。划分的主要依据是母岩质地类型、母质类型、水文地质条件等,如母质为石灰岩坡残积物形成的大泥田土属、大泥土土属、干鸭屎泥田土属和鸭屎泥田土属。耕作土还可以自然土直接划定土属,如紫色泥页岩开垦为旱作土为淋溶紫泥土,水耕熟化为潴育血泥田。相同土属土壤属性和生产性能基本上趋于一致。

4. 土　种

土种是土壤分类的基础单元,它是发育在同一母质上,具有相类似的发育程度或熟化度及剖面层次排列的稳定单元。根据土壤发育程度或熟化程度在量上的差异来划分,主要依据是土体构型、土层厚度、质地、侵蚀状况、地形部位、有机质含量、障碍因素等。旱作土按耕层熟化度的高低划分为"生""熟""油"或"大""小""死"土种,或按砾石含量划分为砾石和砾质土种,或按障碍层次出现的部位划分为"高位"或"低位"土种;水稻土则按土壤质地、均质与不均质层次构型、发生层段的发育程度或熟化程度、砾石含量等划分土种。同一土种其肥力水平及利用改良措施基本一致。

三、分类系统

根据土壤分类原则与第二次土壤普查结果,以及综合成土条件、成土过程,三穗县土壤可分为自然土、旱作土和水稻土。将三穗县耕地土种整理、归并到贵州土壤分类系统后,共有 7 个土类、14 个亚类、24 个土属、31 个土种。详见表 3 - 1、附图 3。

表 3 - 1　耕地土壤分类表

土类	原二普土类	亚类	原二普亚类	土属	原二普土属	土种	原二普土种	面积/hm²	比例/%
潮土	潮土	潮土	潮土	潮砂泥土	潮砂泥土	潮砂土	潮砂土	274.70	1.52
粗骨土	黄壤	钙质粗骨土	黄泥土	白云砂土	石砂土	岩砂土	火石砂土	2.21	0.01
红壤	红壤	黄红壤	黄红泥土	黄红泥砂土	黄红砂土	黄红扁砂泥土	红扁砂土	225.27	1.24
				黄红泥土	黄红泥土	黄红泥土	黄红泥土	113.62	0.63
黄壤	黄壤	黄壤	黄泥土	黄泥土	黄泥土	黄泥土	黄泥土	201.70	1.11
						死黄泥土	死黄泥土	11.60	0.06
						油黄泥土	小黄泥土	56.01	0.31
				黄砂泥土	黄砂泥土	黄砂泥土	黄砂泥土	6932.78	38.29
		黄壤性土	黄泥土	幼黄泥土	石砂土	黄扁砂泥土	扁砂土	730.55	4.04

续表 3 - 1

土 类	原二普土类	亚 类	原二普亚类	土 属	原二普土属	土 种	原二普土种	面积/hm²	比例/%
石灰土	石灰土	黄色石灰土	大泥土	大泥土	大泥土	大泥土	大泥土	295.29	1.63
紫色土	紫色土	石灰性紫色土	紫泥土	大紫泥土	紫泥土	紫红泥大土	紫泥土	211.00	1.17
		中性紫色土	紫泥土	紫砂泥土	紫砂土	紫砂土	紫砂土	6.57	0.04
水稻土	水稻土	漂洗型水稻土	漂洗型	白胶泥田	白胶泥	轻白胶泥田	轻白胶泥田	70.33	0.39
				白鳝泥田	白鳝泥	轻白鳝泥田	轻白鳝泥田	475.65	2.63
		潜育型水稻土	潜育型	烂锈田	矿毒田	烂锈田	锈水田	2.13	0.01
					烂泥田	浅脚烂泥田	浅脚烂泥田	24.29	0.13
						深脚烂泥田	深脚烂泥田	52.70	0.29
				冷浸田	冷浸田	冷浸田	冷砂泥田	277.95	1.54
				鸭屎泥田	鸭屎泥	鸭屎泥田	湿鸭屎泥田	106.87	0.59
		渗育型水稻土	渗育型	大泥田	大泥	大泥田	苦大泥田	46.17	0.26
				黄泥田	黄砂泥	黄砂泥田	黄砂泥田	5179.61	28.61
		脱潜型水稻土	脱潜型	干鸭屎泥田	脱潜鸭屎泥	干鸭屎泥田	干鸭屎泥田	80.09	0.44
		淹育型水稻土	淹育型	幼黄泥田	坡磅缺水黄泥	幼黄泥田	死黄泥田	179.58	0.99
		潴育型水稻土	渗育型	冷水田	冷水田	冷水田	冷水田	243.36	1.34
			潴育型	斑潮泥田	潮泥	斑潮泥田	潮泥田	332.28	1.84
						斑潮砂泥田	板砂泥田	17.29	0.10
							潮砂泥田	1277.08	7.05
				斑黄泥田	黄泥	斑黄胶泥田	黄胶泥田	159.21	0.88
						斑黄泥田	黄泥田	229.32	1.27
						小黄泥田	小黄泥田	87.35	0.48
				大眼泥田	大眼泥	大眼泥田	大眼泥土	94.02	0.52
				紫泥田	紫泥	紫泥田	紫泥田	108.01	0.60
合　计								18 104.59	100.00

第二节　耕地土壤类型及土种理化性状

一、潮　土

三穗县潮土面积为 274.70 hm², 占全县耕地面积的 1.52%, 主要分布在长吉镇、款场乡、台烈镇、八弓镇和滚马乡, 由溪或河流冲积物母质发育而成。潮土在成土过程中, 因母质的分选性不同, 其土体构型、质地、结构有较大的差异。一般土体深厚, 层次分化不明显, 砂性重, 通透性好, 表层易结皮, 下层卵石较多。本土类仅划分潮土 1 个亚类、潮砂泥土 1 个土属、潮砂土 1 个土种。

潮砂土在全县 9 个乡镇均有分布。面积 274.70 hm², 占全县耕地面积的 1.52%, 占全县旱作土面积的 3.03%。砂泥的分选很明显, 上细下粗。耕层厚度 15～40 cm, 黄灰色, 砂土, 较疏松。潮砂土的主要理化性状比较见表 3-2。

表 3-2　潮砂土的主要理化性状比较表

项　目	pH	有机质 /g·kg⁻¹	全氮 /g·kg⁻¹	碱解氮 /mg·kg⁻¹	有效磷 /mg·kg⁻¹	速效钾 /mg·kg⁻¹	缓效钾 /mg·kg⁻¹
最小值	4.00	4.70	0.51	69.00	1.80	31.33	48.00
最大值	6.97	68.97	4.36	325.00	66.60	472.00	420.00
平均值	4.64	32.49	2.02	192.37	25.87	93.72	200.33

二、粗骨土

粗骨土是三穗县面积最小的土类, 分布海拔 689.07～752.03 m, 面积仅有 2.21 hm², 占全县耕地面积的 0.01%、旱作土面积的 0.02%。因形成于坡陡、植被差、岩石暴露面大的地区, 故物理风化强烈而化学风化微弱。由白云灰岩或白云岩坡残积物发育而成。由于母质及母岩多为大块变小块, 小块变碎块, 这种风化的不彻底性使其成为黄壤地带发育的幼年土, 呈粗骨性, 发育程度很低。分布在长吉镇。土体浅薄, 土中常混有大量片状以至块状的半风化物。颜色灰黄色至褐色, 层次发育不明显, 剖面构型为 A-C, A 层多为砾石壤土或砾石轻粘土。

粗骨土下仅有钙质粗骨土 1 个亚类、白云砂土 1 个土属、岩砂土 1 个土种。

岩砂土母质为白云灰岩或白云岩坡残积物。分布在长吉镇。是三穗县耕地面积第二小的土种, 有 2.21 hm², 占全县耕地面积的 0.01%、旱作土面积的 0.02%。坡度较大, 宜耕期较长, 耕性不好。土层薄, 仅 30 cm, 质地为紧砂。肥料分解快但不保肥, 抗旱能力极低, 产量不高,但雨水较多的年份在肥料充足的条件下产量较高,因此产量起伏性较大。

岩砂土的 pH 7.60,有机质含量 30.40 g·kg^{-1},全氮含量 1.45 g·kg^{-1},碱解氮含量 104.00 mg·kg^{-1},有效磷含量 25.80 mg·kg^{-1},速效钾含量 72.00 mg·kg^{-1},缓效钾含量 261.00 mg·kg^{-1}。

三、红　壤

红壤是三穗县耕地土壤中面积第三大的土类,有 338.89 hm^2,占全县耕地面积的 1.87%、旱作土面积的 3.74%。分布在海拔 500.00~780.87 m 的款场乡、桐林镇和瓦寨镇。

一般红壤中四配位和六配位的金属化合物很多,其中包括铁化合物及铝化合物。红壤铁化合物常包括褐铁矿与赤铁矿等,红壤含赤铁矿特别多。当雨水淋洗时,许多化合物都被洗去,然而氧化铁(铝)最不易溶解(溶解度为 10^{-30}),反而会在结晶生成过程中一层层包覆于粘粒外,并形成一个个的粒团,之后亦不易因雨水冲刷而破坏,因此红壤在雨水的淋洗下反而发育构造良好。红壤是我国中亚热带湿润地区分布的地带性红壤,属中度脱硅富铝化的铁铝土。红壤通常具深厚红色土层,网纹层发育明显,粘土矿物以高岭石为主,酸性,盐基饱和度低。

红壤下仅有黄红壤 1 个亚类,根据起源母质的不同,下分黄红泥砂土和黄红泥土 2 个土属。黄红泥砂土土属下仅有黄红扁砂泥土 1 个土种,黄红泥土土属下仅有黄红泥土 1 个土种。

1. 黄红扁砂泥土

母质为页岩残坡积物,分布在款场乡、桐林镇和瓦寨镇。面积为 225.27 hm^2,占全县耕地面积的 1.24%、旱作土面积的 2.49%、红壤土类面积的 66.47%。耕层平均厚度为 21.90 cm。剖面构型为 A-BC-C。黄红扁砂泥土的主要理化性状比较见表 3-3。

表 3-3　黄红扁砂泥土的主要理化性状比较表

项　目	pH	有机质 /g·kg^{-1}	全氮 /g·kg^{-1}	碱解氮 /mg·kg^{-1}	有效磷 /mg·kg^{-1}	速效钾 /mg·kg^{-1}	缓效钾 /mg·kg^{-1}
最小值	4.10	4.30	0.69	76.00	3.40	35.00	48.00
最大值	6.60	56.20	3.59	299.00	62.30	282.00	247.50
平均值	5.00	31.52	2.04	200.20	22.65	84.19	135.66

2. 黄红泥土

母质为板岩、凝灰岩、页岩等风化坡残积物,分布在款场乡、桐林镇和瓦寨镇。面积为 113.62 hm^2,占全县耕地面积的 0.63%、旱作土面积的 1.25%、红壤土类面积的 33.53%。耕层平均厚度为 21.83 cm。剖面构型为 A-B-C。黄红泥土的主要理化性状比较见表 3-4。

表 3 - 4　黄红泥土的主要理化性状比较表

项　目	pH	有机质 /g·kg^{-1}	全氮 /g·kg^{-1}	碱解氮 /mg·kg^{-1}	有效磷 /mg·kg^{-1}	速效钾 /mg·kg^{-1}	缓效钾 /mg·kg^{-1}
最小值	4.50	5.70	0.59	114.00	5.00	26.00	70.00
最大值	6.50	53.40	3.32	246.00	62.00	216.00	228.00
平均值	5.05	31.01	2.04	193.89	23.47	95.35	137.85

四、黄　壤

黄壤是三穗县的主要土类,也是面积最大的旱作土,面积 7932.63 hm^2,占全县耕地面积的 43.82%、旱作土面积的 87.54%。

黄壤发育在亚热带比较湿润的生物气候条件下,冬无严寒,夏无酷暑,日照少,雨雾多,湿度大。原生植被为常绿阔叶林和落叶针叶混交林,如栎、桦、杨、松等都符合黄壤形成和发育的自然条件。

各成土母质风化的同时及风化后,硅酸盐矿物很快被分解,钙、镁、钾等盐基被大量淋洗流失,铁、铝等矿物则相对积聚而显脱硅和富铝化作用。盐基被淋洗又使土壤胶体吸附大量氢离子,致使土粒分散、细小、粘重而呈酸性反应。极为明显的是雨日多,相对湿度大,土壤中的水热状况比较稳定,由于经常保持的湿润状态使土体中游离的氧化铁发生水化作用而成为水化氧化铁的结果,使全剖面具有黄色特点。更因游离的氧化铁多积聚于淀积层(B层)中,故心土呈蜡黄色。

根据成土条件、附加因素及熟化程度的不同,分为黄壤和黄壤性土 2 个亚类。黄壤亚类下有黄泥土和黄砂泥土 2 个土属,黄壤性土亚类下仅有幼黄泥土 1 个土属。黄泥土土属下有死黄泥土、黄泥土和油黄泥土 3 个土种,黄砂泥土土属下仅有黄砂泥土 1 个土种。

1. 死黄泥土

母质为泥岩或页岩或板岩等坡残积物,分布在低山丘陵坡地处,主要分布在良上镇、滚马乡、瓦寨镇和八弓镇。面积 11.60 hm^2,占全县耕地面积的 0.06%、旱作土面积的 0.13%;是黄泥土土属中面积最小的土种,占黄泥土土属面积的 4.31%。土体厚 60 cm。湿韧而干硬,耕性很差,天干撬不动,雨天顶犁盘易打埂。翻过的土块大疙瘩多,难打碎,瘦。分解有机肥的能力很差,作物生长不良,产量不高。死黄泥土的主要理化性状比较见表 3 - 5。

表3-5 死黄泥土的主要理化性状比较表

项 目	pH	有机质 /g·kg^{-1}	全氮 /g·kg^{-1}	碱解氮 /mg·kg^{-1}	有效磷 /mg·kg^{-1}	速效钾 /mg·kg^{-1}	缓效钾 /mg·kg^{-1}
最小值	4.40	32.60	2.74	99.00	18.20	59.00	300.50
最大值	5.10	49.50	2.87	155.00	18.80	122.00	312.00
平均值	4.88	44.25	2.83	117.78	18.39	102.41	308.14

2. 黄泥土

由死黄泥土进一步耕种熟化而成。全县9个乡镇中除了款场乡没有分布之外,其余乡镇均有分布,且主要分布在良上镇、八弓镇和桐林镇。面积201.70 hm^2,占全县耕地面积的1.11%、旱作土面积的2.23%;是黄泥土土属中所占面积比例最大的土种,占黄泥土土属面积的74.89%。虽开垦时间较长,但耕作粗放,耕层较厚,平均为26.14 cm。然而由于长期耕作和雨水的自然灌溉,粘粒明显下降,剖面层次及分层的质地、结构趋于明朗化。土色黄或黄褐。保水保肥能力和有机质的矿化能力都得到提高,供肥性大大地优于死黄泥土,故宜耕性增强,宜种面放宽,可以种植玉米、小麦、烤烟、蔬菜等多种作物。黄泥土的主要理化性状比较见表3-6。

表3-6 黄泥土的主要理化性状比较表

项 目	pH	有机质 /g·kg^{-1}	全氮 /g·kg^{-1}	碱解氮 /mg·kg^{-1}	有效磷 /mg·kg^{-1}	速效钾 /mg·kg^{-1}	缓效钾 /mg·kg^{-1}
最小值	4.00	5.75	0.63	86.00	2.60	24.00	73.00
最大值	7.00	68.40	4.76	281.00	58.30	242.00	395.00
平均值	5.00	37.59	2.40	193.97	22.58	93.11	174.25

3. 油黄泥土

是由黄泥土长期耕作培肥而成,具酥、软、油、肥的特点。主要分布在良上镇和八弓镇,其中分布在良上镇的面积占油黄泥土面积的37.87%。面积56.01 hm^2,占全县耕地面积的0.31%、旱作土面积的0.62%、黄泥土土属面积的20.80%。因长期耕作且收成又好而受农民的偏爱,施肥水平高和管理精细使之不断向高肥力方向发展。更由于所处海拔较低(565.17~1050.12 m),水热条件好而产量高,在县内属于上等肥力的土壤。油黄泥土的主要理化性状比较见表3-7。

表 3 - 7　　油黄泥土的主要理化性状比较表

项　目	pH	有机质 /g·kg^{-1}	全氮 /g·kg^{-1}	碱解氮 /mg·kg^{-1}	有效磷 /mg·kg^{-1}	速效钾 /mg·kg^{-1}	缓效钾 /mg·kg^{-1}
最小值	4.30	10.70	0.83	86.00	3.20	20.00	98.00
最大值	6.10	55.80	3.67	312.00	60.30	223.00	328.00
平均值	4.91	30.72	1.87	199.08	17.91	84.13	190.39

4. 黄扁砂泥土

母质为灰绿色或青灰色页岩等坡残积物。黄扁砂泥土在三穗县的分布除良上镇外，其余 8 个乡镇均有，主要分布在八弓镇和桐林镇。是三穗县耕地面积第四大的土种，面积 730.55 hm^2，占全县耕地面积的 4.04%、旱作土面积的 8.06%。黄扁砂泥土的主要理化性状比较见表 3 - 8。

表 3 - 8　　黄扁砂泥土的主要理化性状比较表

项　目	pH	有机质 /g·kg^{-1}	全氮 /g·kg^{-1}	碱解氮 /mg·kg^{-1}	有效磷 /mg·kg^{-1}	速效钾 /mg·kg^{-1}	缓效钾 /mg·kg^{-1}
最小值	4.00	7.20	0.66	57.00	1.10	27.00	64.00
最大值	7.00	74.50	4.65	318.33	58.60	337.50	550.00
平均值	4.93	29.72	1.84	166.98	21.22	94.58	241.96

五、石灰土

石灰土形成的首要条件是要具备各地质时期的石灰岩、白云岩，虽然如此，但石灰岩及白云岩并非全部形成石灰土。如果在岩溶低丘或灰岩缓坡地貌上有良好的植被条件，加上经常保持面蚀，土壤中的钙质在不断淋失的过程中又不断地从风化过程中得到补充，在发育程度上总是保持其年幼阶段，就形成具有石灰反应呈中性或微碱性的石灰土。

石灰土的特点由于土中有游离的 Ca^{2+}，故有不同程度的石灰反应（滴入稀盐酸可见气泡或听到吱吱声），pH 常为 7~8。因成土过程中植被良好，有机质较丰富，加上腐殖质与钙素结合的结果，表层具有良好的团粒结构。

石灰土下仅有黄色石灰土 1 个亚类、大泥土 1 个土属、大泥土 1 个土种。

大泥土母质为石灰岩坡残积物，主要分布在八弓镇和台烈镇。面积 295.29 hm^2，占全县耕地面积的 1.63%、旱作土面积的 3.26%。施肥及耕作水平都较高，土体较厚，为 60cm。耕层平均厚度为 26.24 cm，褐色，疏松，有石灰反应。耕性很好，抗旱能力强，保水保肥。供肥持续而稳，可种植各种作物，是高肥力的土壤。大泥土的主要理化性状比较见表 3 - 9。

表 3 - 9 大泥土的主要理化性状比较表

项 目	pH	有机质 /g·kg⁻¹	全氮 /g·kg⁻¹	碱解氮 /mg·kg⁻¹	有效磷 /mg·kg⁻¹	速效钾 /mg·kg⁻¹	缓效钾 /mg·kg⁻¹
最小值	7.50	13.10	0.89	99.00	3.30	43.00	175.00
最大值	8.00	77.40	3.67	265.00	58.30	255.00	550.00
平均值	7.71	35.32	2.17	202.72	13.73	114.16	367.66

六、紫色土

紫色土是三穗县面积次小的土类,分布于海拔 600.00 ~ 939.41 m 之间,属岩性土,面积 217.57 hm²,占全县耕地面积的 1.20%、旱作土面积的 2.40%。紫色岩石的风化母质都形成紫色土,并把不同母岩作为划分亚类的依据。紫色岩石物理风化作用强烈,尤其是热胀冷缩、水涨干缩致使岩石极易崩解,故紫色土成土迅速,为弱度发育的幼年土壤。加上坡度大,植被差,冲刷严重,使紫色土的土体更替频繁,土中多半风化碎块,整个土体保持着母岩本色而区别于地带性土壤。

根据成土条件、土壤属性及附加的成土过程,分为石灰性紫色土和中性紫色土 2 个亚类。石灰性紫色土亚类下仅有大紫泥土 1 个土属,中性紫色土亚类下仅有紫砂泥土 1 个土属。大紫泥土土属下仅有紫红泥大土 1 个土种,紫砂泥土土属下仅有紫砂土 1 个土种。

1. 紫红泥大土

主要分布在雪洞镇和台烈镇。面积 211.00 hm²,占全县耕地面积的 1.17%、旱作土面积的 2.33%、紫色土土类面积的 96.98%。土层较厚,为 80 cm;耕层平均厚度 22.21 cm,血色,细粒状结构,有微弱石灰反应。耕性一般,干时较硬,小雨后易耕作,玉米长势较差。较保水保肥,但通透性差,供肥不好。紫红泥大土的主要理化性状比较见表 3 - 10。

表 3 - 10 紫红泥大土主要理化性状比较表

项 目	pH	有机质 /g·kg⁻¹	全氮 /g·kg⁻¹	碱解氮 /mg·kg⁻¹	有效磷 /mg·kg⁻¹	速效钾 /mg·kg⁻¹	缓效钾 /mg·kg⁻¹
最小值	7.50	11.85	1.11	92.00	5.50	38.00	74.00
最大值	7.93	59.70	3.88	233.00	51.60	216.00	560.00
平均值	7.72	35.72	2.19	131.38	21.88	93.79	327.43

2. 紫砂土

母质为紫色砂岩或紫色砾岩坡残积物。分布在良上镇、台烈镇和瓦寨镇。是三穗县耕地面积第三小的土种,有 6.57 hm²,占全县耕地面积的 0.04%、旱作土面积的 0.07%,紫色土土类面积的 3.02%。土体厚 40 cm,耕层厚 20 cm,紫色。宜耕期长,耕性很好。由于通透性好,故肥料分解快,供肥迅速,作物生长初期苗齐而壮。但水分渗漏性强,不保水也不保肥,禾苗中、后期脱肥现象严重而致收成欠佳。

紫砂土的 pH 4.80,有机质含量 50.20 g·kg^{-1},全氮含量 2.69 g·kg^{-1},碱解氮含量 100.00 mg·kg^{-1},有效磷含量 9.90 mg·kg^{-1},速效钾含量 93.00 mg·kg^{-1},缓效钾含量 200.00 mg·kg^{-1}。

七、水稻土

水稻土是由潮土、粗骨土、红壤、黄壤、石灰土和紫色土等经水耕过程而发育成的土壤。因为淹水种稻,曾采取过平整土地、犁耙、季节性排干等措施,改变了自然土壤和旱作土壤原有的植被和水文条件。由于有规律的排灌和水旱轮作而使土壤在某一段时期处于氧化状态,而另一段时期又处于还原状态,因此形成了因氧化积淀和还原淋溶使土壤中物质移动而区别于水耕前的剖面构型。

水稻土的氧化还原状况与旱地完全不同,在淹水时除了紧靠水层的土壤表面因受到水中的氧和藻类光合作用放出的氧而发生氧化现象外,以下层次均处于还原状态,不像旱地那样(尤其是通气良好的旱地)经常处于氧化状态。水稻土氧化、还原的变化直接影响到理化性状及肥力因素的变化,例如水稻土在淹水时 pH 常趋于中性反应,有机物质虽然在嫌气条件下释放养分较缓慢,但在中性环境中却大大地增加了有效性。

按照规程,把水稻土按水型划分为漂洗型、脱潜型、潜育型、渗育型、淹育型和潴育型 6 个亚类,实践证明,潴育型水稻土是优良的水稻土。

全县水稻土有 14 个土属、19 个土种。面积 9043.30 hm^2,占全县耕地面积的 49.95%。全县 9 个乡镇均有分布,主要分布在八弓镇、台烈镇和长吉镇。

(一)漂洗型水稻土亚类

漂洗型水稻土亚类主要分布在能够灌溉和保证灌溉的河流阶地地段。土壤长期受侧渗水的影响,土中的铁离子大量淋失,形成不同程度的白色漂洗层。面积 545.97 hm^2,占全县耕地面积的 3.02%、水稻土面积的 6.04%。土体厚度 80 cm,熟化度较低,发生层次明显,剖面构型为 A-Ap-E 和 Aa-Ap-P-E,韧滑性强,供水期短,无犁底层。成土母质为砂页岩坡残积物和老风化壳,或粘土岩,或泥页岩,或板岩坡残积物,按起源母质类型分为白胶泥田和白鳝泥田 2 个土属。白胶泥田土属下仅有轻白胶泥田 1 个土种,白鳝泥田土属下仅有轻白鳝泥田 1 个土种。

1. 轻白胶泥田

分布在八弓镇、长吉镇、滚马乡和良上镇。面积 52.13 hm^2,占全县耕地面积的 0.39%、水稻土面积的 0.78%、漂洗型水稻土亚类面积的 12.88%。土体较厚,为 80 cm,耕层平均厚度 28.59 cm。水源差,多靠望天水,但保水能力强。熟化程度不高,多偏粘而死板。有水易犁,干时犁耙困难。轻白胶泥田的主要理化性状比较见表 3-11。

表 3 – 11 轻白胶泥田的主要理化性状比较表

项 目	pH	有机质 /g·kg⁻¹	全氮 /g·kg⁻¹	碱解氮 /mg·kg⁻¹	有效磷 /mg·kg⁻¹	速效钾 /mg·kg⁻¹	缓效钾 /mg·kg⁻¹
最小值	4.18	20.56	1.37	78.00	7.70	36.00	119.00
最大值	7.00	62.10	2.74	254.00	51.50	147.00	335.00
平均值	4.72	30.60	1.80	148.49	27.06	95.77	231.59

2. 轻白鳝泥田

多由白鳝泥土水耕熟化而成,主要分布在台烈镇、长吉镇、八弓镇和款场乡,母质为砂页岩坡残积物。面积 475.65 hm²,占全县耕地面积的 2.63%、水稻土面积的 5.26%、漂洗型水稻土亚类面积的 87.12%。土层较厚,约 80 cm,耕层平均厚度 27.92 cm。轻白鳝泥田的主要理化性状比较见表 3 – 12。

表 3 – 12 轻白鳝泥田的主要理化性状比较表

项 目	pH	有机质 /g·kg⁻¹	全氮 /g·kg⁻¹	碱解氮 /mg·kg⁻¹	有效磷 /mg·kg⁻¹	速效钾 /mg·kg⁻¹	缓效钾 /mg·kg⁻¹
最小值	4.00	6.70	0.51	64.00	3.60	18.00	71.00
最大值	6.50	61.10	4.08	325.00	60.80	306.00	450.00
平均值	4.99	34.20	2.18	204.23	24.57	102.51	209.26

(二)脱潜型水稻土亚类

脱潜型水稻土亚类面积 80.09 hm²,占全县耕地面积的 0.44%、水稻土面积的 0.89%。分布于海拔 600.00~809.85 m 之间,由石灰岩坡残积物发育而成。剖面构型为 Aa – Ap – Gw – G。根据起源土壤类型及属性的不同,仅有干鸭屎泥田 1 个土属、干鸭屎泥田 1 个土种。

干鸭屎泥田母质为石灰岩坡残积物。分布在八弓镇、台烈镇、雪洞镇和瓦寨镇。面积 80.09 hm²,占全县耕地面积的 0.44%、水稻土面积的 0.89%。耕层平均厚度 26.20 cm。分布在低山丘陵冲沟、河流阶地、低山冲沟和低山峡谷。干鸭屎泥田的主要理化性状比较见表 3 – 13。

表 3 – 13 干鸭屎泥田的主要理化性状比较表

项 目	pH	有机质 /g·kg⁻¹	全氮 /g·kg⁻¹	碱解氮 /mg·kg⁻¹	有效磷 /mg·kg⁻¹	速效钾 /mg·kg⁻¹	缓效钾 /mg·kg⁻¹
最小值	4.30	19.60	1.73	116.00	8.30	32.00	112.50
最大值	7.10	65.95	4.27	209.50	59.40	177.00	216.00
平均值	6.38	40.65	2.38	147.83	30.39	87.78	172.71

(三)潜育型水稻土亚类

潜育型水稻土因水耕的原因,而多形成于沼泽、滞水洼地、阴河及泉水富集区域。地下水位高,一般只距地表20~60 cm,因此耕层以下(严重者包括耕层在内)经常处于强还原状态。作物生长的主要障碍因素是亚铁物质。面积463.94 hm²,占全县耕地面积的2.56%、水稻土面积的5.13%。主要分布在八弓镇、款场乡、桐林镇和台烈镇。成土母质为泥岩或页岩残积物、石灰岩坡残积物、湖沼沉积物,剖面构型为Aa - G - Pw、Aa - Ap - G、M - G和M - G - Wg - C。根据起源土壤类型及属性的不同,分为烂锈田、冷浸田和鸭屎泥田3个土属。烂锈田土属下有烂锈田、浅脚烂泥田和深脚烂泥田3个土种,冷浸田土属下仅有冷浸田1个土种,鸭屎泥田土属下仅有鸭屎泥田1个土种。

1.烂锈田

分布在滚马乡、良上镇和瓦寨镇,母质为湖沼沉积物。面积2.13 hm²,是全县耕地面积最小的土种,占全县耕地面积的0.01%、水稻土面积的0.02%、烂锈田土属面积的2.69%。分布在海拔680.00~894.76 m之间。剖面构型为M - G。烂锈田的主要理化性状比较见表3 - 14。

表3 - 14 烂锈田的主要理化性状比较表

项 目	pH	有机质 /g·kg^{-1}	全氮 /g·kg^{-1}	碱解氮 /mg·kg^{-1}	有效磷 /mg·kg^{-1}	速效钾 /mg·kg^{-1}	缓效钾 /mg·kg^{-1}
最小值	4.60	31.10	0.97	127.00	3.60	56.75	123.00
最大值	5.20	54.40	2.66	215.00	44.10	110.50	264.00
平均值	4.68	37.24	1.29	191.96	35.65	84.57	175.17

2.浅脚烂泥田

分布在款场乡、台烈镇、桐林镇和良上镇,母质为湖沼沉积物。面积24.29 hm²,占全县耕地面积的0.13%、水稻土面积的0.27%、烂锈田土属面积的30.71%。A层无潜育现象,呈稀绒状,无犁底层。A层下面有潜育现象,剖面构型为M - G - Wg - C。酸性,养分含量较高。无犁底层,可没膝,牛下田后肚子紧贴田面,不能用畜力耕田。因水冷及亚铁毒害而收成不好,但天旱时地下水位降低,养分发挥效用而产量很高,故有"天旱三年吃饱饭之说"。浅脚烂泥田的主要理化性状比较见表3 - 15。

表3 - 15 浅脚烂泥田的主要理化性状比较表

项 目	pH	有机质 /g·kg^{-1}	全氮 /g·kg^{-1}	碱解氮 /mg·kg^{-1}	有效磷 /mg·kg^{-1}	速效钾 /mg·kg^{-1}	缓效钾 /mg·kg^{-1}
最小值	4.60	17.20	1.34	187.00	7.60	43.00	86.00
最大值	7.00	58.20	4.06	288.00	34.10	126.10	191.25
平均值	5.09	42.91	2.86	258.98	21.51	93.43	134.64

3. 深脚烂泥田

主要分布在八弓镇、款场乡和雪洞镇,母质为湖沼沉积物。面积 52.70 hm²,占全县耕地面积的 0.29%、水稻土面积的 0.58%、烂锈田土属面积的 66.61%。潜育现象严重,A 层亦受到亚铁的毒害,酸度及养分含量与浅脚烂泥田大体相同。无犁底层,可没膝,深可至大腿,更有深可没顶、插秧时需搭木棒者。牛下田后肚子紧贴田面,不能用畜力耕田。因水冷及亚铁毒害而收成不好,但天旱时地下水位降低,养分发挥效用而产量很高,故有"天旱三年吃饱饭之说"。深脚烂泥田的主要理化性状比较见表 3 - 16。

表 3 - 16 深脚烂泥田的主要理化性状比较表

项 目	pH	有机质 /g·kg⁻¹	全氮 /g·kg⁻¹	碱解氮 /mg·kg⁻¹	有效磷 /mg·kg⁻¹	速效钾 /mg·kg⁻¹	缓效钾 /mg·kg⁻¹
最小值	4.20	17.80	0.97	106.78	2.90	33.00	115.00
最大值	6.90	69.30	3.68	212.00	50.83	138.00	247.50
平均值	6.91	35.94	2.26	177.62	18.30	64.33	184.27

4. 冷浸田

因田中冒冷水或直接引用田边的冷水长期浸泡而形成,多位于高原的平地边沿。主要分布在八弓镇、桐林镇、长吉镇、款场乡和滚马乡,母质为泥岩或页岩残积物。面积 277.95 hm²,占全县耕地面积的 1.54%、水稻土面积的 3.07%、潜育型水稻土亚类面积的 59.91%。水凉如冰,寒冷透骨,无明显的犁底层,潜育化部位很高。耕层的平均厚度 25.73 cm,土体厚 60 cm。氮、磷、钾养分虽较高,但水冷不适宜水稻的生长发育,且低温使粒状结构解体,A 层为稀糊状、灰黑色。冷浸田的主要理化性状比较见表 3 - 17。

表 3 - 17 冷浸田的主要理化性状比较表

项 目	pH	有机质 /g·kg⁻¹	全氮 /g·kg⁻¹	碱解氮 /mg·kg⁻¹	有效磷 /mg·kg⁻¹	速效钾 /mg·kg⁻¹	缓效钾 /mg·kg⁻¹
最小值	4.25	4.30	0.89	64.00	2.30	28.00	49.00
最大值	7.10	78.40	5.30	376.00	61.90	393.00	372.00
平均值	4.91	37.25	2.23	191.06	20.42	79.39	202.86

5. 鸭屎泥田

主要分布在八弓镇、台烈镇和款场乡,成土母质为石灰岩坡残积物。面积 106.87 hm²,占全县耕地面积的 0.59%、水稻土面积的 1.18%、潜育型水稻土亚类面积的 23.04%。因干时很紧实,泡水后部分泥团不散,打田后田中有内干外糊的泥疙瘩,状如鸭屎而得此怪名。潜育层部位高,作物易中毒致苗期坐蔸。实行浅灌、晒田的管理方法效果好。后劲很足,收成尚佳。鸭屎泥田的主要理化性状比较见表 3 - 18。

表 3 - 18　鸭屎泥田的主要理化性状比较表

项 目	pH	有机质 /g·kg^{-1}	全氮 /g·kg^{-1}	碱解氮 /mg·kg^{-1}	有效磷 /mg·kg^{-1}	速效钾 /mg·kg^{-1}	缓效钾 /mg·kg^{-1}
最小值	4.50	19.67	1.30	57.00	6.20	46.00	70.00
最大值	7.17	67.88	5.30	269.00	46.40	412.00	436.00
平均值	6.33	43.78	2.70	194.61	24.85	101.17	223.56

(四)渗育型水稻土亚类

渗育型水稻土水耕熟化时间较短,或因地处坡塝不受地下水的影响,靠望天水或引灌种植水稻。灌水后水分的去向除极少量是蒸发外大部分是向下渗漏,无潴育或潜育层次。剖面构型为 Aa - Ap - P - C。土壤的特性受制于水耕前的母质状况,一般 A 层浅薄,较瘦。

全县渗育型水稻土亚类分布面积 5225.78 hm^2,占全县耕地面积的 28.86%、水稻土面积的 57.79%。在全县 9 个乡镇均有分布,主要分布在八弓镇、台烈镇和长吉镇。根据起源土壤类型及属性的不同,分为大泥田和黄泥田 2 个土属。大泥田土属下仅有大泥田 1 个土种,黄泥田土属下仅有黄砂泥田 1 个土种。

1. 大泥田

母质为石灰岩坡残积物。分布在八弓镇、款场乡、台烈镇、雪洞镇和长吉镇。面积 46.17 hm^2,占全县耕地面积的 0.26%、水稻土面积的 0.51%、渗育型水稻土亚类面积的 0.88%。土体厚 70 cm,耕层平均厚度为 27.54 cm,黄灰色或灰黄色。微有石灰反应。水耕时间相对较短,无潴育层次,仅在 B 层可见到钙质的灰色斑纹。水源条件优于坡塝田,耕性较好,可二熟。宜稻—油,稻—豆连作,亦可稻—肥连作。大泥田的主要理化性状比较见表 3 - 19。

表 3 - 19　大泥田的主要理化性状比较表

项 目	pH	有机质 /g·kg^{-1}	全氮 /g·kg^{-1}	碱解氮 /mg·kg^{-1}	有效磷 /mg·kg^{-1}	速效钾 /mg·kg^{-1}	缓效钾 /mg·kg^{-1}
最小值	4.70	16.20	1.16	72.00	2.60	43.00	175.00
最大值	7.25	60.70	3.67	268.00	62.90	255.00	550.00
平均值	6.21	35.99	2.24	216.17	13.83	99.74	361.03

2. 黄砂泥田

黄砂泥田在全县 9 个乡镇均有分布,主要分布在八弓镇、台烈镇和长吉镇。面积 5179.61 hm^2,占全县耕地面积的 28.61%、水稻土面积的 57.28%、渗育型水稻土亚类面积的 99.12%。多在低山旁或沟渠两旁,水源条件较好,宜耕期较长。肥力中下等,保水保肥性能较好。黄砂泥田的主要理化性状比较见表 3 - 20。

表 3 - 20　黄砂泥田的主要理化性状比较表

项　　目	pH	有机质 /g·kg^{-1}	全氮 /g·kg^{-1}	碱解氮 /mg·kg^{-1}	有效磷 /mg·kg^{-1}	速效钾 /mg·kg^{-1}	缓效钾 /mg·kg^{-1}
最小值	4.00	4.20	0.50	47.00	1.00	16.00	32.00
最大值	7.39	80.60	5.30	376.00	65.80	452.00	665.00
平均值	4.93	37.57	2.24	190.28	20.08	87.60	213.68

(五)淹育型水稻土亚类

淹育型水稻土亚类面积 179.58 hm^2,占全县耕地面积的 0.99%、水稻土面积的 1.99%。分布于海拔 500.00~998.58 m 之间,由页岩坡残积物发育而成。剖面分异不完整,剖面构型为 Aa - Ap - C。除耕作层外,犁底层仅有雏形或已形成,其下仍保留着起源母质特性的母质层。根据起源土壤类型及属性的不同,仅有幼黄泥田 1 个土属、幼黄泥田 1 个土种。

1. 幼黄泥田

全县 9 个乡镇除了台烈镇和雪洞镇没有分布之外,其余乡镇均有分布,且主要分布在款场乡、瓦寨镇和桐林镇。面积 179.58 hm^2,占全县耕地面积的 0.99%、水稻土面积的 1.99%。土体较厚,约 80 cm,耕层平均厚度 23.65 cm。幼黄泥田的主要理化性状比较见表 3 - 21。

表 3 - 21　幼黄泥田的主要理化性状比较表

项　　目	pH	有机质 /g·kg^{-1}	全氮 /g·kg^{-1}	碱解氮 /mg·kg^{-1}	有效磷 /mg·kg^{-1}	速效钾 /mg·kg^{-1}	缓效钾 /mg·kg^{-1}
最小值	4.30	4.80	0.55	76.00	1.00	26.00	48.00
最大值	7.00	62.90	3.59	282.00	62.30	220.00	369.00
平均值	4.93	33.84	2.18	191.94	23.93	83.90	147.79

(六)潴育型水稻土亚类

潴育型水稻土亚类面积 2547.92 hm^2,占全县耕地面积的 14.07%、水稻土面积的 28.17%。耕种时间相对较久,由于若干辈人的农田基本建设,田间水渠遍布,水源条件较好,水质佳良。多分布在施肥水平较高的地方。剖面构型为 Aa - Ap - W - C 和 Aa - Ap - W - C或 Aa - Ap - W - G。

有十分明显的发生层次,A 层(耕作层)酥软,具有较好的团粒结构。P 层(犁底层)厚约 10 cm,因粘粒的积淀和犁盘的挤压而很紧实,可阻止水、肥的流失。W 层(潴育层)受地下水及灌溉水的双重影响,灌水时下渗水在 B 层临时滞积,使它处于还原状态,而排水后该层又处于氧化状态,地下水在雨季及旱季的上升和下降对 B 层的影响同此理,如此反复更替,使 B 层具有柱状或块状结构,结构体的边沿(即缝隙)沾满了铁、锰等氧化物(即锈纹锈斑)

而形成一个特殊的潴育层 W。一般来说，W 层愈厚，其熟化度愈高。G 层(潜育层)由于地下水的长期浸渍，处于嫌气还原状态，亚铁等有毒物质太多，但潴育型水稻土的 G 层常在离地表 80 cm 以下，不危及作物的正常生长。所以潴育型水稻土又叫良水型水稻土。

根据起源土壤、地形及水文等因素的不同，分为斑潮泥田、斑黄泥田、大眼泥田、冷水田和紫泥田 5 个土属。斑潮泥田土属下有斑潮泥田和斑潮砂泥田 2 个土种，斑黄泥田土属下有斑黄胶泥田、斑黄泥田和小黄泥田 3 个土种，大眼泥田土属下仅有大眼泥田 1 个土种，冷水田土属下仅有冷水田 1 个土种，紫泥田土属下仅有紫泥田 1 个土种。

1. 斑潮泥田

成土母质为河流沉积物。分布在长吉镇、桐林镇、雪洞镇、瓦寨镇和八弓镇，多在河流的第一级阶梯上。质地较细，粘粒多，田中主要夹粉砂。宜耕期很长，耕性很好。面积 332.28 hm²，占全县耕地面积的 1.84%、水稻土面积的 3.67%、斑潮泥田土属面积的 20.43%。斑潮泥田的主要理化性状比较见表 3 - 22。

表 3 - 22　斑潮泥田的主要理化性状比较表

项　目	pH	有机质 /g·kg⁻¹	全氮 /g·kg⁻¹	碱解氮 /mg·kg⁻¹	有效磷 /mg·kg⁻¹	速效钾 /mg·kg⁻¹	缓效钾 /mg·kg⁻¹
最小值	4.00	6.40	0.63	63.00	5.70	38.00	75.00
最大值	6.10	67.70	3.51	249.00	60.50	231.00	333.00
平均值	5.02	28.79	1.88	186.69	31.71	107.63	180.29

2. 斑潮砂泥田

全县 9 个乡镇都有分布，主要分布在八弓镇、台烈镇和滚马乡。面积 1294.37 hm²，占全县耕地面积的 7.15%、水稻土面积的 14.31%、斑潮泥田土属面积的 79.57%。母质为河流沉积物。斑潮砂泥田的主要理化性状比较见表 3 - 23。

表 3 - 23　斑潮砂泥田的主要理化性状比较表

项　目	pH	有机质 /g·kg⁻¹	全氮 /g·kg⁻¹	碱解氮 /mg·kg⁻¹	有效磷 /mg·kg⁻¹	速效钾 /mg·kg⁻¹	缓效钾 /mg·kg⁻¹
最小值	4.00	4.70	0.51	78.00	1.00	24.00	62.00
最大值	6.20	75.70	4.41	376.00	66.60	371.00	417.00
平均值	4.93	32.31	1.99	196.14	23.60	97.08	209.93

3. 斑黄胶泥田

主要分布在八弓镇、桐林镇和台烈镇。面积 159.21 hm²，占全县耕地面积的 0.88%、水稻土面积的 1.76%、斑黄泥田土属面积的 33.46%。宜耕期长，耕性好，易犁易耙，对水、肥保蓄性能较强，耕作稍比小黄泥田费力，但生产性能好，稻谷的千粒重及米质都优于小黄泥田,属于上等或中上等稻田。斑黄胶泥田的主要理化性状比较见表3-24。

表3-24 斑黄胶泥田的主要理化性状比较表

项 目	pH	有机质 /g·kg⁻¹	全氮 /g·kg⁻¹	碱解氮 /mg·kg⁻¹	有效磷 /mg·kg⁻¹	速效钾 /mg·kg⁻¹	缓效钾 /mg·kg⁻¹
最小值	4.30	6.00	0.64	131.00	2.70	40.00	83.00
最大值	5.70	72.30	3.97	312.00	62.10	188.00	297.00
平均值	4.87	40.42	2.35	197.25	21.03	111.19	185.92

4. 斑黄泥田

主要分布在良上镇、瓦寨镇和八弓镇。面积229.32 hm²,占全县耕地面积的1.27%、水稻土面积的2.54%、斑黄泥田土属面积的48.19%。剖面构型为Aa-Ap-W-C。土体厚90 cm,耕层平均厚度26.99 cm。斑黄泥田的主要理化性状比较见表3-25。

表3-25 斑黄泥田的主要理化性状比较表

项 目	pH	有机质 /g·kg⁻¹	全氮 /g·kg⁻¹	碱解氮 /mg·kg⁻¹	有效磷 /mg·kg⁻¹	速效钾 /mg·kg⁻¹	缓效钾 /mg·kg⁻¹
最小值	4.70	16.20	1.16	72.00	2.60	43.00	175.00
最大值	7.25	60.70	3.67	268.00	62.90	255.00	550.00
平均值	6.21	35.99	2.24	216.17	13.83	99.74	361.03

5. 小黄泥田

主要分布在八弓镇和雪洞镇。面积87.35 hm²,占全县耕地面积的0.48%、水稻土面积的0.97%、斑黄泥田土属面积的18.35%。前身多是油黄泥土,通常具有A、P、W层。宜耕期长,耕性好,易犁易耙,对水、肥保蓄性能较强,属于上等或中上等稻田。小黄泥田的主要理化性状比较见表3-26。

表3-26 小黄泥田的主要理化性状比较表

项 目	pH	有机质 /g·kg⁻¹	全氮 /g·kg⁻¹	碱解氮 /mg·kg⁻¹	有效磷 /mg·kg⁻¹	速效钾 /mg·kg⁻¹	缓效钾 /mg·kg⁻¹
最小值	4.30	20.10	1.37	86.00	3.20	35.00	98.00
最大值	5.80	55.80	3.27	237.00	35.30	242.00	328.00
平均值	5.14	35.34	2.20	151.62	17.76	84.02	200.72

6. 大眼泥田

分布在八弓镇、款场乡和台烈镇。面积94.02 hm²,占全县耕地面积的0.52%、水稻土面积的 1.04%、潴育型水稻土亚类面积的 3.69%。前身多为大泥土,因其理化性状好,历来产量高,受到耕种者的偏爱,施肥及管理水平较好,加上本身有不少游离的钙质,故形成了良好的团粒结构。由于孔隙很多,故叫作大眼泥田。耕性、种性都特别好,四时可耕,粳籼皆宜,同时可以二熟,是高产稳产稻田。农民常用"一碗泥巴一碗油"或"一撮泥巴一撮粮"的话来比喻。大眼泥田的主要理化性状比较见表 3 – 27。

表 3 – 27　大眼泥田的主要理化性状比较表

项　目	pH	有机质 /g · kg^{-1}	全氮 /g · kg^{-1}	碱解氮 /mg · kg^{-1}	有效磷 /mg · kg^{-1}	速效钾 /mg · kg^{-1}	缓效钾 /mg · kg^{-1}
最小值	4.70	12.50	1.07	106.00	3.80	43.00	262.00
最大值	7.17	59.20	3.67	169.00	40.50	220.00	543.00
平均值	6.14	36.32	2.41	145.14	15.95	115.08	394.45

7. 冷水田

全县 9 个乡镇都有分布,主要分布在八弓镇、瓦寨镇和长吉镇的夹沟及阴山,因光照不足或地下水位较高而形成。面积 243.36 hm^2,占全县耕地面积的 1.34%、水稻土面积的 2.69%、潴育型水稻土亚类面积的 9.55%。酸性,有机质因难以分解而含量较高。微生物活动能力弱,有机肥难分解,潜在肥力较高但难以发挥效用,耕性尚好,但插秧后易坐蔸、分蘖少。秋后气温升高,有机质分解较快而养分供应良好,往往使水稻贪青晚熟。冷水田的主要理化性状比较见表 3 – 28。

表 3 – 28　冷水田的主要理化性状比较表

项　目	pH	有机质 /g · kg^{-1}	全氮 /g · kg^{-1}	碱解氮 /mg · kg^{-1}	有效磷 /mg · kg^{-1}	速效钾 /mg · kg^{-1}	缓效钾 /mg · kg^{-1}
最小值	4.00	9.00	0.66	47.00	6.00	26.00	49.00
最大值	6.00	73.10	3.97	271.00	60.50	257.00	417.00
平均值	4.81	35.43	2.21	183.36	26.62	88.14	202.82

8. 紫泥田

母质为中性或钙质紫色页岩坡残积物。分布在雪洞镇和台烈镇。面积 108.01 hm^2,占全县耕地面积的 0.60%、水稻土面积的 1.19%、潴育型水稻土亚类面积的 4.24%。土色为紫色,有较厚的 W 层。耕性特佳,宜耕期很长,产量中上等。因水源不太好,大部泡冬。紫泥田的主要理化性状比较见表 3 – 29。

表 3 – 29　紫泥田的主要理化性状比较表

项　目	pH	有机质 /g·kg⁻¹	全氮 /g·kg⁻¹	碱解氮 /mg·kg⁻¹	有效磷 /mg·kg⁻¹	速效钾 /mg·kg⁻¹	缓效钾 /mg·kg⁻¹
最小值	4.40	9.60	0.58	92.00	6.00	38.00	97.00
最大值	7.20	55.10	3.74	241.00	53.40	246.00	560.00
平均值	6.01	35.00	2.15	149.31	21.40	94.71	247.58

第四章　耕地状况

第一节　耕地数量与分布

一、耕地总量与分布

全县耕地分布不均,主要分布在八弓镇、台烈镇、长吉镇和桐林镇(见附图4)。其中:八弓镇的耕地面积3756.31 hm²、占全县耕地面积的20.75%,台烈镇的占13.66%,长吉镇的占11.63%,桐林镇的占10.75%;款场乡的耕地面积最小,仅1291.84 hm²,占7.14%。水田主要分布在八弓镇、台烈镇和长吉镇,面积9043.29 hm²,占全县耕地面积的49.95%。其中:八弓镇的水田面积2048.08 hm²、占全县水田面积的22.65%,台烈镇的占15.50%,长吉镇的占14.32%;款场乡的水田面积最小,仅575.11 hm²,占6.36%。旱地主要分布在八弓镇、桐林镇和良上镇,面积9061.30 hm²,占全县耕地面积的50.05%。其中:八弓镇的旱地面积1708.23 hm²、占全县旱地面积的18.85%,桐林镇的占13.40%,良上镇的占13.00%;瓦寨镇的旱地面积最小,仅567.22 hm²,占6.26%。见表4-1。

表4-1　乡镇耕地面积比例

乡　镇	面积/hm²	占全县/%	水　田			旱　地		
			面积/hm²	占全县水田/%	占本乡镇/%	面积/hm²	占全县旱地/%	占本乡镇/%
八弓镇	3756.31	20.75	2048.08	22.65	54.52	1708.23	18.85	45.48
滚马乡	1513.89	8.36	807.40	8.93	53.33	706.49	7.80	46.67
款场乡	1291.84	7.14	575.11	6.36	44.52	716.73	7.91	55.48
良上镇	1885.59	10.41	707.78	7.83	37.54	1177.81	13.00	62.46

续表 4 - 1

乡 镇	面积/hm²	占全县/%	水 田			旱 地		
			面积/hm²	占全县水田/%	占本乡镇/%	面积/hm²	占全县旱地/%	占本乡镇/%
台烈镇	2472.73	13.66	1401.51	15.50	56.68	1071.22	11.82	43.32
桐林镇	1946.28	10.75	731.86	8.09	37.60	1214.42	13.40	62.40
瓦寨镇	1343.50	7.42	776.28	8.58	57.78	567.22	6.26	42.22
雪洞镇	1789.64	9.89	700.47	7.75	39.14	1089.17	12.02	60.86
长吉镇	2104.82	11.63	1294.79	14.32	61.52	810.03	8.94	38.48
合 计	18 104.59	100.00	9043.29	100.00		9061.30	100.00	

二、耕地利用结构与分布

1. 水 田

三穗县7.33%的水田海拔小于600 m，包括八弓镇、款场乡、瓦寨镇、桐林镇、滚马乡；62.75%的水田海拔在600~700 m之间，主要分布在雪洞镇、八弓镇和滚马乡；19.22%的水田海拔在700~800 m之间，主要分布在雪洞镇、八弓镇和长吉镇；6.36%的水田海拔在800~900 m之间，主要分布在雪洞镇、八弓镇和长吉镇；3.92%的水田海拔在900~1000 m之间，主要分布在雪洞镇、滚马乡和款场乡；0.43%的水田海拔≥1000 m，主要分布在雪洞镇、滚马乡和款场乡。

水田主要分布在河流阶地、低山丘陵冲沟和低山峡谷等地形部位上，其中37.48%位于河流阶地、34.70%位于低山丘陵冲沟、11.87%位于低山峡谷、6.48%位于低中山峡谷、4.81%位于低山冲沟、4.67%位于河谷盆地。

2. 旱 地

三穗县的旱地广泛分布于全县9个乡镇，乡镇的旱地占全乡镇耕地面积38.48%~62.46%。其中：良上镇的旱地占本乡耕地面积的62.46%、桐林镇的占62.40%、雪洞镇的占60.86%，长吉镇的旱地占本乡耕地面积最小、为38.48%。集中分布于河流阶地、低山丘陵冲沟、低山峡谷。

旱地多坡地，且坡度大。≥2°坡度的旱地面积9032.64 hm²，其中≥25°坡度（陡坡）的旱地面积4250.56 hm²，占全县耕地面积的28.31%，占全县旱地面积的46.91%。旱地中17.06%的土体厚度小于80 cm，82.32%的土体厚度在80~90 cm之间，0.62%的土体厚度≥100 cm。

5.92%的旱地海拔小于600 m，主要分布在八弓镇、款场乡和瓦寨镇；40.52%的海拔在600~700 m之间，主要分布在八弓镇、款场乡和雪洞镇；30.65%的海拔在700~800 m之间，主要分布在八弓镇、滚马乡和雪洞镇;13.34%的海拔在800～900 m之间,主要分布在雪洞镇、八弓镇和长吉镇;7.64%的海拔在900～1000 m之间,主要分布在雪洞镇、八弓镇和桐林镇;1.93%的海拔≥1000 m,主要分布在雪洞镇、八弓镇和桐林镇。

第二节　耕地立地状况

一、不同海拔的耕地数量与分布

三穗县耕地分布于海拔462.66～1198.69 m之间,平均海拔707.38 m。其中:水田海拔处于462.66～1122.14 m,平均海拔682.27 m;旱地海拔处于465.76～1198.69 m,平均海拔732.44 m。分布于海拔600～700 m的耕地占据面积最大,占51.63%;其次是海拔700～800 m的耕地,占24.94%;再次是海拔800～900 m的耕地,占9.85%;接着是海拔<600 m的耕地,占6.63%;最小的是海拔≥1000 m的耕地,仅占1.18%。详见表4-2和附图5。

表4-2　海拔分级面积及比例统计情况表

海　拔	全县耕地		水　田		旱　地	
	面积/hm²	比例/%	面积/hm²	比例/%	面积/hm²	比例/%
<600	1199.57	6.63	662.97	7.33	536.60	5.92
600～700	9346.66	51.63	5674.98	62.75	3671.68	40.52
700～800	4514.99	24.94	1737.67	19.22	2777.32	30.65
800～900	1783.91	9.85	574.77	6.36	1209.14	13.34
900～1000	1046.37	5.78	354.43	3.92	691.94	7.64
≥1000	213.09	1.18	38.47	0.43	174.62	1.93
合　计	18 104.59	100.00	9043.29	100.00	9061.30	100.00

二、不同坡度的耕地数量与分布

三穗县耕地坡度分为五个级别,见表4-3和附图6。地处坡度15°～25°的耕地占据面积最大,为5319.91 hm²,占全县耕地面积的29.38%;其次是≥25°的耕地,占28.31%;再次是6°～15°的耕地,占24.92%;接着是2°～6°的耕地,占11.80%;最小的是<2°的耕地,仅占5.59%。

表4-3 坡度分级面积及比例统计情况表

坡 度	面积/hm²	比例/%	其中:旱地	
			面积/hm²	比例/%
<2°(一)	1012.00	5.59	28.66	0.32
2°~6°(二)	2135.47	11.80	78.79	0.87
6°~15°(三)	4512.47	24.92	1310.80	14.47
15°~25°(四)	5319.91	29.38	3392.49	37.44
≥25°(五)	5124.75	28.31	4250.56	46.91
合 计	18 104.59	100.00	9061.30	100.00

三、不同地形部位的耕地数量与分布

三穗县全县耕地地形部位有9种,对不同地形部位面积进行统计,结果见表4-4和附图7。分布于低山丘陵坡地的耕地面积最大,为7534.49 hm²,占41.62%;其次是河流阶地,占18.72%;再次是低山丘陵冲沟,占17.33%;最小的是河谷盆地,仅占2.33%。

表4-4 地形部位分级面积及比例统计情况表

地形部位	全县耕地		水 田		旱 地	
	面积/hm²	比例/%	面积/hm²	比例/%	面积/hm²	比例/%
低山冲沟	434.54	2.40	434.54	4.81		
低山坡地	497.69	2.75			497.69	5.49
低山丘陵冲沟	3137.88	17.33	3137.88	34.70		
低山丘陵坡地	7534.49	41.62			7534.49	83.15
低山峡谷	1094.37	6.04	1073.36	11.87	21.01	0.23
低中山坡地	1008.11	5.57			1008.11	11.13
低中山峡谷	586.13	3.24	586.13	6.48		
河谷盆地	422.33	2.33	422.33	4.67		
河流阶地	3389.05	18.72	3389.05	37.48		
合 计	18 104.59	100.00	9043.29	100.00	9061.30	100.00

四、不同抗旱能力的耕地数量与分布

三穗县耕地抗旱能力为7.00~30.00 d,平均23.47 d。其中:水田18.00~30.00 d,平均26.82 d;旱地7.00~28.00 d,平均20.12 d。三穗县耕地抗旱能力概况见表4-5。抗旱能力在20~25 d之间的耕地占据面积最大,为42.45%;其次是25~30 d的耕地,占

34.60%；再次是≥30 d 的耕地，占 13.07%；接着是 15~20 d 的耕地，占 8.32%；最小的是 <15 d的耕地，仅占 1.57%。

表 4-5　抗旱能力分级面积及比例统计情况表

抗旱能力/d	全县耕地		水　田		旱　地	
	面积/hm²	比例/%	面积/hm²	比例/%	面积/hm²	比例/%
≥30	2366.04	13.07	2366.04	26.16		
25~30	6264.15	34.60	6208.14	68.65	56.01	0.62
20~25	7684.85	42.45	225.75	2.50	7459.10	82.32
15~20	1506.07	8.32	243.36	2.69	1262.71	13.94
<15	283.48	1.57			283.48	3.13
合　计	18 104.59	100.00	9043.29	100.00	9061.30	100.00

五、不同灌溉能力的耕地数量与分布

三穗县旱地占全县耕地面积的 50.05%，使得全县不具备条件或不计划发展灌溉（无灌）的耕地占比最大，为 50.69%；其次是能灌的耕地，占 40.68%；再次是保灌的耕地，占 5.48%；接着是不需灌溉的耕地，占 2.56%；将来可发展灌溉的耕地面积最小，仅占 0.59%。详见表 4-6。

表 4-6　灌溉能力分级面积及比例统计情况表

灌溉能力	全县耕地		水　田		旱　地	
	面积/hm²	比例/%	面积/hm²	比例/%	面积/hm²	比例/%
不　需	463.94	2.56	463.94	5.13		
保　灌	991.70	5.48	991.70	10.97		
可灌（将来可发展）	106.43	0.59	106.43	1.18		
能　灌	7365.84	40.68	7365.84	81.45		
无灌（不具备条件或不计划发展灌溉）	9176.68	50.69	115.38	1.28	9061.30	100.00
合　计	18 104.59	100.00	9043.29	100.00	9061.30	100.00

六、不同成土母质的耕地数量与分布

三穗县耕地的成土母质有砂页岩风化坡残积物、砂页岩坡残积物、河流沉积物和灰绿色或青灰色页岩坡残积物等 21 种。其中：砂页岩风化坡残积物的耕地占据面积最大，为 38.29%；其次是砂页岩坡残积物，占 31.24%；再次是河流沉积物，占 8.98%；其他成土母质均占 4.50% 以下,且最小的是白云灰岩或白云岩坡残积物,仅占 0.01%。详见表 4-7。

表4-7 成土母质分级面积及比例统计情况表

成土母质	全县耕地 面积/hm²	全县耕地 比例/%	水田 面积/hm²	水田 比例/%	旱地 面积/hm²	旱地 比例/%
白云灰岩或白云岩坡残积物	2.21	0.01			2.21	0.02
白云岩或石灰岩或砂岩或砂页岩或板岩坡残积物	243.36	1.34	243.36	2.69		
板岩或凝灰岩或页岩等风化坡残积物	113.62	0.63			113.62	1.25
钙质紫红色砂页岩或泥岩坡残积物	211.00	1.17			211.00	2.33
河流沉积物	1626.65	8.98	1626.65	17.99		
湖沼沉积物	79.12	0.44	79.12	0.87		
灰绿色或青灰色页岩坡残积物	730.55	4.04			730.55	8.06
老风化壳或页岩或泥页岩坡残积物	316.67	1.75	316.67	3.50		
老风化壳或粘土岩或泥页岩或板岩坡残积物	70.33	0.39	70.33	0.78		
老风化壳或粘土岩或泥页岩坡残积物	159.21	0.88	159.21	1.76		
泥岩或页岩或板岩等坡残积物	269.31	1.49			269.31	2.97
泥岩或页岩残积物	277.95	1.54	277.95	3.07		
泥质白云岩或石灰岩坡残积物	94.02	0.52	94.02	1.04		
砂页岩风化坡残积物	6932.78	38.29			6932.78	76.51
砂页岩坡残积物	5655.26	31.24	5655.26	62.54		
石灰岩坡残积物	528.42	2.92	233.13	2.58	295.29	3.26
溪或河流冲积物	274.70	1.52			274.70	3.03
页岩坡残积物	225.27	1.24			225.27	2.49
页岩坡残积物	179.58	0.99	179.58	1.99		
中性或钙质紫色页岩坡残积物	108.01	0.60	108.01	1.19		
紫色砂岩或紫色砾岩坡残积物	6.57	0.04			6.57	0.07
合　计	18 104.59	100.00	9043.29	100.00	9061.30	100.00

第三节 耕地土体状况

一、不同耕层质地的耕地数量与分布

由于三穗县属亚热带湿润季风气候区,雨量充沛,年平均降水量为1069.20 mm,在土壤形成过程中,淋溶明显,土壤粘化程度明显。由表4-8可见,全县耕地土壤的质地类型主要为砂壤和轻壤,分别占全县耕地面积的48.29%、23.61%;其次是轻粘,占10.87%;中壤、松砂和中粘,分别占8.98%、4.43%和3.13%;重壤和紧砂的占比小于1.00%。

表4-8 耕层质地分级面积及比例统计情况表

耕层质地	全县耕地		水 田		旱 地	
	面积/hm²	比例/%	面积/hm²	比例/%	面积/hm²	比例/%
松 砂	802.91	4.43	182.68	2.02	620.23	6.84
紧 砂	2.21	0.01			2.21	0.02
砂 壤	8743.46	48.29	3790.14	41.91	4953.32	54.66
轻 壤	4275.07	23.61	2208.12	24.42	2066.95	22.81
中 壤	1626.10	8.98	472.31	5.22	1153.79	12.73
重 壤	120.63	0.67	120.63	1.33		
轻 粘	1967.84	10.87	1724.29	19.07	243.55	2.69
中 粘	566.37	3.13	545.12	6.03	21.25	0.23
合 计	18 104.59	100.00	9043.29	100.00	9061.30	100.00

二、不同耕层厚度的耕地数量与分布

三穗县耕地耕层厚度在13.00~50.00 cm之间,平均厚度为26.20 cm。其中:水田耕层厚度为13.00~50.00 cm,平均厚度为27.29 cm;旱地耕层厚度为13.00~45.00 cm,平均厚度为25.11 cm。耕层厚度主要分布在20~35 cm之间。其中:耕层厚度为30~35 cm之间的耕地最大,为37.31%;其次是耕层厚度为20~25 cm之间的耕地,占28.61%;再次是耕层厚度为25~30 cm之间的耕地,占23.94%;接着是耕层厚度<20 cm的耕地,占7.28%;最小的是耕层厚度≥35cm的耕地,仅占2.86%。详见表4-9。

表4-9 耕层厚度分级面积及比例统计情况表

耕层厚度/cm	全县耕地		水 田		旱 地	
	面积/hm²	比例/%	面积/hm²	比例/%	面积/hm²	比例/%
≥35	518.14	2.86	392.75	4.34	125.39	1.38
30~35	6754.43	37.31	4107.36	45.42	2647.07	29.21
25~30	4334.22	23.94	2019.36	22.33	2314.86	25.55
20~25	5179.07	28.61	2264.63	25.04	2914.44	32.16
<20	1318.73	7.28	259.19	2.87	1059.54	11.69
合　计	18 104.59	100.00	9043.29	100.00	9061.30	100.00

三、不同土体厚度的耕地数量与分布

三穗县耕地土体厚度在30~100 cm之间,平均厚度为82.52 cm。其中:水田土体厚度为60~100 cm,平均厚度为88.71 cm;旱地土体厚度为30~100 cm,平均厚度为76.33 cm。全县耕地土壤的土体厚度相对较小,其中:土体厚度在80~90 cm之间的耕地占据面积最大,为46.22%;其次是土体厚度在90~100 cm之间的耕地,占29.88%;再次是土体厚度<80 cm的耕地,占12.72%;最小的是土体厚度≥100 cm的耕地,占11.18%。详见表4-10。

表4-10 土体厚度分级面积及比例统计情况表

土体厚度/cm	全县耕地		水 田		旱 地	
	面积/hm²	比例/%	面积/hm²	比例/%	面积/hm²	比例/%
≥100	2024.74	11.18	1968.73	21.77	56.01	0.62
90~100	5408.93	29.88	5408.93	59.81		
80~90	8368.17	46.22	909.07	10.05	7459.10	82.32
<80	2302.75	12.72	756.56	8.37	1546.19	17.06
合　计	18 104.59	100.00	9043.29	100.00	9061.30	100.00

四、不同剖面构型的耕地数量与分布

三穗县耕地中水田面积9043.29hm²,旱地面积9061.30 hm²,土壤剖面构型详细分布状况见表4-11。

表4-11　剖面构型分级面积及比例统计情况表

剖面构型	面积/hm²	占全县耕地比例/%	占水田/旱地比例/%
水　田			
Aa－Ap－C	179.58	0.99	1.99
Aa－Ap－G	106.87	0.59	1.18
Aa－Ap－Gw－G	80.09	0.44	0.89
Aa－Ap－P－C	5225.78	28.86	57.79
Aa－Ap－P－E	475.65	2.63	5.26
Aa－Ap－W－C	2215.64	12.24	24.50
Aa－Ap－W－C 或 Aa－Ap－W－G	332.28	1.84	3.67
Aa－G－Pw	277.95	1.54	3.07
A－Ap－E	70.33	0.39	0.78
M－G	54.83	0.30	0.61
M－G－Wg－C	24.29	0.13	0.27
小　计	9043.29	49.95	100.00
旱　地			
A－B－C	7543.39	41.67	83.25
A－BC－C	973.99	5.38	10.75
A－C	487.91	2.69	5.38
A－P－B－C	56.01	0.31	0.62
小　计	9061.30	50.05	100.00
合　计	18 104.59	100.00	

水田中土壤剖面构型为 Aa－Ap－P－C 的耕地面积超过一半,占水田面积的57.79%,主要由砂页岩坡残积物等成土母质发育而来;其次是 Aa－Ap－W－C 构型,占24.50%,主要由白云岩或石灰岩或砂岩或砂页岩或板岩坡残积物等成土母质发育而来;再次是 Aa－Ap－P－E 型,占5.26%,由砂页岩坡残积物发育而来;其余各种剖面构型的比例不足4.00%,且最小的是 M－G－Wg－C 构型,仅占0.27%,由湖沼沉积物发育而来。

旱地中土壤剖面构型为 A－B－C 的耕地面积占据大部分,占旱地面积的83.25%,主要由板岩或凝灰岩或页岩等风化坡残积物等成土母质发育而来;其次是 A－BC－C 构型,占10.75%,主要由灰绿色或青灰色页岩坡残积物等成土母质发育而来;再次是 A－C 构型,占5.38%,主要由白云灰岩或白云岩坡残积物等成土母质发育而来;最小的是 A－P－B－C 构型,仅占0.62%,由泥岩或页岩或板岩等坡残积物而来。

第五章 耕地养分状况

自 2008 年测土配方施肥项目的实施以来,完成了耕作土壤样品采集 4615 个,以 2009 年采集的土样为主,2010 年、2011 年、2012 年采集的土样为补充。按检测要求将一定量的样品送至三穗县土壤测试实验室,同一项目用统一的方法进行测试分析,结果经整理统计后,得到平均值和标准差。检测项目包括:pH、有机质、全氮、碱解氮、有效磷、速效钾、缓效钾等。分析方法及质量控制参照《测土配方施肥技术规范》要求。

数据来源主要有两方面:一是测土配方施肥项目完成的 4615 个土壤样品测试值;二是为测土配方施肥耕地地力评价而建立的、体现三穗县耕地利用现状的县域耕地资源管理信息系统,以及系统里的 31 777 个耕作土壤评价单元(图斑)属性数据。在充分掌握试验数据和调查数据的基础上,对土壤测试数据和评价单元数据进行统计、分析,得到耕作土壤养分状况。

第一节 不同 pH 耕地数量与分布

一、基本特点

三穗县耕地土壤的 pH 在 4.00 ~ 8.00 之间,平均值 5.04。土种中 pH 平均值最低的为潮砂土,为 4.64;最高的土种是紫红泥大土,为 7.72。pH 平均值呈现碱性(pH≥7.5)的土种有紫红泥大土、大泥土和岩砂土 3 个,代表面积 508.50 hm^2,占全县耕地面积的 2.81%;无呈现中性(pH 6.5 ~ 7.5)的土种;呈现酸性(pH < 6.5)的土种 28 个,代表面积 17 596.09 hm^2,占全县耕地面积的 97.19%。

二、含量分级

根据"贵州省耕地地力评价技术规范",同时结合第二次土壤普查土壤养分分级指标和三穗县耕地土壤 pH 的实际情况,耕地土壤 pH 分为五级,见表 5 - 1,附图 8。pH 4.5 ~ 5.5 的耕地面积占据大部分,占全县耕地面积的比例为 88.84%;其次是 pH 5.5 ~ 6.5 的耕地,占 4.17%;再次是 pH < 4.5 的耕地,占 3.60%;接着是 pH ≥7.5 的耕地,占 2.13%;最小的是 pH 6.5 ~ 7.5 的耕地,占 1.26%。

表 5 - 1　耕地土壤 pH 的分级面积及比例统计情况表

pH		面积/hm²	占全县耕地面积比例/%
等级	范围		
强酸性	< 4.5	651.95	3.60
酸　性	4.5 ~ 5.5	16 084.73	88.84
微酸性	5.5 ~ 6.5	754.10	4.17
中　性	6.5 ~ 7.5	228.17	1.26
微碱性	≥7.5	385.64	2.13
合　计		18 104.59	100.00

三、不同条件下的土壤 pH 比较

(一)不同地类的土壤 pH 比较

土壤酸碱性的变化与土壤地类有密切关系。全县耕地土壤中,水田土壤 pH 主要集中在 4.5 ~ 5.5 之间,以酸性土壤为主;旱地土壤 pH 也主要集中在 4.5 ~ 5.5 之间,以酸性土壤为主(表 5 - 2)。全县水田耕地的 3.53% 和旱地耕地的 3.67% 属于强酸性土壤,全县水田耕地的 2.47% 和旱地耕地的 1.79% 属于微碱性土壤;该部分土壤稍欠缺良好的结构性,影响到土壤的一系列物理性质。

表 5 - 2　不同地类耕地的土壤 pH 比较表

地　类	最小值	最大值	平均值	占全县水田/旱地耕地的面积比例/%				
				< 4.5	4.5 ~ 5.5	5.5 ~ 6.5	6.5 ~ 7.5	≥7.5
水　田	4.00	7.39	4.99	3.53	88.75	3.95	1.28	2.47
旱　地	4.00	8.00	5.09	3.67	88.93	4.38	1.24	1.79

(二)不同土类的土壤 pH 比较

从表 5 - 3 可以看出,潮土、红壤、黄壤和水稻土的 pH 主要在 4.5 ~ 5.5 之间,以酸性土壤为主。粗骨土、石灰土和紫色土的 pH 主要在 7.5 或以上,以微碱性土壤为主。由于不同的土壤类型分别形成于不同的成土母质,因此认为土壤 pH 与成土母质有着密切关系。如石灰土由石灰岩坡残积物发育而成,主要呈微碱性反应。随着成土过程的变化,pH 变化不一。

表5-3　不同土类耕地的 pH 比较表

土　类	最小值	最大值	平均值	占相应土类耕地的面积比例/%				
				<4.5	4.5~5.5	5.5~6.5	6.5~7.5	≥7.5
潮　土	4.00	6.97	4.93	5.13	85.71	0.98	1.33	
粗骨土	7.60	7.60	7.60					100.00
红　壤	4.10	6.60	5.02		90.20	7.06	0.70	
黄　壤	4.00	7.39	4.94	6.07	88.38	4.53	1.01	
石灰土	7.50	8.00	7.71					100.00
紫色土	4.80	7.93	7.63		3.02			96.98
水稻土	4.00	7.39	4.99	5.63	85.97	5.50	2.90	

因水稻土发育程度不一,水稻土各亚类的酸碱性变化也有所差异(表5-4)。其中:漂洗型水稻土的 pH 分布于4.00~7.00之间、脱潜型水稻土的 pH 分布于4.30~7.10之间、潜育型水稻土的 pH 分布于4.20~7.17之间、渗育型水稻土的 pH 分布于4.00~7.39之间、淹育型水稻土的 pH 分布于4.30~7.00之间、潴育型水稻土的 pH 分布于4.00~7.20之间,均呈强酸性至中性反应。水稻土各亚类的变异程度不同,变异系数介于6.44%~14.71%,漂洗型水稻土变异性最弱,而脱潜型水稻土最强。

表5-4　水稻土亚类的 pH 比较表

亚　类	最小值	最大值	平均值	标准差	变异系数/%
漂洗型	4.00	7.00	4.95	0.32	6.44
脱潜型	4.30	7.10	6.38	0.94	14.71
潜育型	4.20	7.17	5.24	0.68	13.00
渗育型	4.00	7.39	4.94	0.38	7.69
淹育型	4.30	7.00	4.93	0.38	7.65
潴育型	4.00	7.20	5.02	0.59	11.77

(三)不同地形部位的土壤 pH 比较

低中山峡谷、低山峡谷和河流阶地耕地土壤的 pH 平均值相对较低,分别为4.87、4.93和4.98,均以 pH 4.5~5.5为主,即以酸性反应为主;而低山冲沟的耕地土壤 pH 平均值相对较高,为5.24,以 pH <4.5为主,占76.88%,即以强酸性反应为主。另外,低山坡地、低山丘陵冲沟、低山丘陵坡地、低中山坡地和河谷盆地的耕地土壤也均以 pH 4.5~5.5为主,分别占91.46%、84.68%、82.88%、84.95%和85.04%。详见表5-5。

表 5 – 5　不同地形部位下耕地土壤 pH 比较表

地形部位	最小值	最大值	平均值	占相应地形部位耕地的面积比例/%			
				<5.5	5.5 ~ 6.5	6.5 ~ 7.5	≥7.5
低山冲沟	4.20	7.25	5.24	76.88	6.76	1.27	1.68
低山坡地	4.00	7.80	5.01	3.40	91.46	2.13	0.14
低山丘陵冲沟	4.00	7.17	5.00	5.77	84.68	6.73	2.81
低山丘陵坡地	4.00	8.00	5.11	5.78	82.88	4.34	1.13
低山峡谷	4.00	7.10	4.93	5.08	89.69	3.10	2.12
低中山坡地	4.00	7.93	5.02	5.02	84.95	4.79	0.10
低中山峡谷	4.00	7.20	4.87	7.16	87.76	3.28	1.81
河谷盆地	4.40	7.13	5.08	3.42	85.04	6.98	4.57
河流阶地	4.00	7.39	4.98	5.94	87.74	4.11	2.21

第二节　不同有机质含量耕地数量与分布

一、基本特点

三穗县耕地的有机质含量在 4.20 ~ 80.60 g·kg^{-1} 之间，平均含量 35.64 g·kg^{-1}。有机质平均含量最低的土种是斑潮泥田，为 28.79 g·kg^{-1}；最高的土种是紫砂土，为 50.20 g·kg^{-1}。有机质平均含量 ≥40 g·kg^{-1} 的土种 6 个，代表面积 388.63 hm^2，占全县耕地面积的 2.15%；有机质含量在 30 ~ 40 g·kg^{-1} 之间的土种 23 个，代表面积 16 653.13 hm^2，占全县耕地面积的 91.98%；有机质含量 < 30 g·kg^{-1} 的土种有斑潮泥田和黄扁砂泥土 2 个，代表面积 1062.83 hm^2，占全县耕地面积的 5.87%。

二、含量分级

根据"贵州省耕地地力评价技术规范"，同时结合第二次土壤普查土壤养分分级指标和三穗县耕地土壤有机质的实际情况，耕地土壤有机质含量分为五级（表 5 – 6 和附图 9）。三级的耕地占据面积最大，为 33.28%；其次是四级的耕地，占 28.27%；再次是二级的耕地，占 21.67%；接着是一级的耕地，占 10.90%；最小的是五级的耕地，占 5.88%。

表 5 - 6　有机质含量的分级面积及比例统计情况表

有机质		面积/hm²	占全县耕地面积比例/%
等　级	含量范围/g·kg⁻¹		
一	≥50	1973.01	10.90
二	40~50	3922.39	21.67
三	30~40	6025.94	33.28
四	20~30	5118.63	28.27
五	<20	1064.62	5.88
合　计		18 104.59	100.00

三、不同条件下的有机质含量比较

(一)不同地类的有机质含量比较

全县耕地土壤中,水田土壤有机质平均含量 36.15 g·kg⁻¹,旱地土壤为 35.12 g·kg⁻¹(表 5 -7),水田比旱地高出 2.93%,说明地类对土壤有机质含量有一定影响;但是水田和旱地的土壤有机质大多在 20 ~40 g·kg⁻¹之间,属于中下等水平。

表 5 - 7　不同地类耕地的有机质含量比较表

地　类	最小值	最大值	平均值	占全县水田/旱地耕地的面积比例/%				
	/g·kg⁻¹	/g·kg⁻¹	/g·kg⁻¹	≥50	40~50	30~40	20~30	<20
水　田	4.20	80.60	36.15	12.09	22.15	33.45	26.78	5.53
旱　地	4.20	79.90	35.12	9.71	21.18	33.12	29.76	6.23

(二)不同土类的有机质含量比较

各土类之间的有机质含量平均值介于 30.40 ~36.15 g·kg⁻¹之间(表 5 -8)。其中:粗含量骨土有机质含量最低,为 30.40 g·kg⁻¹;其次是红壤,为 31.35 g·kg⁻¹;再次是潮土,为 32.49 g·kg⁻¹;紫色土、石灰土和黄壤的有机质含量较为接近,分别为 35.16 g·kg⁻¹、35.32 g·kg⁻¹和 35.34 g·kg⁻¹;由多种母质发育而来经人类长期耕作的水稻土有机质含量最高,为36.15 g·kg⁻¹。5.53%的水稻土有机质含量 <20 g·kg⁻¹,这是因为种植业结构调整后,水田改旱作而不注意有机肥的投入所致。

表 5 - 8　不同土类耕地的有机质含量比较表

土　类	最小值	最大值	平均值	占相应土类耕地的面积比例/%				
	/g·kg⁻¹	/g·kg⁻¹	/g·kg⁻¹	≥50	40~50	30~40	20~30	<20
潮　土	4.70	68.97	32.49	11.40	16.95	27.35	37.79	6.51

续表5-8

土　类	最小值/g·kg⁻¹	最大值/g·kg⁻¹	平均值/g·kg⁻¹	占相应土类耕地的面积比例/%				
				≥50	40~50	30~40	20~30	<20
粗骨土	30.40	30.40	30.40			100.00		
红　壤	4.30	56.20	31.35	6.84	8.85	37.32	37.81	9.18
黄　壤	4.20	79.90	35.34	9.90	21.76	33.17	29.05	6.13
石灰土	13.10	77.40	35.32	9.37	31.31	12.56	41.69	5.06
紫色土	11.85	57.90	35.16	9.71	12.71	56.53	14.57	6.47
水稻土	4.20	80.60	36.15	12.09	22.15	33.45	26.78	5.53

全县水稻土各亚类的有机质平均含量总的趋势是:脱潜型水稻土>潜育型水稻土>渗育型水稻土>淹育型水稻土>漂洗型水稻土>潴育型水稻土(表5-9)。这是由于潜育型水稻土长期被水分饱和,处于嫌气条件,有利于有机质的积累,使其有机质含量高于其他水稻土亚类,而且上下层的变化较小。渗育型水稻土则主要分布在无水灌溉的坡墒地段,土壤通气透水性好,有机质不易积累;漂洗型水稻土主要分布在坡墒地段、缓坡脚和坡中下部,土壤通气透水性好,不利于有机质积累。

表5-9　水稻土亚类的有机质含量比较表

亚　类	最小值/g·kg⁻¹	最大值/g·kg⁻¹	平均值/g·kg⁻¹	标准差/g·kg⁻¹	变异系数/%
漂洗型	6.70	62.10	33.74	10.17	30.15
脱潜型	19.60	65.95	40.65	8.56	21.07
潜育型	4.30	78.40	38.90	11.94	30.69
渗育型	4.20	80.60	37.56	10.85	28.88
淹育型	4.80	62.90	33.84	10.65	31.46
潴育型	4.70	75.70	33.29	12.30	36.96

(三)不同地形部位的有机质含量比较

全县土壤有机质平均含量总的趋势为:低中山峡谷>低山冲沟>低山丘陵冲沟>低山峡谷>低中山坡地>低山丘陵坡地>河流阶地>低山坡地>河谷盆地(表5-10)。不同地形部位间的差异主要与土壤耕作的历史长短及水文、气候等自然条件有关。河谷盆地耕作历史短,其熟化程度较低,有机质含量低;低中山峡谷耕种历史悠久,有机质含量较高。

从表5-10可以看出,低山冲沟、低山坡地、低山丘陵坡地、河谷盆地和河流阶地的耕地土壤有机质含量以20~40 g·kg⁻¹为主,低山丘陵冲沟、低山峡谷、低中山坡地和低中山峡谷的耕地土壤以30~50 g·kg⁻¹为主。若以20 g·kg⁻¹的有机质含量为界限,则对于含量20 g·kg⁻¹或以上,低中山峡谷、低山冲沟、低山峡谷和低山丘陵冲沟耕地所占的面积比例最大,分别占 98.65%、98.52%、96.33% 和 95.19%;其次是低山丘陵坡地,占 94.10%;再次是低山坡地、河谷盆地和河流阶地,分别占 92.94%、92.92% 和 92.17%;低中山坡地最小,占 91.66%。

表 5 - 10 不同地形部位下耕地的有机质含量比较表

地形部位	最小值 /g·kg⁻¹	最大值 /g·kg⁻¹	平均值 /g·kg⁻¹	占相应地形部位耕地的面积比例/%				
				≥50	40~50	30~40	20~30	<20
低山冲沟	14.67	74.50	37.99	21.12	19.24	31.00	27.15	1.48
低山坡地	5.70	78.50	32.87	4.55	16.66	42.31	29.42	7.06
低山丘陵冲沟	4.20	80.00	37.90	14.26	27.08	33.48	20.37	4.81
低山丘陵坡地	4.20	79.90	35.06	9.34	21.22	32.80	30.74	5.90
低山峡谷	6.70	73.90	37.86	13.33	26.82	35.92	20.26	3.67
低中山坡地	7.10	77.70	36.84	15.25	23.51	31.21	21.69	8.34
低中山峡谷	10.50	80.60	41.94	21.18	36.63	29.38	11.47	1.35
河谷盆地	6.00	64.40	31.78	2.31	14.33	34.26	42.02	7.08
河流阶地	4.70	79.90	33.23	8.08	14.80	33.46	35.82	7.83

第三节 不同全氮含量耕地数量与分布

一、基本特点

三穗县耕地的全氮含量在 0.50~5.30 g·kg⁻¹ 之间,平均含量 2.16 g·kg⁻¹。全氮平均含量最低的土种是烂锈田,为 1.29 g·kg⁻¹;全氮平均含量最高的土种是浅脚烂泥田,为 2.86 g·kg⁻¹。全氮平均含量 ≥2.00 g·kg⁻¹ 的土种 24 个,代表面积 15 616.72 hm²,占全县耕地面积的 86.26%;含量在 1.50~2.00 g·kg⁻¹ 之间的土种 5 个,代表面积 2483.54 hm²,占 13.72%;含量 <1.50 g·kg⁻¹ 的土种有岩砂土和烂锈田 2 个,代表面积 4.34 hm²,仅占 0.02%。

二、含量分级

根据"贵州省耕地地力评价技术规范",同时结合第二次土壤普查土壤养分分级指标和三穗县耕地土壤全氮的实际情况,耕地土壤全氮含量分为六级(表 5 - 11 和附图 10)。二级的耕地占据面积最大,占全县耕地面积的比例为 49.46%;其次是三级的耕地,占 31.40%;再次是四级的耕地,占 9.80%;接着是一级的耕地,占 7.95%;然后是五级的耕地,占

0.95%;最小的是六级的耕地,占0.45%。

表5-11 全氮含量的分级面积及比例统计情况表

全 氮		面积/hm²	占全县耕地面积比例/%
等 级	含量范围/g·kg⁻¹		
一	≥3.00	1438.68	7.95
二	2.00~3.00	8954.71	49.46
三	1.50~2.00	5684.75	31.40
四	1.00~1.50	1773.59	9.80
五	0.75~1.00	172.13	0.95
六	<0.75	80.73	0.45
合 计		18 104.59	100.00

三、不同条件下的全氮含量比较

(一)不同地类的全氮含量比较

全县耕地土壤中,水田土壤全氮平均含量为 2.19 g·kg⁻¹,旱地土壤全氮平均含量为 2.13 g·kg⁻¹(表5-12),水田比旱地高出2.82%,说明与有机质含量类似,地类对土壤全氮含量有一定影响。但是水田和旱地的土壤全氮大多在 2.00~3.00 g·kg⁻¹ 之间,属于上等水平,不过水田在该范围内的有机质比例比旱地稍高。

表5-12 不同地类耕地的全氮含量比较表

地 类	最小值 /g·kg⁻¹	最大值 /g·kg⁻¹	平均值 /g·kg⁻¹	占全县水田/旱地耕地的面积比例/%					
				≥3.00	2.00~ 3.00	1.50~ 2.00	1.00~ 1.50	0.75~ 1.00	<0.75
水 田	0.50	5.30	2.19	8.46	50.83	31.30	8.11	0.85	0.45
旱 地	0.50	5.30	2.13	7.44	48.10	31.50	11.48	1.05	0.44

(二)不同土类的全氮含量比较

由表5-13可知,各土类全氮平均含量分布如下:潮土为2.02 g·kg⁻¹、红壤为2.04 g·kg⁻¹、黄壤为2.14 g·kg⁻¹、石灰土为2.17 g·kg⁻¹、紫色土为2.21 g·kg⁻¹、水稻土为2.19 g·kg⁻¹,属于含量等级二;粗骨土为1.45 g·kg⁻¹,属于含量等级四。水稻土含量等级一的比重最高,为8.46%;其次是黄壤,为7.91%;再次是紫色土,为7.00%;接着是潮土,为5.92%;石灰土和红壤较为接近,分别占2.60%和2.00%;粗骨土则无。

表 5 – 13　不同土类耕地的全氮含量比较表

土　类	最小值 /g · kg⁻¹	最大值 /g · kg⁻¹	平均值 /g · kg⁻¹	占全县水田/旱地耕地的面积比例/%					
				≥3.00	2.00 ~ 3.00	1.50 ~ 2.00	1.00 ~ 1.50	0.75 ~ 1.00	<0.75
潮　土	0.51	4.36	2.02	5.92	35.14	43.75	11.99	0.69	2.51
粗骨土	1.45	1.45	1.45				100.00		
红　壤	0.59	3.59	2.04	2.00	55.26	31.23	10.70	0.06	0.88
黄　壤	0.50	5.30	2.14	7.91	47.38	31.60	11.57	1.15	0.38
石灰土	0.89	3.67	2.17	2.60	56.38	31.21	9.42	0.39	
紫色土	1.11	3.88	2.21	7.00	68.61	13.75	10.64		
水稻土	0.50	5.30	2.19	8.46	50.83	31.30	8.11	0.85	0.45

全县水稻土各亚类的全氮平均含量总的趋势是:脱潜型水稻土 > 潜育型水稻土 > 渗育型水稻土 > 淹育型水稻土 > 漂洗型水稻土 > 潴育型水稻土(表 5 – 14)。各亚类的全氮含量均集中分布于 2.00 ~ 3.00 g · kg⁻¹ 之间,具体为脱潜型水稻土 65.31%、潜育型水稻土 56.44%、漂洗型水稻土 54.32%、渗育型水稻土 53.66%、淹育型水稻土 53.38%、潴育型水稻土 43.83%。各亚类的变异程度不同,变异系数介于 22.97% ~ 34.77%,淹育型水稻土变异性最弱,而潴育型水稻土最强。

表 5 – 14　水稻土亚类的全氮含量比较表

亚　类	最小值/g · kg⁻¹	最大值/g · kg⁻¹	平均值/g · kg⁻¹	标准差/g · kg⁻¹	变异系数/%
漂洗型	0.51	4.07	2.13	0.58	27.29
脱潜型	1.73	4.27	2.38	0.65	27.12
潜育型	0.89	5.30	2.37	0.60	25.32
渗育型	0.50	5.30	2.24	0.56	24.84
淹育型	0.55	3.59	2.18	0.50	22.97
潴育型	0.51	4.84	2.07	0.72	34.77

(三)不同地形部位的全氮含量比较

从表 5 – 15 可以看出,低山冲沟、低山坡地、低山丘陵坡地、河谷盆地和河流阶地的耕地土壤全氮含量以 1.50 ~ 3.00 g · kg⁻¹ 为主,依次占耕地面积的比例为 79.79%、79.89%、79.95%、89.41% 和 79.96%;低山丘陵冲沟、低山峡谷、低中山坡地和低中山峡谷的耕地土壤全氮含量以 2.00 ~ 3.00 g · kg⁻¹ 为主,依次占耕地面积的比例为 55.00%、56.10%、50.48% 和 61.86%。若以土壤全氮含量等级四的下限(<1.00 g · kg⁻¹)作缺氮的临界值计,那么,占含量等级四以下水平最多的耕地为河流阶地,占 1.75%;其次是低山丘陵坡地,

占1.60%;再次是低山丘陵冲沟,占1.41%;低中山坡地、低中山峡谷、低山坡地、河谷盆地和低山峡谷依次占0.97%、0.86%、0.81%、0.70%和0.61%;低山冲沟占0.04%。其中,低山冲沟没有缺乏全氮的土壤。

表5-15 不同地形部位下耕地的全氮含量比较表

地形部位	最小值 /g·kg^{-1}	最大值 /g·kg^{-1}	平均值 /g·kg^{-1}	占相应地形部位耕地的面积比例/%					
				≥3.00	2.00~3.00	1.50~2.00	1.00~1.50	0.75~1.00	<0.75
低山冲沟	0.97	4.65	2.22	13.99	40.92	38.87	6.18	0.04	
低山坡地	0.63	3.77	2.00	4.53	33.11	46.78	14.77	0.47	0.34
低山丘陵冲沟	0.50	5.30	2.29	10.93	55.00	28.16	4.51	0.71	0.69
低山丘陵坡地	0.50	5.30	2.14	7.77	48.88	31.07	10.68	1.14	0.47
低山峡谷	0.51	5.30	2.28	9.98	56.10	26.78	6.52	0.43	0.19
低中山坡地	0.59	4.53	2.15	6.52	50.48	26.02	16.01	0.69	0.28
低中山峡谷	0.61	4.53	2.34	8.62	61.86	22.86	5.80	0.65	0.21
河谷盆地	0.62	3.57	2.09	2.78	49.64	39.77	7.11		0.70
河流阶地	0.51	5.30	2.06	5.60	44.52	35.44	12.70	1.36	0.39

第四节 不同碱解氮含量耕地数量与分布

一、基本特点

三穗县耕地的碱解氮含量在47.00~376.00 mg·kg^{-1}之间,平均含量189.73 mg·kg^{-1}。碱解氮平均含量最低的土种是紫砂土,为100.00 mg·kg^{-1};最高的土种是浅脚烂泥田,为258.98 mg·kg^{-1}。碱解氮平均含量≥180 mg·kg^{-1}的土种20个,代表面积16 650.17 hm²,占全县耕地面积的91.97%;在150~180 mg·kg^{-1}之间的土种有小黄泥田、干鸭屎泥田和大眼泥田3个,代表面积870.6 hm²,占全县耕地面积的4.81%;小于150 mg·kg^{-1}的土种8个,代表面积583.83 hm²,占全县耕地面积的3.22%。

二、含量分级

根据"贵州省耕地地力评价技术规范",同时结合第二次土壤普查土壤养分分级指标和三穗县耕地土壤碱解氮的实际情况,将耕地土壤碱解氮含量分为六级(表5-16和附图11)。一级的耕地占据面积最大,占全县耕地面积的33.48%;其次是二级的耕地,占全县耕地面积的23.47%;再次是三级的耕地,占全县耕地面积的21.44%;接着是四级的耕地,占全县耕地面积的11.85%;然后是五级的耕地,占全县耕地面积的7.94%;最小的是六级的耕地,占全县耕地面积的1.82%。

表5-16　碱解氮含量的分级面积及比例统计情况表

碱解氮 等级	碱解氮 含量范围/mg·kg⁻¹	面积/hm²	占全县耕地面积比例/%
一	≥210	6061.44	33.48
二	180~210	4249.52	23.47
三	150~180	3881.05	21.44
四	120~150	2145.57	11.85
五	90~120	1437.80	7.94
六	<90	329.21	1.82
合　计		18 104.59	100.00

三、不同条件下的碱解氮含量比较

(一)不同地类的碱解氮含量比较

全县耕地土壤中,水田土壤碱解氮平均含量190.43 mg·kg⁻¹,旱地土壤碱解氮平均含量189.02 mg·kg⁻¹(表5-17),水田比旱地高0.75%,说明地类对土壤碱解氮含量的影响较小。水田和旱地的土壤碱解氮均集中于≥180 mg·kg⁻¹,处于上等水平。

表5-17　不同地类耕地的碱解氮含量比较表

地　类	最小值 /mg·kg⁻¹	最大值 /mg·kg⁻¹	平均值 /mg·kg⁻¹	占全县水田/旱地耕地的面积比例/%					
				≥210	180~210	150~180	120~150	90~120	<90
水　田	47.00	376.00	190.43	34.77	20.33	22.25	12.99	7.43	2.23
旱　地	55.00	376.00	189.02	32.19	26.61	20.63	10.72	8.45	1.40

(二)不同土类的碱解氮含量比较

由表5-18可知,各土类碱解氮平均含量分布如下:潮土为192.37 mg·kg⁻¹、红壤为

198.09 mg·kg^{-1}、黄壤为 189.63 mg·kg^{-1}、石灰土为 202.72 mg·kg^{-1}、水稻土为 190.43 mg·kg^{-1},均属于含量等级二;粗骨土为 104.00 mg·kg^{-1},属于含量等级五;紫色土为 130.43 mg·kg^{-1},属于含量等级四。潮土、红壤、黄壤和水稻土碱解氮含量均≥180 mg·kg^{-1},粗骨土碱解氮含量在 90 ~ 120 mg·kg^{-1},石灰土碱解氮含量≥210 mg·kg^{-1},紫色土碱解氮含量在 90 ~ 150 mg·kg^{-1}。

表 5 – 18　不同土类耕地的碱解氮含量比较表

土　类	最小值 /mg·kg^{-1}	最大值 /mg·kg^{-1}	平均值 /mg·kg^{-1}	占相应土类耕地的面积比例/%					
				≥210	180 ~ 210	150 ~ 180	120 ~ 150	90 ~ 120	< 90
潮　土	69.00	325.00	192.37	33.56	27.75	23.02	10.03	5.25	0.39
粗骨土	104.00	104.00	104.00					100.00	
红　壤	76.00	299.00	198.09	40.97	17.45	32.93	7.59	0.34	0.73
黄　壤	55.00	376.00	189.63	31.94	27.64	20.43	10.22	8.20	1.56
石灰土	99.00	265.00	202.72	50.80	19.23	24.27	0.15	5.55	
紫色土	92.00	233.00	130.43	0.88	12.30	0.68	48.88	37.26	
水稻土	47.00	376.00	190.43	34.77	20.33	22.25	12.99	7.43	2.23

全县水稻土各亚类的碱解氮平均含量总的趋势是:漂洗型水稻土 > 潜育型水稻土 > 淹育型水稻土 > 渗育型水稻土 > 潴育型水稻土 > 脱潜型水稻土(表 5 – 19)。除了脱潜型水稻土的碱解氮含量在 120 ~ 180 mg·kg^{-1}(占 61.56%)之外,其余各亚类的碱解氮含量均≥180 mg·kg^{-1},依次占 63.78%、64.53%、54.89%、59.93% 和 52.90%。各亚类的变异程度较显著,变异系数介于 15.90% ~ 29.69%,脱潜型水稻土变异性最弱,而潴育型水稻土最强。

表 5 – 19　水稻土亚类的碱解氮含量比较表

亚　类	最小值/mg·kg^{-1}	最大值/mg·kg^{-1}	平均值/mg·kg^{-1}	标准差/mg·kg^{-1}	变异系数/%
漂洗型	64.00	325.00	197.05	57.19	29.02
脱潜型	116.00	209.50	147.83	23.50	15.90
潜育型	57.00	376.00	193.91	53.29	27.48
渗育型	47.00	376.00	190.51	48.27	25.34
淹育型	76.00	282.00	191.94	40.36	21.03
潴育型	47.00	376.00	189.44	56.24	29.69

(三)不同地形部位的碱解氮含量比较

从表 5 – 20 可以看出,除了低山冲沟的碱解氮含量≥150 mg·kg^{-1}(占 57.04%)之外,其余各地形部位耕地土壤的碱解氮含量≥180 mg·kg^{-1},依次占 53.05%、52.50%、58.86%、

61.88%、60.41%、65.27%、58.83%和55.71%。若以土壤碱解氮含量<90 mg·kg^{-1}作为缺氮的临界值计，那么，碱解氮含量<90 mg·kg^{-1}水平最多的耕地为低山冲沟，占9.14%；河流阶地和低中山坡地分别占3.24%和2.79%；低山峡谷、低山丘陵坡地和低山丘陵冲沟分别占1.39%、1.26%和1.06%；低山坡地、河谷盆地和低中山峡谷分别占0.79%、0.67%和0.15%。

表5-20 不同地形部位耕地的碱解氮含量比较表

地形部位	最小值 /mg·kg^{-1}	最大值 /mg·kg^{-1}	平均值 /mg·kg^{-1}	占相应地形部位耕地的面积比例/%					
				≥210	180~210	150~180	120~150	90~120	<90
低山冲沟	57.00	350.00	164.24	25.39	11.23	20.42	13.42	20.40	9.14
低山坡地	60.00	326.37	183.87	29.96	23.09	28.03	5.03	13.11	0.79
低山丘陵冲沟	47.00	376.00	188.65	32.86	19.64	25.01	14.73	6.69	1.06
低山丘陵坡地	57.00	376.00	190.21	32.85	26.01	20.50	11.04	8.33	1.26
低山峡谷	47.00	376.00	205.03	41.87	20.02	21.17	11.33	4.23	1.39
低中山坡地	55.00	332.00	182.41	28.99	31.42	18.24	11.30	7.27	2.79
低中山峡谷	84.00	376.00	193.92	35.48	29.79	12.05	18.18	4.35	0.15
河谷盆地	77.67	376.00	186.59	37.97	20.87	11.59	12.94	15.96	0.67
河流阶地	57.00	376.00	190.66	34.72	20.99	23.26	10.88	6.90	3.24

第五节 不同有效磷含量耕地数量与分布

一、基本特点

三穗县耕地的有效磷含量在1.00~66.60 mg·kg^{-1}之间，平均含量21.31 mg·kg^{-1}。有效磷平均含量最低的土种是紫砂土，为9.90 mg·kg^{-1}；最高的土种是烂锈田，为35.65 mg·kg^{-1}。有效磷平均含量≥20 mg·kg^{-1}的土种22个，代表面积17 225.57 hm^2，占全县耕地面积的95.14%；在10~20 mg·kg^{-1}之间的土种8个，代表面积872.46 hm^2，占全县耕地面积的4.82%；<10 mg·kg^{-1}的土种仅有紫砂土1个，代表面积6.57 hm^2，仅占全县耕地面积的0.04%。

二、含量分级

根据"贵州省耕地地力评价技术规范",同时结合第二次土壤普查土壤养分分级指标和三穗县耕地土壤有效磷的实际情况,耕地土壤有效磷含量分为六级(表5－21和附图12)。二级的耕地占据面积最大,为43.86%;其次是三级的耕地,占37.83%;再次是四级的耕地,占9.72%;接着是一级的耕地,占6.26%;然后是五级的耕地,占1.59%;最小的是六级的耕地,仅占0.74%。

表5－21　有效磷含量的分级面积及比例统计情况表

有效磷		面积/hm²	占全县耕地面积比例/%
等　级	含量范围/mg·kg⁻¹		
一	≥40	1133.07	6.26
二	20～40	7940.36	43.86
三	10～20	6849.28	37.83
四	5～10	1759.90	9.72
五	3～5	287.80	1.59
六	<3	134.19	0.74
合　计		18 104.59	100.00

三、不同条件下的有效磷含量比较

(一)不同地类的有效磷含量比较

三穗县的水田和旱地有效磷平均含量分别为21.63 mg·kg⁻¹和20.99 mg·kg⁻¹。两者有效磷平均含量均属上等水平,但水田高于旱地,这主要是由于水田在淹水后磷的有效度提高了,而且旱地种植的多为豆类、油菜等喜磷作物。可见,不同地类的土壤有效磷含量存在着一定差异,但两者在各等级的结构变化上又表现出一定的相似性,集中于10～40 mg·kg⁻¹之间。

表5－22　不同地类耕地的有效磷含量比较表

地　类	最小值/mg·kg⁻¹	最大值/mg·kg⁻¹	平均值/mg·kg⁻¹	占全县水田/旱地耕地的面积比例/%					
				≥40	20～40	10～20	5～10	3～5	<3
水田	1.00	66.60	21.63	7.08	43.81	36.19	10.33	1.87	0.72
旱地	1.00	66.60	20.99	5.44	43.91	39.47	9.12	1.31	0.76

(二)不同土类的有效磷含量比较

由表 5 - 23 可知,各土类有效磷平均含量分布如下:潮土为 25.87 mg·kg^{-1}、粗骨土为 25.80 mg·kg^{-1}、红壤为 22.92 mg·kg^{-1}、黄壤为 20.99 mg·kg^{-1}、紫色土为 21.52 mg·kg^{-1}、水稻土为 21.64 mg·kg^{-1},均属于含量等级二;石灰土为 13.73 mg·kg^{-1},属于含量等级三。潮土、粗骨土和红壤的有效磷含量集中于 20 ~ 40 mg·kg^{-1},依次占 53.73%、100.00% 和 63.27%;黄壤、紫色土和水稻土的有效磷含量集中于 10 ~ 40 mg·kg^{-1},依次占 83.77%、84.69% 和 80.00%;石灰土的有效磷含量集中于 10 ~ 20 mg·kg^{-1} 之间,占 52.17%。

表 5 - 23　不同土类耕地的有效磷含量比较表

土　类	最小值 /mg·kg^{-1}	最大值 /mg·kg^{-1}	平均值 /mg·kg^{-1}	占相应土类耕地的面积比例/%					
				≥40	20 ~ 40	10 ~ 20	5 ~ 10	3 ~ 5	< 3
潮　土	1.80	66.60	25.87	10.23	53.73	28.25	3.17	1.63	3.00
粗骨土	25.80	25.80	25.80		100.00				
红　壤	3.40	62.30	22.92	4.63	63.27	21.99	7.98	2.12	
黄　壤	1.00	66.50	20.99	5.61	43.53	40.24	8.69	1.16	0.76
石灰土	3.30	58.30	13.73	0.46	18.81	52.17	23.61	4.96	
紫色土	5.50	51.60	21.52	0.91	48.68	36.01	14.40		
水稻土	1.00	66.60	21.64	7.08	43.81	36.19	10.33	1.87	0.72

水稻土发育程度不一,土壤有效磷的变化也有差异。从表 5 - 24 可以看出,水稻土各亚类有效磷平均含量的差异较显著,具体分布如下:脱潜型水稻土最高,为 30.39 mg·kg^{-1};漂洗型水稻土、淹育型水稻土和潴育型水稻土较为接近,分别为 24.89 mg·kg^{-1}、23.93 mg·kg^{-1} 和 23.86 mg·kg^{-1};再次是潜育型水稻土,为 21.33 mg·kg^{-1};渗育型水稻土最低,为 20.02 mg·kg^{-1}。

表 5 - 24　水稻土亚类的有效磷含量比较表

亚　类	最小值/mg·kg^{-1}	最大值/mg·kg^{-1}	平均值/mg·kg^{-1}	标准差/mg·kg^{-1}	变异系数/%
漂洗型	3.60	60.80	24.89	12.04	48.36
脱潜型	8.30	59.40	30.39	12.45	40.97
潜育型	2.30	61.90	21.33	10.67	50.04
渗育型	1.00	65.80	20.02	8.80	43.98
淹育型	1.00	62.30	23.93	10.46	43.70
潴育型	1.00	66.60	23.86	11.59	48.59

(三)不同地形部位的有效磷含量比较

从表5-25可以看出,各地形部位的有效磷含量变化不一。其中,低山冲沟耕地土壤的有效磷含量平均值最低,为15.59 mg·kg⁻¹;河流阶地则最高,为24.23 mg·kg⁻¹;河谷盆地、低中山坡地、低山丘陵坡地和低山丘陵冲沟较高,这与土壤母质和pH有关。河流阶地等由于耕作历史悠久,土壤有效磷含量受成土母质的影响较少,主要受土壤pH和人为耕作措施的影响。

表5-25 不同地形部位下耕地的有效磷含量比较表

地形部位	最小值/mg·kg⁻¹	最大值/mg·kg⁻¹	平均值/mg·kg⁻¹	占相应地形部位耕地的面积比例/%					
				≥40	20~40	10~20	5~10	3~5	<3
低山冲沟	3.00	58.40	15.59	1.46	26.73	44.27	25.90	1.64	
低山坡地	1.10	62.90	17.28	1.64	30.13	54.52	11.04	1.45	1.22
低山丘陵冲沟	1.00	62.20	21.01	6.19	41.49	38.73	10.66	2.42	0.51
低山丘陵坡地	1.00	66.60	21.05	4.73	46.33	37.98	9.12	1.18	0.67
低山峡谷	1.00	62.10	19.04	4.05	33.81	44.18	14.39	1.98	1.58
低中山坡地	1.30	65.80	22.22	12.67	31.54	43.97	8.33	2.24	1.24
低中山峡谷	1.30	65.80	18.33	2.63	34.60	48.04	9.05	3.70	1.97
河谷盆地	2.20	61.50	23.37	7.27	53.53	24.68	13.51	0.57	0.45
河流阶地	1.00	66.60	24.23	10.32	52.07	29.40	6.46	1.20	0.55

第六节　不同速效钾含量耕地数量与分布

一、基本特点

三穗县耕地的速效钾含量在16.00~472.00 mg·kg⁻¹之间,平均含量94.48 mg·kg⁻¹。速效钾平均含量最低的土种是深脚烂泥田,为64.33 mg·kg⁻¹;含量最高的土种是大眼泥田,为115.08 mg·kg⁻¹。速效钾平均含量≥100 mg·kg⁻¹的土种7个,代表面积1474.92 hm²,占全县耕地面积的8.15%;<100 mg·kg⁻¹的土种24个,代表面积16 629.67 hm²,占全县耕地面积的91.85%。

二、含量分级

根据"贵州省耕地地力评价技术规范",同时结合第二次土壤普查土壤养分分级指标和三穗县耕地土壤速效钾的实际情况,耕地土壤速效钾含量分为五级(表5－26和附图13)。四级的耕地占据面积最大,占62.29%;其次是三级的耕地,占23.32%;再次是五级的耕地,占7.38%;接着是二级的耕地,占4.90%;最小的是一级的耕地,占2.11%。

表5－26　速效钾含量的分级面积及比例统计情况表

速效钾		面积/hm²	占全县耕地面积比例/%
等　级	含量范围/mg·kg⁻¹		
一	≥200	382.52	2.11
二	150～200	886.29	4.90
三	100～150	4222.62	23.32
四	50～100	11 277.11	62.29
五	<50	1336.05	7.38
合　计		18 104.59	100.00

三、不同条件下的速效钾含量比较

(一)不同地类的速效钾含量比较

不同地类中,水田速效钾含量小于旱地,含量≥150 mg·kg⁻¹的耕地面积各占4.51%和9.50%,其中≥200 mg·kg⁻¹的耕地面积各占2.24%和1.98%(表5－27),两者的平均值分别为90.90 mg·kg⁻¹和98.05 mg·kg⁻¹,均属于中下等水平。

表5－27　不同地类耕地的速效钾含量比较表

地　类	最小值 /mg·kg⁻¹	最大值 /mg·kg⁻¹	平均值 /mg·kg⁻¹	占全县水田/旱地耕地的面积比例/%				
				≥200	150～200	100～150	50～100	<50
水　田	16.00	452.00	90.90	2.24	2.27	21.66	65.00	8.83
旱　地	18.00	472.00	98.05	1.98	7.52	24.98	59.58	5.94

(二)不同土类的速效钾含量比较

各土类之间的速效钾含量平均值介于72.00～114.06 mg·kg⁻¹之间(表5－28)。其中:石灰土的速效钾含量最高,属于含量等级三;其余各土类的速效钾含量在72.00～98.76 mg·kg⁻¹之间,属于含量等级四。

表5－28　不同土类耕地的速效钾含量比较表

土　类	最小值/mg·kg⁻¹	最大值/mg·kg⁻¹	平均值/mg·kg⁻¹	占相应土类耕地的面积比例/%				
				≥200	150～200	100～150	50～100	<50
潮　土	31.30	472.00	93.72	3.56	5.77	23.13	56.24	11.30
粗骨土	72.00	72.00	72.00				100.00	
红　壤	26.00	282.00	87.93	0.32	7.57	21.73	62.94	7.49
黄　壤	18.00	472.00	98.76	3.98	7.76	24.80	55.67	7.78
石灰土	43.00	255.00	114.06	0.81	18.37	33.15	47.20	0.48
紫色土	38.00	216.00	93.77	1.44	3.08	35.21	54.27	6.00
水稻土	16.00	452.00	90.90	1.92	4.93	26.03	57.95	9.17

　　水稻土发育程度不一,地域等因素不同,土壤速效钾释放速率也各不一致,因此不同亚类间的土壤速效钾也有所差异。从表5－29可以看出,水稻土由于铁交换土体中的钾而产生置换淋失,致使幼苗缺钾,各亚类的速效钾平均含量表现为:漂洗型水稻土＞潴育型水稻土＞脱潜型水稻土＞渗育型水稻土＞淹育型水稻土＞潜育型水稻土。

表5－29　水稻土亚类的速效钾含量比较表

亚　类	最小值/mg·kg⁻¹	最大值/mg·kg⁻¹	平均值/mg·kg⁻¹	标准差/mg·kg⁻¹	变异系数/%
漂洗型	18.00	306.00	101.64	39.82	39.18
脱潜型	32.00	177.00	87.78	38.36	43.70
潜育型	28.00	412.00	83.45	38.06	45.60
渗育型	16.00	452.00	87.71	36.06	41.11
淹育型	26.00	220.00	83.90	31.78	37.88
潴育型	24.00	317.00	97.10	41.63	42.88

(三)不同地形部位的速效钾含量比较

　　在不同地形部位下,土壤速效钾平均含量有显著差异,表现为低山坡地＞低中山坡地＞河谷盆地＞河流阶地＞低山丘陵坡地＞低山冲沟＞低中山峡谷＞低山峡谷＞低山丘陵冲沟。从表5－30可以看出,低山冲沟、低山丘陵冲沟、低山丘陵坡地、低山峡谷、低中山峡谷和河流阶地耕地土壤的速效钾含量以50～100 mg·kg⁻¹为主,依次占54.62%、59.87%、58.54%、67.00%、60.06%和54.71%;低山坡地、低中山坡地和河谷盆地耕地土壤的速效钾含量以50～150 mg·kg⁻¹为主,依次占71.16%、67.67%和75.84%。若将100～150 mg·kg⁻¹的速效钾含量界定为中等水平,则中等以上的(≥150 mg·kg⁻¹)低山坡地耕地所占的百分比最高,为24.93%;其次是低中山坡地,占22.57%;再次是河谷盆地,占15.01%;接着是低山丘陵坡地、河流阶地和低中山峡谷依次占9.28%、7.81%和6.95%;低山丘陵冲沟、低山峡谷和低山冲沟依次占 5.43%、5.24% 和 5.17%。

表 5 - 30　不同地形部位下耕地的速效钾含量比较表

地形部位	最小值 /mg·kg⁻¹	最大值 /mg·kg⁻¹	平均值 /mg·kg⁻¹	占相应地形部位耕地的面积比例/%				
				≥200	150~200	100~150	50~100	<50
低山冲沟	39.50	412.00	93.42	2.50	2.66	34.38	54.62	5.83
低山坡地	23.00	369.00	118.62	7.45	17.48	31.93	39.24	3.91
低山丘陵冲沟	16.00	422.00	84.51	1.90	3.53	21.28	59.87	13.42
低山丘陵坡地	18.00	472.00	94.80	2.62	6.66	24.61	58.54	7.57
低山峡谷	18.00	452.00	87.79	2.16	3.08	18.45	67.00	9.30
低中山坡地	20.00	472.00	112.73	9.71	12.86	26.20	41.48	9.75
低中山峡谷	22.00	380.50	89.40	3.05	3.90	18.04	60.06	14.95
河谷盆地	35.00	393.00	99.60	3.18	11.83	27.29	48.55	9.15
河流阶地	18.00	452.00	96.56	1.41	6.39	32.90	54.71	4.58

第七节　不同缓效钾含量耕地数量与分布

一、基本特点

三穗县耕地的缓效钾含量在 32.00 ~ 665.00 mg·kg⁻¹ 之间,平均含量 210.34 mg·kg⁻¹。缓效钾平均含量最低的土种是浅脚烂泥田,为 134.64 mg·kg⁻¹;最高的土种是大眼泥田,为 394.45 mg·kg⁻¹。缓效钾平均含量 ≥330 mg·kg⁻¹ 的土种有大眼泥田、大泥土和大泥田 3 个,代表面积 435.48 hm²,占全县耕地面积的 2.41%;在 170 ~ 330 mg·kg⁻¹ 之间的土种 23 个,代表面积 16 897.03 hm²,占全县耕地面积的 93.33%;<170 mg·kg⁻¹ 的土种 5 个,代表面积 772.09 hm²,占全县耕地面积的 4.26%。

二、含量分级

根据"贵州省耕地地力评价技术规范",同时结合第二次土壤普查土壤养分分级指标和三穗县耕地土壤缓效钾的实际情况,耕地土壤缓效钾含量分为五级(表 5 - 31 和附图 14)。四级的耕地占据面积最大,为 45.59%;其次是三级的耕地,占 43.67%;再次是二级的耕地,占8.80%;接着是一级的耕地,占1.25%;最小的是五级的耕地,仅占0.69%。

表5-31 缓效钾含量的分级面积及比例统计情况表

缓效钾 等级	含量范围/mg·kg^{-1}	面积/hm^2	占全县耕地面积比例/%
一	≥500	226.09	1.25
二	330~500	1593.88	8.80
三	170~330	7906.80	43.67
四	70~170	8253.75	45.59
五	<70	124.07	0.69
合 计		18 104.59	100.00

三、不同条件下的缓效钾含量比较

(一)不同地类的缓效钾含量比较

不同地类中,水田缓效钾含量大于旱地,含量≥330 mg·kg^{-1}的耕地面积各占10.40%和9.71%(表5-32),两者的平均含量分别为210.51 mg·kg^{-1}和210.17 mg·kg^{-1},均属于中等水平。

表5-32 不同地类耕地的缓效钾含量比较表

地 类	最小值 /mg·kg^{-1}	最大值 /mg·kg^{-1}	平均值 /mg·kg^{-1}	占全县水田/旱地耕地的面积比例/%				
				≥500	330~500	170~330	70~170	<70
水 田	32.00	665.00	210.51	1.61	8.79	42.15	46.80	0.65
旱 地	32.00	665.00	210.17	0.89	8.82	45.19	44.38	0.72

(二)不同土类的缓效钾含量比较

因土壤缓效钾的含量受成土母质类型、有机质含量和土壤水分等因素的影响,各土类之间的缓效钾含量平均值差异甚大,介于136.39~367.66 mg·kg^{-1}之间(表5-33)。其中,红壤的缓效钾含量最低,属于含量等级四;其余各土类中潮土、粗骨土、黄壤、紫色土、水稻土的缓效钾含量在200.33~323.58 mg·kg^{-1}之间,属于含量等级三;石灰土的缓效钾含量最高,属于含量等级二。

表 5 - 33　不同土类耕地的缓效钾含量比较表

土　类	最小值 /mg·kg⁻¹	最大值 /mg·kg⁻¹	平均值 /mg·kg⁻¹	占相应土类耕地的面积比例/%				
				≥500	330~500	170~330	70~170	<70
潮　土	48.00	420.00	200.33		6.86	52.75	38.53	1.86
粗骨土	261.00	261.00	261.00			100.00		
红　壤	48.00	247.50	136.39			10.91	88.55	0.54
黄　壤	32.00	665.00	204.67	0.92	8.63	45.66	43.90	0.90
石灰土	175.00	550.00	367.66	11.11	57.13	31.76		
紫色土	74.00	560.00	323.58	22.25	5.37	64.14	8.24	
水稻土	32.00	665.00	210.51	1.39	9.09	48.73	39.94	0.85

从表 5 - 34 可以看出,不同水稻土亚类间的土壤缓效钾差异较显著,各亚类的缓效钾平均含量表现为:渗育型水稻土 > 漂洗型水稻土 > 潴育型水稻土 > 潜育型水稻土 > 脱潜型水稻土 > 淹育型水稻土。漂洗型水稻土、脱潜型水稻土和潴育型水稻土的缓效钾含量集中于 170~330 mg·kg⁻¹ 之间,潜育型水稻土和淹育型水稻土的缓效钾含量集中于 70~170 mg·kg⁻¹ 之间,渗育型水稻土的缓效钾含量集中于 70~330 mg·kg⁻¹ 之间。各亚类的变异程度不同,变异系数介于 16.13%~45.76%,脱潜型水稻土变异性最弱,而潴育型水稻土最强。

表 5 - 34　水稻土亚类的缓效钾含量比较表

亚　类	最小值/mg·kg⁻¹	最大值/mg·kg⁻¹	平均值/mg·kg⁻¹	标准差/mg·kg⁻¹	变异系数/%
漂洗型	71.00	450.00	212.13	85.42	40.27
脱潜型	112.50	216.00	172.71	27.86	16.13
潜育型	49.00	436.00	201.82	81.92	40.59
渗育型	32.00	665.00	214.99	91.44	42.53
淹育型	48.00	369.00	147.79	60.88	41.19
潴育型	49.00	560.00	208.16	95.25	45.76

(三)不同地形部位的缓效钾含量比较

在不同地形部位下,土壤缓效钾平均含量有所差异,表现为低山冲沟 > 低山坡地 > 低山丘陵冲沟 > 河流阶地 > 低山丘陵坡地 > 河谷盆地 > 低中山坡地 > 低山峡谷 > 低中山峡谷。从表 5 - 35 可以看出,低山冲沟、低山坡地、低山峡谷和河流阶地耕地土壤的缓效钾含量集中于 170~330 mg·kg⁻¹ 之间,依次占 52.04%、59.22%、52.39% 和 53.17%;低山丘陵冲沟、低山丘陵坡地、低中山坡地和河谷盆地耕地土壤的缓效钾含量集中于 70~330 mg·kg⁻¹ 之间,依次占 86.48%、87.94%、90.43% 和 92.38%;低中山峡谷耕地土壤的缓效钾含量集中于 70 ~ 170 mg·kg^{-1}之间,占 64.44%。若将 170 ~ 330 mg·kg^{-1}的缓效钾含量界定为中等水平,则中等以上的(≥330 mg·kg^{-1})低山冲沟耕地所占的百分比最高,为 34.97%;其次是低山坡地,占 22.35%;再次是低山丘陵冲沟和低山丘陵坡地,依次占 12.47% 和 11.21%;接着是河流阶地和低中山坡地,依次占 9.58% 和 8.14%;然后是河谷盆地,占 6.31%;最小的是低中山峡谷,占 4.83%。

表 5 - 35　不同地形部位下耕地的缓效钾含量比较表

地形部位	最小值 /mg·kg^{-1}	最大值 /mg·kg^{-1}	平均值 /mg·kg^{-1}	占相应地形部位耕地的面积比例/%				
				≥500	330~500	170~330	70~170	<70
低山冲沟	98.00	665.00	301.82	8.64	26.33	52.04	13.00	0.00
低山坡地	70.00	602.00	275.22	2.28	20.07	59.22	18.43	0.00
低山丘陵冲沟	32.00	560.00	214.70	1.60	10.87	45.92	40.56	1.05
低山丘陵坡地	32.00	665.00	209.77	1.75	9.46	44.16	43.78	0.85
低山峡谷	49.00	574.00	178.69	0.33	1.98	52.39	44.28	1.01
低中山坡地	33.00	623.00	183.71	1.10	7.04	41.32	49.11	1.43
低中山峡谷	33.00	623.00	174.42	1.97	2.86	29.13	64.44	1.60
河谷盆地	49.00	543.00	189.43	0.99	5.33	46.01	46.37	1.30
河流阶地	48.00	623.00	213.25	0.56	9.02	53.17	36.72	0.53

第六章　耕地地力评价

　　耕地地力是指在当前管理水平条件下,由土壤本身特性、自然背景条件和基础设施水平等要素综合构成的耕地生产能力。耕地地力评价是土壤肥料工作的基础;是加强耕地质量建设、提高农业综合生产能力的前提;是摸清区域耕地资源状况、提高耕地利用效率、促进现代农业发展的重要基础工作。

第一节　基于 GIS 的耕地地力评价

一、耕地地力评价技术路线

　　首先收集有关三穗县耕地情况资料,建立相应的耕地质量管理数据库;其次进行外业调查(包括土壤样品的采集和农户的入户调查两部分)及室内化验分析,组织专家确定评价指标及其在评价中的权重;然后用 ArcGIS 软件对调查的数据和图件进行数字化处理,用 Arc-GIS 软件进行空间数据分析,形成评价单元图;最后利用《县域耕地资源管理信息系统》进行耕地地力评价,得出评价结果归入国家地力等级体系。三穗县耕地地力评价的技术路线详见图 6 - 1。

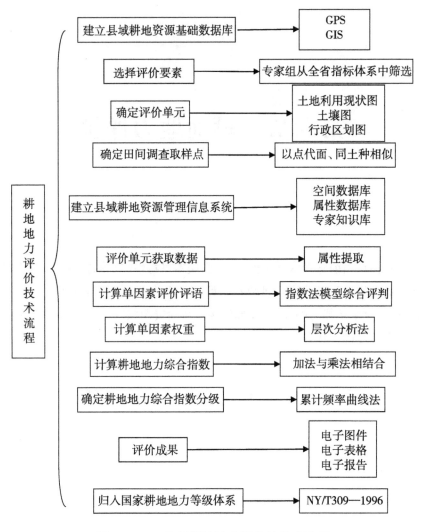

图 6-1 三穗县耕地地力评价的技术路线

二、耕地地力评价方法与步骤

耕地地力地力评价是在已经建立的三穗县耕地资源数据库的基础上进行的。依据因地制宜、综合性和主导因素相结合、稳定性空间变异性等原则,采用特尔菲法选取了剖面构型、地形部位、耕地坡度级、成土母质、有机质、海拔、速效钾、有效磷、全氮和 pH 10 个因素作为评价指标。

(一)参评因子的权重及隶属度

专家对每个因素进行可靠判断后,相应地给出相对重要性的定量表示,最后计算出各个指标的权重。各参评因子的影响程度都是单因素的概念,由于评价指标单因子间的数据量纲和数据类型不同,只有让每一个因素都处于同一量度后才能用来衡量综合因子对评价目标的影响程度。根据模糊数学理论和特尔菲法确定评价因子的隶属度。见表 6 - 1、表 6 - 2。

表 6 - 1　函数型评价因子的权重与隶属度

评价因子	权　重	函数类型	隶属函数	标准指标 c	指标下限值 ut_1	指标上限值 ut_2
有机质	0.1259	戒上型	$y = 1/[1 + 0.002598 \times (u_i - c)^2]$	48	12	48
海　拔	0.1112	负直线型	$y = 2.000000 - 0.002000 \times u_i$		500	980
速效钾	0.0972	戒上型	$y = 1/[1 + 0.000179 \times (u_i - c)^2]$	200	60	200
有效磷	0.0806	戒上型	$y = 1/[1 + 0.011759 \times (u_i - c)^2]$	19.0	1.8	19.0
全　氮	0.0806	戒上型	$y = 1/[1 + 0.226020 \times (u_i - c)^2]$	3	0	3
pH	0.0601	峰型	$y = 1/[1 + 0.756552 \times (u_i - c)^2]$	7.0	4.5	8.5

表 6 - 2　概念型评价因子的权重与隶属度

指标名称	权　重	条件与隶属度
剖面构型	0.1217	A - C0.1、M - G0.1、M - G - Wg - C0.2、A - AC - R0.2、Aa - G - Pw0.3、A - BC - C0.3、A - Ap - E0.4、Aa - Ap - C0.4、Aa - Ap - G0.4、Aa - Ap - P - E0.6、A - B - C0.6、Aa - Ap - Gw - G0.6、Aa - Ap - P - C0.7、A - P - B - C0.7、Aa - Ap - W - C 或 Aa - Ap - W - G0.8、Aa - Ap - W - C1.0
地形部位	0.1150	低中山坡地0.4、低中山峡谷0.5、河谷盆地0.5、低山峡谷0.6、低山丘陵坡地0.6、低山冲沟0.7、低山丘陵冲沟0.8、河流阶地0.9
耕地坡度级	0.1109	耕地坡度≥25°0.2、耕地坡度在15°～25°之间0.4、耕地坡度在6°～15°之间0.6、耕地坡度在2°～6°之间0.8、耕地坡度 <2°1.0
成土母质	0.0967	湖沼沉积物0.20、泥岩或页岩残积物0.30、老风化壳或粘土岩或泥页岩坡残积物0.40、老风化壳或粘土岩或泥页岩或板岩坡残积物0.40、老风化壳或页岩或泥页岩坡残积物0.40、白云岩或石灰岩或砂岩或砂页岩或板岩坡残积物0.50、白云灰岩或白云岩坡残积物0.50、页岩坡残积物0.50、泥质白云岩或石灰岩坡残积物0.55、石灰岩坡残积物0.55、紫色砂岩或紫色砾岩坡残积物0.60、钙质紫红色砂页岩或泥岩坡残积物0.60、中性或钙质紫色页岩坡残积物0.65、砂页岩坡残积物0.70、砂页岩风化坡残积物0.70、灰绿色或青灰色页岩坡残积物0.75、泥岩或页岩或板岩等坡残积物0.75、页岩坡残积物0.75、板岩或凝灰岩或页岩等风化坡残积物0.75、溪或河流冲积物0.90、河流沉积物1.00

(二)评价结果划分

利用累加模型计算耕地地力综合指数(Integrated Fertility Index, IFI),即对应于每个单元的综合评语。

$$IFI = \sum F_i \times C_i \quad (i = 1, 2, 3, \cdots)$$

式中:IFI 代表耕地地力指数;F_i 代表第 i 个因素的评价评语;C_i 代表第 i 个因素的组合权重。计算参评因子的隶属度进行加权组合得到每个评价单元的综合评价分值,以其大小表示耕地地力的优劣。

将计算出的 IFI 值从小到大进行排列形成一条"S"形曲线。运用 Origin 7.5 分析软件找出曲线由小到大的最大变化斜率,以此 IFI 值作为五级地与六级地的分界值。采用同样的方法,找出曲线由大到小的最大变化斜率,以此 IFI 值作为一级地与二级地的分界值。确定一级地与六级地 IFI 的分界值后,二级地、三级地、四级地、五级地则采用等距划分中间 IFI 值的方法进行划定。

三穗县耕地面积 18 104.59 hm²,占县域面积的 17.48%。其中:一级地面积 2654.45 hm²,占全县耕地面积的 14.66%;二级地面积 2650.40 hm²,占 14.64%;三级地面积 3387.92 hm²,占 18.71%;四级地面积最大,为 3729.24 hm²,占 20.60%;五级地面积 3227.77 hm²,占 17.83%;六级地面积 2454.81 hm²,占 13.56%。见附图 15。

表 6-3　耕地地力评价综合指数分级表

等　级	评价得分	面积/hm²	比例/%
一	≥0.70	2654.45	14.66
二	0.65~0.70	2650.40	14.64
三	0.61~0.65	3387.92	18.71
四	0.57~0.61	3729.24	20.60
五	0.53~0.57	3227.77	17.83
六	<0.53	2454.81	13.56
合　计		18 104.59	100.00

(三)归入国家地力等级体系

为了将评价结果归入全国耕地地力等级体系,依据农业部 1996 年颁布的、1997 年实施的《全国耕地类型区、耕地地力等级划分》(NY/T309—1996)农业行业标准,依据该标准中第 3 款"耕地地力等级的产量水平"、第 4.6.2 款"南方水田耕地类型区耕地地力等级划分指标"和第 4.7 款"南方山地丘陵红、黄壤旱耕地类型区"分级指标中的产量水平、剖面性状、理化性状和立地条件等,结合三穗县耕地地力评价中对一至六级地的调查产量、土壤类型、理化性状、种植制度等土壤属性的分析,对照本县耕地各等级的结构和比例,有机地将三穗县耕地的一级地归为国家三等地,将二级地归为四等地,三级地归为五等地,四级地归为六等地,五级地归为七等地,六级地归为八等地(表 6-4 和附图 16)。

表 6 - 4 耕地县地力等级与国家地力等级对接表

农业部等级	三穗县等级
三	一
四	二
五	三
六	四
七	五
八	六

三、耕地地力评价结果分析

(一)耕地地力等级统计

从表 6 - 5 的数据可以看出,一级地中水田面积 2565.90 hm²,占一级地面积的 96.66%;旱地面积 88.54 hm²,占 3.34%。二级地中水田面积 2089.34 hm²,占二级地面积的 78.83%;旱地面积 561.07 hm²,占 21.17%。三级地中水田面积 1990.88 hm²,占三级地面积的 58.76%;旱地面积 1397.04 hm²,占 41.24%。四级地中水田面积 1451.03 hm²,占四级地面积的 38.91%;旱地面积 2278.21 hm²,占 61.09%。五级地中水田面积 612.49 hm²,占五级地面积的 18.98%;旱地面积 2615.29 hm²,占 81.02%。六级地中水田面积 333.65 hm²,占六级地面积的 13.59%;旱地面积 2121.16 hm²,占 86.41%。

表 6 - 5 耕地地力评价结果统计表

县级等级	农业部等级	地 类	面积/hm²	占全县耕地/%	占全县水田/旱地/%	占本级耕地/%	面积/hm²	占全县耕地/%
一级地	三等地	水 田	2565.90	14.17	28.37	96.66	2654.45	14.66
		旱 地	88.54	0.49	0.98	3.34		
二级地	四等地	水 田	2089.34	11.54	23.10	78.83	2650.40	14.64
		旱 地	561.07	3.10	6.19	21.17		
三级地	五等地	水 田	1990.88	11.00	22.01	58.76	3387.92	18.71
		旱 地	1397.04	7.72	15.42	41.24		
四级地	六等地	水 田	1451.03	8.01	16.05	38.91	3729.24	20.60
		旱 地	2278.21	12.58	25.14	61.09		
五级地	七等地	水 田	612.49	3.38	6.77	18.98	3227.77	17.83
		旱 地	2615.29	14.45	28.86	81.02		

续表6-5

县级等级	农业部等级	地 类	面积/hm²	占全县耕地/%	占全县水田/旱地/%	占本级耕地/%	面积/hm²	占全县耕地/%
六级地	八等地	水 田	333.65	1.84	3.69	13.59	2454.81	13.56
		旱 地	2121.16	11.72	23.41	86.41		
合 计		水 田	9043.29	49.95		100.00	18 104.59	100.00
		旱 地	9061.30	50.05		100.00		

(二)耕地地力等级分布

三穗县各乡镇耕地地力等级统计详见表6-6。

表6-6 耕地地力等级分布统计表

乡 镇	地 类	一级地	二级地	三级地	四级地	五级地	六级地	合 计
八弓镇	水田/hm²	563.06	457.05	478.15	350.25	110.46	89.11	2048.09
	旱地/hm²	32.67	147.14	340.38	466.05	361.18	360.80	1708.23
	小计/hm²	595.73	604.19	818.53	816.30	471.64	449.92	3756.31
滚马乡	水田/hm²	187.37	126.71	179.71	170.63	106.16	36.82	807.40
	旱地/hm²	4.88	23.45	43.40	107.63	230.46	296.66	706.49
	小计/hm²	192.25	150.16	223.11	278.26	336.62	333.49	1513.89
款场乡	水田/hm²	240.40	164.89	102.13	33.71	20.78	13.20	575.11
	旱地/hm²	16.11	73.70	143.67	159.74	172.69	150.81	716.72
	小计/hm²	256.51	238.59	245.80	193.45	193.48	164.01	1291.84
良上镇	水田/hm²	54.27	100.86	183.25	200.14	121.22	48.04	707.78
	旱地/hm²	3.19	23.07	110.14	311.74	421.78	307.89	1177.81
	小计/hm²	57.46	123.93	293.38	511.89	542.99	355.93	1885.59
台烈镇	水田/hm²	437.56	399.04	274.01	219.43	58.68	12.79	1401.51
	旱地/hm²	9.15	111.27	330.81	306.31	192.37	121.31	1071.22
	小计/hm²	446.71	510.31	604.82	525.74	251.04	134.10	2472.73
桐林镇	水田/hm²	185.96	199.84	168.93	86.36	48.88	41.89	731.87
	旱地/hm²	12.23	102.00	88.39	244.21	400.50	367.10	1214.42
	小计/hm²	198.19	301.85	257.31	330.57	449.38	408.99	1946.28
瓦寨镇	水田/hm²	261.25	219.03	191.33	70.12	30.05	4.50	776.28
	旱地/hm²	1.12	14.24	52.01	222.01	218.70	59.15	567.22
	小计/hm²	262.37	233.26	243.34	292.14	248.75	63.65	1343.50

续表 6 - 6

乡　镇	地　类	一级地	二级地	三级地	四级地	五级地	六级地	合　计
雪洞镇	水田/hm²	152.15	195.54	136.83	122.75	56.80	36.40	700.47
	旱地/hm²	4.15	35.73	133.69	239.97	346.24	329.39	1089.17
	小计/hm²	156.31	231.27	270.52	362.72	403.04	365.79	1789.64
长吉镇	水田/hm²	483.88	226.38	276.55	197.64	59.46	50.89	1294.79
	旱地/hm²	5.05	30.47	154.55	220.53	271.38	128.05	810.03
	小计/hm²	488.92	256.85	431.09	418.17	330.84	178.94	2104.82

　　一级地土层深厚、耕层较厚、地势平坦,水利设施相对较好,水田所占比例相对二至六级地较大。其中水田主要分布在八弓镇、长吉镇和台烈镇,旱地主要分布在八弓镇、款场乡和桐林镇。

　　二级地中旱地面积约是水田的1/4,水田主要分布在八弓镇、台烈镇、长吉镇和瓦寨镇,面积分别为457.05 hm²、399.04 hm²、226.38 hm²和219.03 hm²;旱地主要分布在八弓镇、台烈镇和桐林镇,面积分别为147.14 hm²、111.27 hm²和102.00 hm²。

　　三级地中约60%的面积为水田利用类型,旱地占41.24%。水田主要分布在八弓镇、长吉镇和台烈镇,面积分别为478.15 hm²、276.55 hm²和274.01 hm²;旱地主要分布在八弓镇、台烈镇和长吉镇,面积分别为340.38 hm²、330.81 hm²和154.55 hm²。

　　四级地中约1/3的面积为水田利用类型,旱地占61.09%。水田主要分布在八弓镇、台烈镇和良上镇,面积分别为350.25 hm²、219.43 hm²和200.14 hm²;旱地主要分布在八弓镇、良上镇和台烈镇,面积分别为466.05 hm²、311.74 hm²和306.31 hm²。

　　五级地中水田面积约是旱地的1/4,水田主要分布在良上镇、八弓镇和滚马乡,面积分别为121.22 hm²、110.46 hm²和106.16 hm²;旱地主要分布在良上镇、桐林镇、八弓镇和雪洞镇,面积分别为421.78 hm²、400.50 hm²、361.18 hm²和346.24 hm²。

　　六级地中约90%的面积为旱地利用类型,水田占13.59%。水田主要分布在八弓镇、长吉镇和良上镇,面积分别为89.11 hm²、50.89 hm²和48.04 hm²;旱地主要分布在桐林镇、八弓镇和雪洞镇,面积分别为367.10 hm²、360.80 hm²和329.39 hm²。

(三)乡镇耕地地力等级

　　乡镇耕地地力等级是反映不同等级耕地在各乡镇分布面积的多少,而耕地地力等级面积占本乡镇耕地面积比例则是判断该乡镇耕地地力高低的标准,在同一乡镇内,一级地或者一级地加上二级地面积占本乡镇耕地面积比例较大的,说明该乡镇耕地地力较好,反之则较差。从一级地占本乡镇耕地面积的比例来看,长吉镇的比例最大,为23.23%;其次是款场乡和瓦寨镇,分别为19.86%和19.53%。从一级地加上二级地占本乡镇面积的比例来看,台烈镇和款场乡较大,面积比例分别为38.70%和38.33%;其次是瓦寨镇、长吉镇和八弓镇,面积比例分别为36.89%、35.43%和31.94%;再次是桐林镇、滚马乡和雪洞镇,面积比例分别为25.69%、22.62%和21.65%。说明这些乡镇耕地地力相对较好,良上镇以三至六级地所占本乡耕地面积比例较大,耕地地力相对较差。详见表6-7。

表6-7　乡镇耕地地力等级情况统计表

乡　镇	项　目	一级地	二级地	三级地	四级地	五级地	六级地
八弓镇	面积/hm²	595.73	604.19	818.53	816.30	471.64	449.92
	占本镇/%	15.86	16.08	21.79	21.73	12.56	11.98
滚马乡	面积/hm²	192.25	150.16	223.11	278.26	336.62	333.49
	占本乡/%	12.70	9.92	14.74	18.38	22.24	22.03
款场乡	面积/hm²	256.51	238.59	245.80	193.45	193.48	164.01
	占本乡/%	19.86	18.47	19.03	14.97	14.98	12.70
良上镇	面积/hm²	57.46	123.93	293.38	511.89	542.99	355.93
	占本镇/%	3.05	6.57	15.56	27.15	28.80	18.88
台烈镇	面积/hm²	446.71	510.31	604.82	525.74	251.04	134.10
	占本镇/%	18.07	20.64	24.46	21.26	10.15	5.42
桐林镇	面积/hm²	198.19	301.85	257.31	330.57	449.38	408.99
	占本镇/%	10.18	15.51	13.22	16.98	23.09	21.01
瓦寨镇	面积/hm²	262.37	233.26	243.34	292.14	248.75	63.65
	占本镇/%	19.53	17.36	18.11	21.74	18.52	4.74
雪洞镇	面积/hm²	156.31	231.27	270.52	362.72	403.04	365.79
	占本镇/%	8.73	12.92	15.12	20.27	22.52	20.44
长吉镇	面积/hm²	488.92	256.85	431.09	418.17	330.84	178.94
	占本镇/%	23.23	12.20	20.48	19.87	15.72	8.50

(四)耕地肥力等级情况

为了进一步指导好农业生产、农民施肥,根据三穗县耕地土壤属性、生产能力、农田基础设施建设以及立地条件,并结合第二次土壤普查的分级标准及农民对土壤肥力的认识,把三穗县耕地分为上、中、下三等肥力耕地,其中:一级地和二级地为上等肥力耕地,三级地和四级地为中等肥力耕地,五级地和六级地为下等肥力耕地。

上等肥力耕地面积5304.85 hm²,占全县耕地面积的29.30%。其中:水田面积4655.24 hm²,占上等肥力耕地面积的87.75%,主要分布在八弓镇、台烈镇和长吉镇,分别占上等肥力耕地面积的19.23%、15.77%和13.39%;旱地面积649.61 hm²,占上等肥力耕地面积的12.25%,主要分布在八弓镇、台烈镇和桐林镇,分别占上等肥力耕地面积的3.39%、2.27%和2.15%。

中等肥力耕地面积 7117.15 hm², 占全县耕地面积的 39.31%。其中:水田面积 3441.91 hm², 占中等肥力耕地面积的 48.36%, 主要分布在八弓镇、台烈镇和长吉镇, 分别占中等肥力耕地面积的 11.64%、6.93% 和 6.66%; 旱地面积 3675.24 hm², 占中等肥力耕地面积的 51.64%, 主要分布在八弓镇、台烈镇和良上镇, 分别占中等肥力耕地面积的 11.33%、8.95% 和 5.93%。

下等肥力耕地面积 5682.59 hm², 占全县耕地面积的 31.39%。其中:水田面积 946.14 hm², 占下等肥力耕地面积的 16.65%, 主要分布在八弓镇、良上镇和滚马乡, 分别占下等肥力耕地面积的 3.51%、2.98% 和 2.52%; 旱地面积 4736.45 hm², 占下等肥力耕地面积的 83.35%, 主要分布在桐林镇、良上镇、八弓镇和雪洞镇, 分别占下等肥力耕地面积的 13.51%、12.84%、12.71% 和 11.89%。具体见表 6-8。

表 6-8　不同肥力耕地面积分布情况统计表

乡 镇	上等地				中等地			
	水 田		旱 地		水 田		旱 地	
	面积/hm²	比例/%	面积/hm²	比例/%	面积/hm²	比例/%	面积/hm²	比例/%
八弓镇	1020.11	19.23	179.81	3.39	828.40	11.64	806.44	11.33
滚马乡	314.08	5.92	28.33	0.53	350.34	4.92	151.03	2.12
款场乡	405.29	7.64	89.81	1.69	135.83	1.91	303.41	4.26
良上镇	155.13	2.92	26.26	0.49	383.39	5.39	421.88	5.93
台烈镇	836.60	15.77	120.42	2.27	493.44	6.93	637.12	8.95
桐林镇	385.81	7.27	114.23	2.15	255.29	3.59	332.60	4.67
瓦寨镇	480.28	9.05	15.35	0.29	261.45	3.67	274.02	3.85
雪洞镇	347.69	6.55	39.89	0.75	259.58	3.65	373.66	5.25
长吉镇	710.25	13.39	35.52	0.67	474.10	6.66	375.08	5.27
合 计	4655.24	87.75	649.61	12.25	3441.91	48.36	3675.24	51.64

乡 镇	下等地				小 计		合 计	
	水 田		旱 地					
	面积/hm²	比例/%	面积/hm²	比例/%	水田/hm²	旱地/hm²	面积/hm²	比例/%
八弓镇	199.58	3.51	721.98	12.71	2048.09	1708.23	3756.31	20.75
滚马乡	142.98	2.52	527.13	9.28	807.40	706.49	1513.89	8.36
款场乡	33.99	0.60	323.50	5.69	575.11	716.72	1291.84	7.14
良上镇	169.26	2.98	729.67	12.84	707.78	1177.81	1885.59	10.41
台烈镇	71.46	1.26	313.68	5.52	1401.51	1071.22	2472.73	13.66
桐林镇	90.77	1.60	767.59	13.51	731.87	1214.42	1946.28	10.75

续表 6-8

| 乡 镇 | 下等地 | | | | 小 计 | | 合 计 | |
| | 水 田 | | 旱 地 | | | | | |
	面积/hm²	比例/%	面积/hm²	比例/%	水田/hm²	旱地/hm²	面积/hm²	比例/%
瓦寨镇	34.55	0.61	277.85	4.89	776.28	567.22	1343.50	7.42
雪洞镇	93.20	1.64	675.62	11.89	700.47	1089.17	1789.64	9.89
长吉镇	110.35	1.94	399.43	7.03	1294.79	810.03	2104.82	11.63
合 计	946.14	16.65	4736.45	83.35	9043.29	9061.30	18104.59	100.00

第二节　耕地地力等级分述

一、一级地

(一)面积分布

一级地面积为 2654.45 hm²,占全县耕地面积的 14.66%。其中:水田面积 2565.90 hm²,占一级地面积的 96.66%;旱地面积 88.54 hm²,占一级地面积的 3.34%。主要分布在八弓镇、长吉镇和台烈镇。见表 6-9。

表 6-9　一级地面积分布统计表

| 乡 镇 | 面积/hm² | 占全县/% | 水 田 | | | | 旱 地 | | | |
			面积/hm²	占全县/%	占全县水田/%	占一级地/%	面积/hm²	占全县/%	占全县旱地/%	占一级地/%
八弓镇	595.73	3.29	563.06	3.11	6.23	21.21	32.67	0.18	0.36	1.23
滚马乡	192.25	1.06	187.37	1.03	2.07	7.06	4.88	0.03	0.05	0.18
款场乡	256.51	1.42	240.40	1.33	2.66	9.06	16.11	0.09	0.18	0.61
良上镇	57.46	0.32	54.27	0.30	0.60	2.04	3.19	0.02	0.04	0.12
台烈镇	446.71	2.47	437.56	2.42	4.84	16.48	9.15	0.05	0.10	0.34
桐林镇	198.19	1.09	185.96	1.03	2.06	7.01	12.23	0.07	0.13	0.46
瓦寨镇	262.37	1.45	261.25	1.44	2.89	9.84	1.12	0.01	0.01	0.04
雪洞镇	156.31	0.86	152.15	0.84	1.68	5.73	4.15	0.02	0.05	0.16
长吉镇	488.92	2.70	483.88	2.67	5.35	18.23	5.05	0.03	0.06	0.19
合 计	2654.45	14.66	2565.91	14.17	28.37	96.66	88.54	0.49	0.98	3.34

（二）立地条件

一级地分布海拔 500.00 ~ 920.00 m，平均海拔 636.42 m。坡度集中分布于 6°以下，旱地中 49.73% 分布在 15° ~ 25° 之间、35.52% 分布在 6° ~ 15° 之间。主要分布在河流阶地、低山丘陵冲沟和河谷盆地。抗旱能力 16 ~ 30 d，平均 27.67 d。71.62% 的区域能灌，22.50% 的区域保灌。成土母质主要为河流沉积物、砂页岩坡残积物和白云岩或石灰岩或砂岩或砂页岩或板岩坡残积物。

（三）养分状况

1. pH 及其分布状况

一级地土壤 pH 平均值为 5.09。pH 4.5 ~ 5.5 的耕地面积超过一半，占一级地的比例为 85.03%；其次是 pH 5.5 ~ 6.5 的耕地，面积占 7.39%；再次是 pH 6.5 ~ 7.5 的耕地，面积占 4.12%；接着是 pH < 4.5 的耕地，面积占 3.10%；最小的是 pH ≥ 7.5 的耕地，面积仅占 0.36%。见表 6 - 10。

表 6 - 10　一级地土壤 pH 的分级面积及比例统计情况表

pH 含量指标	强酸性	酸 性	微酸性	中 性	微碱性	合 计
	<4.5	4.5 ~ 5.5	5.5 ~ 6.5	6.5 ~ 7.5	≥7.5	
面积/hm²	82.25	2257.15	196.16	109.40	9.49	2654.45
占一级地比例/%	3.10	85.03	7.39	4.12	0.36	100.00

2. 有机质含量及其分布状况

一级地有机质平均含量 37.98 g·kg⁻¹。有机质含量在 30 ~ 40 g·kg⁻¹ 之间的耕地占据面积最大，占一级地的比例为 31.22%；其次是含量在 40 ~ 50 g·kg⁻¹ 之间的耕地，面积占 28.99%；再次是含量在 20 ~ 30 g·kg⁻¹ 之间的耕地，面积占 24.64%；接着是含量 ≥50 g·kg⁻¹ 的耕地，面积占 12.58%；最小的是含量 < 20 g·kg⁻¹ 的耕地，面积占 2.56%。见表 6 - 11。

表 6 - 11　一级地有机质含量的分级面积及比例统计情况表

有机质含量指标/g·kg⁻¹	≥50	40 ~ 50	30 ~ 40	20 ~ 30	<20	合计
面积/hm²	333.98	769.56	828.82	654.06	68.03	2654.45
占一级地比例/%	12.58	28.99	31.22	24.64	2.56	100.00

3. 全氮含量及其分布状况

一级地全氮平均含量 2.33 g·kg⁻¹。全氮含量在 2.00 ~ 3.00 g·kg⁻¹ 之间的耕地面积超过一半，占一级地的比例为 57.28%；其次是含量在 1.50 ~ 2.00 g·kg⁻¹ 之间的耕地，面积占 26.13%；再次是含量 ≥ 3.00 g·kg⁻¹ 的耕地，面积占 10.64%；接着是含量在 1.00 ~ 1.50 g·kg⁻¹ 之间的耕地，面积占 5.86%；最小的是含量 < 1.00 g·kg⁻¹ 的耕地，面积仅占

0.09%。见表6－12。

表6－12 一级地全氮含量的分级面积及比例统计情况表

全氮含量指标/g·kg^{-1}	≥3.00	2.00～3.00	1.50～2.00	1.00～1.50	<1.00	合 计
面积/hm^2	282.42	1520.38	693.72	155.67	2.26	2654.45
占一级地比例/%	10.64	57.28	26.13	5.86	0.09	100.00

4. 碱解氮含量及其分布状况

一级地碱解氮平均含量200.71 mg·kg^{-1}。碱解氮含量≥210 mg·kg^{-1}的耕地占据面积最大,占一级地的比例为43.16%;其次是含量在150～180 mg·kg^{-1}之间的耕地,面积占23.80%;再次是含量在180～210 mg·kg^{-1}之间的耕地,面积占17.52%;接着是含量在120～150 mg·kg^{-1}之间的耕地,面积占9.26%;然后是含量在90～120 mg·kg^{-1}之间的耕地,面积占4.65%;最小的是含量<90 mg·kg^{-1}的耕地,面积占1.60%。见表6－13。

表6－13 一级地碱解氮含量的分级面积及比例统计情况表

碱解氮含量指标/mg·kg^{-1}	≥210	180～210	150～180	120～150	90～120	<90	合 计
面积/m^2	1145.75	465.16	631.84	245.78	123.53	42.39	2654.45
占一级地比例/%	43.16	17.52	23.80	9.26	4.65	1.60	100.00

5. 有效磷含量及其分布状况

一级地有效磷平均含量26.03 mg·kg^{-1}。有效磷含量在20～40 mg·kg^{-1}之间的耕地面积超过一半,占一级地的比例为57.63%;其次是含量在10～20 mg·kg^{-1}之间的耕地,面积占26.39%;再次是含量≥40 mg·kg^{-1}的耕地,面积占11.42%;接着是含量在5～10 mg·kg^{-1}之间的耕地,面积占4.04%;最小的是含量<5 mg·kg^{-1}的耕地,面积仅占0.53%。见表6－14。

表6－14 一级地有效磷含量的分级面积及比例统计情况表

有效磷含量指标/mg·kg^{-1}	≥40	20～40	10～20	5～10	<5	合 计
面积/hm^2	303.02	1529.89	700.42	107.18	13.94	2654.45
占一级地比例/%	11.42	57.63	26.39	4.04	0.53	100.00

6. 速效钾含量及其分布状况

一级地速效钾平均含量115.95 mg·kg^{-1}。速效钾含量在50～100 mg·kg^{-1}之间的耕地占据面积最大,占一级地的比例为39.81%;其次是含量在100～150 mg·kg^{-1}之间的耕地,面积占38.27%;再次是含量在150～200 mg·kg^{-1}之间的耕地,面积占13.75%;接着是含量≥200 mg・kg⁻¹的耕地,面积占 5.51%;最小的是含量 <50 mg・kg⁻¹ 的耕地,面积占2.67%。见表 6 – 15。

表6 – 15　一级地速效钾含量的分级面积及比例统计情况表

速效钾含量指标/mg・kg⁻¹	≥200	150 ~ 200	100 ~ 150	50 ~ 100	<50	合　计
面积/hm²	146.14	364.96	1015.83	1056.77	70.75	2654.45
占一级地比例/%	5.51	13.75	38.27	39.81	2.67	100.00

7. 缓效钾含量及其分布状况

一级地缓效钾平均含量207.89 mg・kg⁻¹。缓效钾含量在170 ~ 330 mg・kg⁻¹之间的耕地面积将近一半,占一级地的比例为47.82%;其次是含量在70 ~ 170 mg・kg⁻¹之间的耕地,面积占40.03%;再次是含量在330 ~ 500 mg・kg⁻¹之间的耕地,面积占9.95%;接着是含量≥500 mg・kg⁻¹的耕地,面积占1.29%;最小的是含量 <70 mg・kg⁻¹的耕地,面积仅占0.92%。见表 6 – 16。

表6 – 16　一级地缓效钾含量的分级面积及比例统计情况表

缓效钾含量指标/mg・kg⁻¹	≥500	330 ~ 500	170 ~ 330	70 ~ 170	<70	合计
面积/hm²	34.16	263.99	1269.23	1062.54	24.53	2654.45
占一级地比例/%	1.29	9.95	47.82	40.03	0.92	100.00

(四)主要属性

一级地是三穗县质量最好、产量最高的农业生产基地,限制因素很少,这些所占比例很小的耕地,除具备好的自然条件外,更是当地农民多年经营、注重土壤培肥的结果。包括水稻土、黄壤、石灰土和红壤 4 个土类,涵盖斑潮泥田、黄泥田和白鳝泥田等 17 个土属,斑潮砂泥田、黄砂泥田和斑潮泥田等 21 个土种。耕层质地主要为砂壤、轻壤和轻粘。耕层厚度在15 ~ 50 cm 之间,平均厚度 27.45 cm。土体厚度在 60 ~ 100 cm 之间,平均厚度 91.68 cm,其中54.08%一级地土体厚度为 100 cm 和 23.87%为 90 cm。剖面构型主要为 Aa – Ap – W – C、Aa – Ap – P – C 和 Aa – Ap – W – C 或 Aa – Ap – W – G。土壤 pH 在 4.00 ~ 7.80 之间,有机质含量在 12.50 ~ 79.90 g・kg⁻¹之间,全氮含量在 0.73 ~ 5.30 g・kg⁻¹之间,碱解氮含量在 47.00 ~ 376.00 mg・kg⁻¹之间,有效磷含量在 1.00 ~ 66.20 mg・kg⁻¹之间,速效钾含量在21.00 ~ 472.00 mg・kg⁻¹之间,缓效钾含量在 32.00 ~ 665.00 mg・kg⁻¹之间。

二、二级地

(一)面积分布

二级地面积2650.40 hm²,占全县耕地面积的14.64%。其中:水田面积2089.34 hm²,占二级地面积的78.83%;旱地面积561.07 hm²,占二级地面积的21.17%。全县 9 个乡镇均有分布,主要分布在八弓镇、台烈镇和桐林镇。见表6-17。

表6-17 二级地面积分布统计表

乡镇	面积/hm²	占全县/%	水田				旱地			
			面积/hm²	占全县/%	占全县水田/%	占二级地/%	面积/hm²	占全县/%	占全县旱地/%	占二级地/%
八弓镇	604.19	3.34	457.05	2.52	5.05	17.24	147.14	0.81	1.62	5.55
滚马乡	150.16	0.83	126.71	0.70	1.40	4.78	23.45	0.13	0.26	0.88
款场乡	238.59	1.32	164.89	0.91	1.82	6.22	73.70	0.41	0.81	2.78
良上镇	123.93	0.68	100.86	0.56	1.12	3.81	23.07	0.13	0.25	0.87
台烈镇	510.31	2.82	399.04	2.20	4.41	15.06	111.27	0.61	1.23	4.20
桐林镇	301.85	1.67	199.84	1.10	2.21	7.54	102.00	0.56	1.13	3.85
瓦寨镇	233.26	1.29	219.03	1.21	2.42	8.26	14.24	0.08	0.16	0.54
雪洞镇	231.27	1.28	195.54	1.08	2.16	7.38	35.73	0.20	0.39	1.35
长吉镇	256.85	1.42	226.38	1.25	2.50	8.54	30.47	0.17	0.34	1.15
合计	2650.40	14.64	2089.34	11.54	23.10	78.83	561.07	3.10	6.19	21.17

(二)立地条件

二级地分布海拔473.82~965.18 m,平均海拔671.66 m。坡度多为6°~15°,旱地中43.18%分布在15°~25°之间、33.26%分布在6°~15°之间。主要分布在河流阶地、低山丘陵冲沟和低山丘陵坡地。抗旱能力11~30 d,平均25.06 d。65.04%的区域能灌,22.87%的区域不具备条件或不计划发展灌溉。成土母质主要为砂页岩坡残积物、砂页岩风化坡残积物和河流沉积物。

(三)养分状况

1. pH及其分布状况

二级地土壤pH平均值为5.11。pH 4.5~5.5的耕地面积超过一半,占81.05%;其次是pH 5.5~6.5的耕地,面积占7.21%;再次是pH<4.5的耕地,面积占5.15%;接着是pH 6.5~7.5的耕地,面积占4.12%;最小的是pH≥7.5的耕地,面积占2.48%。见表6-18。

表6-18 二级地土壤pH的分级面积及比例统计情况表

pH含量指标	强酸性	酸性	微酸性	中性	微碱性	合计
	<4.5	4.5~5.5	5.5~6.5	6.5~7.5	≥7.5	
面积/hm²	136.44	2148.11	191.12	109.08	65.65	2650.40
占二级地比例/%	5.15	81.05	7.21	4.12	2.48	100.00

2. 有机质含量及其分布状况

二级地有机质平均含量 38.22 g·kg⁻¹。有机质含量在 30～40 g·kg⁻¹ 之间的耕地占据面积最大,占二级地的比例为 34.83%;其次是含量在 40～50 g·kg⁻¹ 之间的耕地,面积占 32.28%;再次是含量在 20～30 g·kg⁻¹ 之间的耕地,面积占 17.26%;接着是含量≥50 g·kg⁻¹ 的耕地,面积占 11.72%;最小的是含量 <20 g·kg⁻¹ 的耕地,面积占 3.92%。见表 6-19。

表 6-19　二级地有机质含量的分级面积及比例统计情况表

有机质含量指标/g·kg⁻¹	≥50	40～50	30～40	20～30	<20	合　计
面积/hm²	310.68	855.60	923.02	457.33	103.77	2650.40
占二级地比例/%	11.72	32.28	34.83	17.26	3.92	100.00

3. 全氮含量及其分布状况

二级地全氮平均含量 2.35 g·kg⁻¹。全氮含量在 2.00～3.00 g·kg⁻¹ 的耕地面积超过一半,占二级地的比例为 61.46%;其次是含量在 1.50～2.00 g·kg⁻¹ 之间的耕地,面积占 21.96%;再次是含量≥3.00 g·kg⁻¹ 的耕地,面积占 10.97%;接着是含量在 1.00～1.50 g·kg⁻¹ 之间的耕地,面积占 4.73%;最小的是含量 <1.00 g·kg⁻¹ 的耕地,面积占 0.88%。见表 6-20。

表 6-20　二级地全氮含量的分级面积及比例统计情况表

全氮含量指标/g·kg⁻¹	≥3.00	2.00～3.00	1.50～2.00	1.00～1.50	<1.00	合　计
面积/hm²	290.75	1628.90	581.96	125.41	23.38	2650.40
占二级地比例/%	10.97	61.46	21.96	4.73	0.88	100.00

4. 碱解氮含量及其分布状况

二级地碱解氮平均含量 189.83 mg·kg⁻¹。碱解氮含量≥210 mg·kg⁻¹ 的耕地占据面积最大,占二级地的比例为 33.27%;含量在 150～180 mg·kg⁻¹ 之间的耕地和含量在 180～210 mg·kg⁻¹ 之间的耕地面积相仿,分别占 22.81% 和 22.17%;再次是含量在 120～150 mg·kg⁻¹ 之间的耕地,面积占 12.61%;接着是含量在 90～120 mg·kg⁻¹ 之间的耕地,面积占 7.49%;最小的是含量 <90 mg·kg⁻¹ 的耕地,面积占 1.66%。见表 6-21。

表 6-21　二级地碱解氮含量的分级面积及比例统计情况表

碱解氮含量指标/mg·kg⁻¹	≥210	180～210	150～180	120～150	90～120	<90	合　计
面积/hm²	881.67	587.65	604.48	334.17	198.47	43.96	2650.40
占二级地比例/%	33.27	22.17	22.81	12.61	7.49	1.66	100.00

5.有效磷含量及其分布状况

二级地有效磷平均含量 23.83 mg·kg^{-1}。有效磷含量在 20～40 mg·kg^{-1} 之间的耕地面积约占一半,占二级地的比例为 50.72%;其次是含量在 10～20 mg·kg^{-1} 之间的耕地,面积占 32.39%;再次是含量 ≥40 mg·kg^{-1} 的耕地,面积占 9.93%;接着是含量在 5～10 mg·kg^{-1} 之间的耕地,面积占 5.97%;最小的是含量 <5 mg·kg^{-1} 的耕地,面积仅占 0.98%。见表 6－22。

表 6－22　二级地有效磷含量的分级面积及比例统计情况表

有效磷含量指标/mg·kg^{-1}	≥40	20～40	10～20	5～10	<5	合　计
面积/hm^2	263.21	1344.37	858.48	158.26	26.08	2650.40
占二级地比例/%	9.93	50.72	32.39	5.97	0.98	100.00

6.速效钾含量及其分布状况

二级地速效钾平均含量 101.86 mg·kg^{-1}。速效钾含量在 50～100 mg·kg^{-1} 之间的耕地面积超过一半,占二级地的比例为 55.26%;其次是含量在 100～150 mg·kg^{-1} 之间的耕地,面积占 25.91%;再次是含量在 150～200 mg·kg^{-1} 之间的耕地,面积占 10.44%;接着是含量 <50 mg·kg^{-1} 的耕地,面积占 4.76%;最小的是含量 ≥200 mg·kg^{-1} 的耕地,面积占 3.63%。见表 6－23。

表 6－23　二级地速效钾含量的分级面积及比例统计情况表

速效钾含量指标/mg·kg^{-1}	≥200	150～200	100～150	50～100	<50	合　计
面积/hm^2	96.33	276.72	686.68	1464.61	126.06	2650.40
占二级地比例/%	3.63	10.44	25.91	55.26	4.76	100.00

7.缓效钾含量及其分布状况

二级地缓效钾平均含量 208.75 mg·kg^{-1}。缓效钾含量在 170～330 mg·kg^{-1} 之间的耕地面积将近一半,占二级地的比例为 47.79%;其次是含量在 70～170 mg·kg^{-1} 之间的耕地,面积占 41.08%;再次是含量在 330～500 mg·kg^{-1} 之间的耕地,面积占 8.69%;接着是含量 ≥500 mg·kg^{-1} 的耕地,面积占 1.25%;最小的是含量 <70 mg·kg^{-1} 的耕地,面积占 1.19%。见表 6－24。

表 6－24　二级地缓效钾含量的分级面积及比例统计情况表

缓效钾含量指标/mg·kg^{-1}	≥500	330～500	170～330	70～170	<70	合　计
面积/hm^2	33.09	230.28	1266.62	1088.83	31.58	2650.40
占二级地比例/%	1.25	8.69	47.79	41.08	1.19	100.00

(四)主要属性

二级地是三穗县的基本农业区,自然条件和农田设施良好,人口密度较大,人均耕地少,多年来农民对耕地投入大,长期大量种植绿肥,土壤理化性状得到了改善,适种作物较为广泛。本级地包括除了粗骨土之外的 6 个土类,涵盖黄泥田、黄砂泥土和斑潮泥田等 21 个土属,黄砂泥田和黄砂泥土等 26 个土种。耕层质地主要为砂壤、轻壤和轻粘。耕层厚度在 15～50 cm 之间,平均厚度 26.28 cm。土体厚度在 40～100 cm 之间,平均厚度 85.42 cm,其中 49.97%的二级地土体厚度是 90 cm 和 28.01%是 80 cm。剖面构型主要有 Aa－Ap－P－C、A－B－C 和 Aa－Ap－W－C。土壤 pH 在 4.00～8.00 之间,有机质含量在 6.00～79.90 g·kg^{-1}之间,全氮含量在 0.58～5.30 g·kg^{-1}之间,碱解氮含量在 47.00～376.00 mg·kg^{-1}之间,有效磷含量在 2.90～66.50 mg·kg^{-1}之间,速效钾含量在 19.00～452.00 mg·kg^{-1}之间,缓效钾含量在 32.00～665.00 mg·kg^{-1}之间。

三、三级地

(一)面积分布

三级地在三穗县分布广,面积次大,为 3387.92 hm^2,占全县耕地面积的 18.71%。其中:水田面积 1990.88 hm^2,占三级地面积的 58.76%;旱地面积 1397.04 hm^2,占三级地面积的 41.24%。遍布于全县 9 个乡镇,主要分布在八弓镇、台烈镇和长吉镇。见表 6-25。

表 6-25　三级地面积分布统计表

乡　镇	面积/hm²	占全县/%	水田				旱地			
			面积/hm²	占全县/%	占全县水田/%	占三级地/%	面积/hm²	占全县/%	占全县旱地/%	占三级地/%
八弓镇	818.53	4.52	478.15	2.64	5.29	14.11	340.38	1.88	3.76	10.05
滚马乡	223.11	1.23	179.71	0.99	1.99	5.30	43.40	0.24	0.48	1.28
款场乡	245.80	1.36	102.13	0.56	1.13	3.01	143.67	0.79	1.59	4.24
良上镇	293.38	1.62	183.25	1.01	2.03	5.41	110.14	0.61	1.22	3.25
台烈镇	604.82	3.34	274.01	1.51	3.03	8.09	330.81	1.83	3.65	9.76
桐林镇	257.31	1.42	168.93	0.93	1.87	4.99	88.39	0.49	0.98	2.61
瓦寨镇	243.34	1.34	191.33	1.06	2.12	5.65	52.01	0.29	0.57	1.54
雪洞镇	270.52	1.49	136.83	0.76	1.51	4.04	133.69	0.74	1.48	3.95
长吉镇	431.09	2.38	276.55	1.53	3.06	8.16	154.55	0.85	1.71	4.56
合　计	3387.92	18.71	1990.88	11.00	22.01	58.76	1397.04	7.72	15.42	41.24

(二)立地条件

三级地分布海拔 463.11～1101.48 m,平均海拔 697.97 m。坡度多为 6°～25°,旱地中

40.91%分布在15°～25°之间,31.14%处于25°或以上,24.60%分布在6°～15°之间。主要分布在低山丘陵坡地、低山丘陵冲沟和河流阶地。抗旱能力11～30 d,平均23.77 d。52.41%的区域能灌,42.22%的区域不具备条件或不计划发展灌溉。成土母质主要为砂页岩坡残积物、砂页岩风化坡残积物和石灰岩坡残积物。

(三)养分状况

1. pH 及其分布状况

三级地土壤 pH 平均值为5.05。pH 4.5～5.5的耕地面积超过一半,占三级地的比例为87.36%;其次是 pH 5.5～6.5的耕地,面积占4.76%;再次是 pH<4.5的耕地,面积占3.78%;接着是 pH≥7.5的耕地,面积占2.37%;最小的是 pH 6.5～7.5的耕地,面积占1.72%。见表6－26。

表6－26　三级地土壤 pH 的分级面积及比例统计情况表

pH 值含量指标	强酸性	酸性	微酸性	中性	微碱性	合计
	<4.5	4.5～5.5	5.5～6.5	6.5～7.5	≥7.5	
面积/hm²	128.21	2959.80	161.34	58.24	80.33	3387.92
占三级地比例/%	3.78	87.36	4.76	1.72	2.37	100.00

2. 有机质含量及其分布状况

三级地有机质平均含量38.03 g·kg⁻¹。有机质含量在30～40 g·kg⁻¹之间的耕地占据面积最大,占三级地的比例为35.09%;其次是含量在40～50 g·kg⁻¹之间的耕地,占29.50%;再次是含量在20～30 g·kg⁻¹之间的耕地,占20.90%;接着是含量≥50 g·kg⁻¹的耕地,占11.67%;最小的是含量<20 g·kg⁻¹的耕地,占2.84%。见表6－27。

表6－27　三级地有机质含量的分级面积及比例统计情况表

有机质含量指标/g·kg⁻¹	≥50	40～50	30～40	20～30	<20	合　计
面积/hm²	395.35	999.30	1188.81	708.24	96.22	3387.92
占三级地比例/%	11.67	29.50	35.09	20.90	2.84	100.00

3. 全氮含量及其分布状况

三级地全氮平均含量2.28 g·kg⁻¹。全氮含量在2.00～3.00 g·kg⁻¹之间的耕地面积超过一半,占三级地的比例为57.62%;其次是含量在1.50～2.00 g·kg⁻¹之间的耕地,面积占26.01%;再次是含量≥3.00 g·kg⁻¹的耕地,面积占10.40%;接着是含量在1.00～1.50 g·kg⁻¹之间的耕地,面积占5.26%;最小的是含量<1.00 g·kg⁻¹的耕地,面积仅占0.71%。见表6－28。

表6-28　三级地全氮含量的分级面积及比例统计情况表

全氮含量指标/g·kg⁻¹	≥3.00	2.00~3.00	1.50~2.00	1.00~1.50	<1.00	合　计
面积/hm²	352.23	1952.22	881.04	178.21	24.22	3387.92
占三级地比例/%	10.40	57.62	26.01	5.26	0.71	100.00

4. 碱解氮含量及其分布状况

三级地碱解氮平均含量191.44 mg·kg⁻¹。碱解氮含量≥210 mg·kg⁻¹的耕地占据面积最大，占三级地的比例为35.57%；含量在150~180 mg·kg⁻¹之间的耕地和含量在180~210 mg·kg⁻¹之间的耕地面积相仿，分别占22.78%和21.61%；再次是含量在120~150 mg·kg⁻¹之间的耕地，面积占10.20%；接着是含量在90~120 mg·kg⁻¹之间的耕地，面积占8.00%；最小的是含量<90 mg·kg⁻¹的耕地，占1.84%。见表6-29。

表6-29　三级地碱解氮含量的分级面积及比例统计情况表

碱解氮含量指标/mg·kg⁻¹	≥210	180~210	150~180	120~150	90~120	<90	合　计
面积/hm²	1204.98	732.06	771.84	345.69	270.99	62.36	3387.92
占三级地比例/%	35.57	21.61	22.78	10.20	8.00	1.84	100.00

5. 有效磷含量及其分布状况

三级地有效磷平均含量21.31 mg·kg⁻¹。有效磷含量在20~40 mg·kg⁻¹之间的耕地和含量在10~20 mg·kg⁻¹之间的耕地面积相仿，分别占三级地的比例为42.57%和41.44%；其次是含量在5~10 mg·kg⁻¹之间的耕地，面积占8.78%；再次是含量≥40 mg·kg⁻¹的耕地，面积占6.01%；接着是含量在3~5 mg·kg⁻¹的耕地，面积占1.09%；最小的是含量<3 mg·kg⁻¹的耕地，面积仅占0.10%。见表6-30。

表6-30　三级地有效磷含量的分级面积及比例统计情况表

有效磷含量指标/mg·kg⁻¹	≥40	20~40	10~20	5~10	3~5	<3	合　计
面积/hm²	203.71	1442.30	1403.98	297.59	36.84	3.50	3387.92
占三级地比例/%	6.01	42.57	41.44	8.78	1.09	0.10	100.00

6. 速效钾含量及其分布状况

三级地速效钾平均含量95.03 mg·kg⁻¹。速效钾含量在50~100 mg·kg⁻¹之间的耕地面积超过一半，占三级地的比例为55.53%；其次是含量在100~150 mg·kg⁻¹之间的耕地，面积占28.73%；再次是含量<50 mg·kg⁻¹的耕地，面积占7.43%；接着是含量在

$150 \sim 200$ mg·kg^{-1}之间的耕地,面积占 5.40%;最小的是含量≥200 mg·kg^{-1}的耕地,面积占 2.91%。见表 6 - 31。

表 6 - 31   三级地速效钾含量的分级面积及比例统计情况表

速效钾含量指标/mg·kg^{-1}	≥200	150 ~ 200	100 ~ 150	50 ~ 100	< 50	合 计
面积/hm^2	98.69	182.98	973.23	1881.30	251.72	3387.92
占三级地比例/%	2.91	5.40	28.73	55.53	7.43	100.00

7.缓效钾含量及其分布状况

三级地缓效钾平均含量 220.55 mg·kg^{-1}。缓效钾含量在 $170 \sim 330$ mg·kg^{-1}之间的耕地占据面积最大,占三级地的比例为 45.50%;其次是含量在 $70 \sim 170$ mg·kg^{-1}之间的耕地,占 39.66%;再次是含量在 $330 \sim 500$ mg·kg^{-1}之间的耕地,面积占 11.87%;接着是含量≥500 mg·kg^{-1}的耕地,面积占 2.54%;最小的是含量 < 70 mg·kg^{-1}的耕地,面积仅占 0.42%。见表 6 - 32。

表 6 - 32   三级地缓效钾含量的分级面积及比例统计情况表

缓效钾含量指标/mg·kg^{-1}	≥500	330 ~ 500	170 ~ 330	70 ~ 170	< 70	合 计
面积/hm^2	86.02	402.24	1541.67	1343.74	14.25	3387.92
占三级地比例/%	2.54	11.87	45.50	39.66	0.42	100.00

(四)主要属性

三级地是三穗县传统的产粮区,农业生产水平较高,农田基础设施相对齐全。包括除了粗骨土之外的 6 个土类,涵盖黄泥田和黄砂泥土等 22 个土属,黄砂泥田和黄砂泥土等 27 个土种。耕层质地主要为砂壤、轻壤和轻粘。耕层厚度在 13 ~ 50 cm 之间,平均厚度 26.75 cm。土体厚度在 40 ~ 100 cm 之间,平均厚度 83.80 cm,其中 47.46% 的三级地土体厚度为 90 cm 和 40.96% 为 80 cm。剖面构型主要有 Aa - Ap - P - C 和 A - B - C。土壤 pH 在 4.00 ~ 7.87 之间,有机质含量在 4.70 ~ 80.60 g·kg^{-1}之间,全氮含量在 0.51 ~ 5.30 g·kg^{-1}之间,碱解氮含量在 57.00 ~ 376.00 mg·kg^{-1}之间,有效磷含量在 2.50 ~ 66.60 mg·kg^{-1}之间,速效钾含量在 18.00 ~ 452.00 mg·kg^{-1}之间,缓效钾含量在 32.00 ~ 665.00 mg·kg^{-1}之间。

四、四级地

(一)面积分布

四级地在三穗县分布广,面积最大,有 3729.24 hm^2,占全县耕地面积的 20.60%。其中:水田面积 1451.03 hm^2,占四级地面积的 38.91%;旱地面积 2278.21 hm^2,占四级地面积的 61.09%。遍布于全县 9 个乡镇,主要分布在八弓镇、台烈镇和良上镇。见表 6 - 33。

表6-33　四级地面积分布统计表

乡　镇	面积/hm²	占全县/%	水　田				旱　地			
			面积/hm²	占全县/%	占全县水田/%	占四级地/%	面积/hm²	占全县/%	占全县旱地/%	占四级地/%
八弓镇	816.30	4.51	350.25	1.93	3.87	9.39	466.05	2.57	5.14	12.50
滚马乡	278.26	1.54	170.63	0.94	1.89	4.58	107.63	0.59	1.19	2.89
款场乡	193.45	1.07	33.71	0.19	0.37	0.90	159.74	0.88	1.76	4.28
良上镇	511.89	2.83	200.14	1.11	2.21	5.37	311.74	1.72	3.44	8.36
台烈镇	525.74	2.90	219.43	1.21	2.43	5.88	306.31	1.69	3.38	8.21
桐林镇	330.57	1.83	86.36	0.48	0.95	2.32	244.21	1.35	2.70	6.55
瓦寨镇	292.14	1.61	70.12	0.39	0.78	1.88	222.01	1.23	2.45	5.95
雪洞镇	362.72	2.00	122.75	0.68	1.36	3.29	239.97	1.33	2.65	6.43
长吉镇	418.17	2.31	197.64	1.09	2.19	5.30	220.53	1.22	2.43	5.91
合　计	3729.24	20.60	1451.03	8.01	16.05	38.91	2278.21	12.58	25.14	61.09

(二)立地条件

四级地分布海拔462.66~1129.02 m,平均海拔730.33 m。39.18%的区域分布在坡度15°~25°之间、33.16%处于25°或以上、24.52%分布在6°~15°之间,旱地中41.55%处于25°或以上的坡度、40.96%分布在15°~25°之间。主要分布在低山丘陵坡地、低山丘陵冲沟和低山峡谷。抗旱能力10~30 d,平均22.67 d。61.52%的区域不具备条件或不计划发展灌溉,35.52%的区域能灌。成土母质主要为砂页岩风化坡残积物、砂页岩坡残积物和灰绿色或青灰色页岩坡残积物。

(三)养分状况

1.pH及其分布状况

四级地土壤pH平均值为5.01。pH 4.5~5.5的耕地面积超过一半,占四级地的比例为88.30%;其次是pH<4.5的耕地,占四级地的比例为4.25%;再次是pH 5.5~6.5的耕地,占3.60%;接着是pH≥7.5的耕地,占2.58%,最小的是pH 6.5~7.5的耕地,占1.28%。见表6-34。

表6-34　四级地土壤pH的分级面积及比例统计情况表

pH值含量指标	强酸性	酸性	微酸性	中性	微碱性	合　计
	<4.5	4.5~5.5	5.5~6.5	6.5~7.5	≥7.5	
面积/hm²	158.44	3292.81	134.25	47.56	96.18	3729.24
占四级地比例/%	4.25	88.30	3.60	1.28	2.58	100.00

2. 有机质含量及其分布状况

四级地有机质平均含量36.47 g·kg^{-1}。有机质含量在30~40 g·kg^{-1}之间的耕地占据面积最大，占四级地的比例为39.32%；含量在20~30 g·kg^{-1}之间的耕地和含量在40~50 g·kg^{-1}之间的耕地面积相仿，面积分别占24.35%和21.15%；再次是含量≥50 g·kg^{-1}的耕地，面积占11.55%；最小的是含量<20 g·kg^{-1}的耕地，面积占3.63%。见表6-35。

表6-35　四级地有机质含量的分级面积及比例统计情况表

有机质含量指标/g·kg^{-1}	≥50	40~50	30~40	20~30	<20	合　计
面积/hm^2	430.86	788.70	1466.27	908.13	135.28	3729.24
占四级地比例/%	11.55	21.15	39.32	24.35	3.63	100.00

3. 全氮含量及其分布状况

四级地全氮平均含量2.18 g·kg^{-1}。全氮含量在2.00~3.00 g·kg^{-1}之间的耕地面积超过一半，占四级地的比例为52.09%；其次是含量在1.50~2.00 g·kg^{-1}之间的耕地，面积占33.03%；再次是含量≥3.00 g·kg^{-1}的耕地，面积占7.54%；接着是含量在1.00~1.50 g·kg^{-1}之间的耕地，面积占5.74%；然后是含量在0.75~1.00 g·kg^{-1}之间的耕地，面积占1.47%；最小的是含量<0.75 g·kg^{-1}的耕地，面积仅占0.14%。见表6-36。

表6-36　四级地全氮含量的分级面积及比例统计情况表

全氮含量指标/g·kg^{-1}	≥3.00	2.00~3.00	1.50~2.00	1.00~1.50	0.75~1.00	<0.75	合　计
面积(hm^2)	281.31	1942.43	1231.71	214.09	54.66	5.04	3729.24
占四级地比例/%	7.54	52.09	33.03	5.74	1.47	0.14	100.00

4. 碱解氮含量及其分布状况

四级地碱解氮平均含量188.96 mg·kg^{-1}。碱解氮含量≥210 mg·kg^{-1}的耕地占据面积最大，占四级地的比例为32.63%；其次是含量在180~210 mg·kg^{-1}之间的耕地，面积占24.29%；再次是含量在150~180 mg·kg^{-1}之间的耕地，面积占21.67%；接着是含量在120~150 mg·kg^{-1}之间的耕地，面积占12.04%；然后是含量在90~120 mg·kg^{-1}之间的耕地，面积占7.12%；最小的是含量<90 mg·kg^{-1}的耕地，面积占2.24%。见表6-37。

表6-37　四级地碱解氮含量的分级面积及比例统计情况表

碱解氮含量指标/mg·kg⁻¹	≥210	180～210	150～180	120～150	90～120	<90	合　计
面积/hm²	1216.82	905.99	808.25	449.15	265.35	83.68	3729.24
占四级地比例/%	32.63	24.29	21.67	12.04	7.12	2.24	100.00

5. 有效磷含量及其分布状况

四级地有效磷平均含量20.04 mg·kg⁻¹。有效磷含量在10～20 mg·kg⁻¹之间的耕地占据面积最大,占四级地的比例为44.99%;其次是含量在20～40 mg·kg⁻¹之间的耕地,面积占40.38%;再次是含量在5～10 mg·kg⁻¹之间的耕地,面积占8.69%;接着是含量≥40 mg·kg⁻¹的耕地,面积占3.85%;然后是含量在3～5 mg·kg⁻¹之间的耕地,面积占1.41%;最小的是含量<3 mg·kg⁻¹的耕地,面积仅占0.68%。见表6-38。

表6-38　四级地有效磷含量的分级面积及比例统计情况表

有效磷含量指标/mg·kg⁻¹	≥40	20～40	10～20	5～10	3～5	<3	合　计
面积/hm²	143.46	1505.92	1677.71	324.21	52.72	25.22	3729.24
占四级地比例/%	3.85	40.38	44.99	8.69	1.41	0.68	100.00

6. 速效钾含量及其分布状况

四级地速效钾平均含量92.15 mg·kg⁻¹。速效钾含量在50～100 mg·kg⁻¹之间的耕地面积超过一半,占四级地的比例为61.37%;其次是含量在100～150 mg·kg⁻¹之间的耕地,面积占24.72%;再次是含量<50 mg·kg⁻¹的耕地,面积占7.07%;接着是含量在150～200 mg·kg⁻¹之间的耕地,面积占4.70%;最小的是含量≥200 mg·kg⁻¹的耕地,面积占2.14%。见表6-39。

表6-39　四级地速效钾含量的分级面积及比例统计情况表

速效钾含量指标/mg·kg⁻¹	≥200	150～200	100～150	50～100	<50	合计
面积/hm²	79.98	175.32	921.79	2288.67	263.48	3729.24
占四级地比例/%	2.14	4.70	24.72	61.37	7.07	100.00

7. 缓效钾含量及其分布状况

四级地缓效钾平均含量208.71 mg·kg⁻¹。缓效钾含量在70～170 mg·kg⁻¹之间的耕地和含量在170～330 mg·kg⁻¹之间的耕地面积相仿,分别占四级地的比例为44.06%和43.84%;其次是含量在330～500 mg·kg⁻¹之间的耕地,面积占9.98%;再次是含量

≥500 mg·kg^{-1}的耕地,面积占1.35%;最小的是含量<70 mg·kg^{-1}的耕地,面积仅占0.78%。见表6-40。

表6-40　四级地缓效钾含量的分级面积及比例统计情况表

缓效钾含量指标/mg·kg^{-1}	≥500	330~500	170~330	70~170	<70	合　计
面积/hm^2	50.36	372.01	1634.74	1642.99	29.14	3729.24
占四级地比例/%	1.35	9.98	43.84	44.06	0.78	100.00

(四)主要属性

四级地包括除了粗骨土之外的6个土类,涵盖黄砂泥土和黄泥田等23个土属,黄砂泥土和黄砂泥田等29个土种。耕层质地主要为砂壤、轻壤和中壤。耕层厚度在15~50 cm之间,平均厚度26.36 cm。土体厚度在40~100 cm之间,平均厚度81.25 cm,其中55.8%的四级地土体厚度为80 cm和33.26%为90 cm。剖面构型主要有A-B-C、Aa-Ap-P-C和A-BC-C。土壤pH在4.00~8.00之间,有机质含量在9.00~80.00 g·kg^{-1}之间,全氮含量在0.58~5.30 g·kg^{-1}之间,碱解氮含量在47.00~376.00 mg·kg^{-1}之间,有效磷含量在1.00~65.80 mg·kg^{-1}之间,速效钾含量在18.00~416.00 mg·kg^{-1}之间,缓效钾含量在32.00~665.00 mg·kg^{-1}之间。

五、五级地

(一)面积分布

五级地面积3227.77 hm^2,占全县耕地面积的17.83%。其中:水田面积612.49 hm^2,占五级地面积的18.98%;旱地面积2615.29 hm^2,占五级地面积的81.02%。遍布于全县9个乡镇,主要分布在良上镇、八弓镇、桐林镇和雪洞镇。见表6-41。

表6-41　五级地面积分布统计表

乡　镇	面积/hm^2	占全县/%	水　田				旱　地			
			面积/hm^2	占全县/%	占全县水田/%	占五级地/%	面积/hm^2	占全县/%	占全县旱地/%	占五级地/%
八弓镇	471.64	2.61	110.46	0.61	1.22	3.42	361.18	1.99	3.99	11.19
滚马乡	336.62	1.86	106.16	0.59	1.17	3.29	230.46	1.27	2.54	7.14
款场乡	193.48	1.07	20.78	0.11	0.23	0.64	172.69	0.95	1.91	5.35
良上镇	542.99	3.00	121.22	0.67	1.34	3.76	421.78	2.33	4.65	13.07
台烈镇	251.04	1.39	58.68	0.32	0.65	1.82	192.37	1.06	2.12	5.96
桐林镇	449.38	2.48	48.88	0.27	0.54	1.51	400.50	2.21	4.42	12.41
瓦寨镇	248.75	1.37	30.05	0.17	0.33	0.93	218.70	1.21	2.41	6.78

续表6-41

乡 镇	面积/hm²	占全县/%	水 田				旱 地			
			面积/hm²	占全县/%	占全县水田/%	占五级地/%	面积/hm²	占全县/%	占全县旱地/%	占五级地/%
雪洞镇	403.04	2.23	56.80	0.31	0.63	1.76	346.24	1.91	3.82	10.73
长吉镇	330.84	1.83	59.46	0.33	0.66	1.84	271.38	1.50	2.99	8.41
合计	3227.77	17.83	612.49	3.38	6.77	18.98	2615.29	14.45	28.86	81.02

(二)立地条件

五级地分布海拔 465.68~1198.69 m,平均海拔 744.06 m。49.34%的五级地处于 25°或以上、36.15%分布在 15°~25°之间,旱地中 54.96%处于 25°或以上、36.13%分布在 15°~25°之间。主要分布在中低山丘陵坡地、低中山坡地和低山丘陵冲沟。抗旱能力 10~30 d,平均 21.48 d。81.05%的区域不具备条件或不计划发展灌溉,14.41%的区域能灌。成土母质主要为砂页岩风化坡残积物、砂页岩坡残积物和灰绿色或青灰色页岩坡残积物。

(三)养分状况

1. pH 及其分布状况

五级地土壤 pH 平均值为 4.96。pH 4.5~5.5 的耕地面积超过一半,占五级地的比例为 87.66%,其次是 pH <4.5 的耕地,面积占 6.10%;pH 5.5~6.5 的耕地和 pH≥7.5 的耕地面积相仿,分别占 2.80%和 2.75%;最小的是 pH 6.5~7.5 的耕地,面积仅占 0.69%。见表 6-42。

表6-42 五级地土壤 pH 的分级面积及比例统计情况表

pH 含量指标	强酸性	酸性	微酸性	中性	微碱性	合 计
	<4.5	4.5~5.5	5.5~6.5	6.5~7.5	≥7.5	
面积/hm²	196.85	2829.57	90.33	22.29	88.73	3227.77
占五级地比例/%	6.10	87.66	2.80	0.69	2.75	100.00

2. 有机质含量及其分布状况

五级地有机质平均含量 33.85 g·kg⁻¹。有机质含量在 20~30 g·kg⁻¹之间的耕地和含量在 30~40 g·kg⁻¹之间的耕地面积相仿,分别占五级地的比例为 36.78%和 35.85%;其次是含量在 40~50 g·kg⁻¹之间的耕地,面积占 12.67%;再次是含量≥50 g·kg⁻¹的耕地,面积占 9.82%;最小的是含量<20 g·kg⁻¹的耕地,面积占 4.88%。见表 6-44。

表6-43　五级地有机质含量的分级面积及比例统计情况表

有机质含量指标/g·kg^{-1}	≥50	40~50	30~40	20~30	<20	合　计
面积/hm²	316.92	409.08	1157.12	1187.21	157.44	3227.77
占五级地比例/%	9.82	12.67	35.85	36.78	4.88	100.00

3. 全氮含量及其分布状况

五级地全氮平均含量2.05 g·kg^{-1}。全氮含量在1.50~2.00 g·kg^{-1}之间的耕地和含量在2.00~3.00 g·kg^{-1}之间的耕地面积相仿,分别占五级地的比例为41.30%和40.93%;其次是含量在1.00~1.50 g·kg^{-1}之间的耕地,面积占11.40%;再次是含量≥3.00 g·kg^{-1}的耕地,面积占5.27%;最小的是含量<1.00 g·kg^{-1}的耕地,面积占1.10%。见表6-44。

表6-44　五级地全氮含量的分级面积及比例统计情况表

全氮含量指标/g·kg^{-1}	≥3.00	2.00~3.00	1.50~2.00	1.00~1.50	<1.00	合　计
面积/hm²	170.23	1321.18	1333.09	367.81	35.46	3227.77
占五级地比例/%	5.27	40.93	41.30	11.40	1.10	100.00

4. 碱解氮含量及其分布状况

五级地碱解氮平均含量186.31 mg·kg^{-1}。碱解氮含量≥210 mg·kg^{-1}的耕地和含量在180~210 mg·kg^{-1}之间的耕地面积相仿,分别占五级地的比例为29.81%和28.97%;其次是含量在150~180 mg·kg^{-1}之间的耕地,面积占17.20%;再次是含量在120~150 mg·kg^{-1}之间的耕地,面积占12.93%;接着是含量在90~120 mg·kg^{-1}之间的耕地,面积占9.48%;最小的是含量<90 mg·kg^{-1}的耕地,面积占1.61%。见表6-45。

表6-45　五级地碱解氮含量的分级面积及比例统计情况表

碱解氮含量指标/mg·kg^{-1}	≥210	180~210	150~180	120~150	90~120	<90	合　计
面积/hm²	962.17	935.07	555.23	417.39	306.05	51.86	3227.77
占五级地比例/%	29.81	28.97	17.20	12.93	9.48	1.61	100.00

5. 有效磷含量及其分布状况

五级地有效磷平均含量20.61 mg·kg^{-1}。有效磷含量在20~40 mg·kg^{-1}之间的耕地占据面积最大,占五级地的比例为44.93%;其次是含量在10~20 mg·kg^{-1}之间的耕地,面积占38.42%;再次是含量在5~10 mg·kg^{-1}之间的耕地,面积占9.85%;接着是含量≥40 mg·kg^{-1}的耕地,面积占4.30%;然后是含量在3~5 mg·kg^{-1}之间的耕地,面积占1.74%;最小的是含量<3 mg·kg^{-1}的耕地,面积仅占0.77%。见表6-46。

表6-46 五级地有效磷含量的分级面积及比例统计情况表

有效磷含量指标/mg·kg^{-1}	≥40	20~40	10~20	5~10	3~5	<3	合计
面积/hm^2	138.67	1450.13	1240.10	317.86	56.19	24.82	3227.77
占五级地比例/%	4.30	44.93	38.42	9.85	1.74	0.77	100.00

6. 速效钾含量及其分布状况

五级地速效钾平均含量86.69 mg·kg^{-1}。速效钾含量在50~100 mg·kg^{-1}之间的耕地面积超过一半,占五级地的比例为63.02%;其次是含量在100~150 mg·kg^{-1}之间的耕地,面积占21.54%;再次是含量<50 mg·kg^{-1}的耕地,面积占10.26%;接着是含量在150~200 mg·kg^{-1}之间的耕地,面积占3.77%;最小的是含量≥200 mg·kg^{-1}的耕地,面积占1.41%。见表6-47。

表6-47 五级地速效钾含量的分级面积及比例统计情况表

速效钾含量指标/mg·kg^{-1}	≥200	150~200	100~150	50~100	<50	合计
面积/hm^2	45.49	121.73	695.28	2034.09	331.18	3227.77
占五级地比例/%	1.41	3.77	21.54	63.02	10.26	100.00

7. 缓效钾含量及其分布状况

五级地缓效钾平均含量201.03 mg·kg^{-1}。缓效钾含量在170~330 mg·kg^{-1}之间的耕地占据面积最大,占五级地的比例为46.41%;其次是含量在70~170 mg·kg^{-1}之间的耕地,面积占44.89%;再次是含量在330~500 mg·kg^{-1}之间的耕地,面积占7.52%;接着是含量<70 mg·kg^{-1}的耕地,面积仅占0.85%;最小的是含量≥500 mg·kg^{-1}的耕地,面积仅占0.33%。见表6-48。

表6-48 五级地缓效钾含量的分级面积及比例统计情况表

缓效钾含量指标/mg·kg^{-1}	≥500	330~500	170~330	70~170	<70	合计
面积/hm^2	10.52	242.83	1497.92	1449.02	27.48	3227.77
占五级地比例/%	0.33	7.52	46.41	44.89	0.85	100.00

(四)主要属性

五级地包括除了粗骨土之外的6个土类,涵盖黄砂泥土和黄泥田等22个土属,黄砂泥土和黄砂泥田等28个土种。耕层质地主要为砂壤、轻壤和中壤。耕层厚度在13~45 cm之间,平均厚度25.41 cm。土体厚度在40~100 cm之间,平均厚度78.26 cm,其中69.72%五级地的土体厚度为80 cm和13.49%为90 cm。剖面构型主要有A-B-C、Aa-Ap-P-C

和 A – BC – C。土壤 pH 在 4.00 ~ 7.90 之间,有机质含量在 6.40 ~ 78.40 g·kg^{-1} 之间,全氮含量在 0.52 ~ 4.76 g·kg^{-1} 之间,碱解氮含量在 57.00 ~ 376.00 mg·kg^{-1} 之间,有效磷含量在 1.00 ~ 62.10 mg·kg^{-1} 之间,速效钾含量在 18.00 ~ 412.00 mg·kg^{-1} 之间,缓效钾含量在 32.00 ~ 665.00 mg·kg^{-1} 之间。

六、六级地

(一)面积分布

六级地面积最小,有 2454.81 hm^2,占全县耕地面积的 13.56%。其中:水田面积 333.65 hm^2,占六级地面积的 13.59%;旱地面积 2121.16 hm^2,占六级地面积的 86.41%。遍布于全县 9 个乡镇,主要分布在八弓镇、桐林镇和雪洞镇。见表 6 – 49。

表 6 – 49　六级地面积分布统计表

乡　镇	面积/hm^2	占全县/%	水田				旱地			
			面积/hm^2	占全县/%	占全县水田/%	占六级地/%	面积/hm^2	占全县/%	占全县旱地/%	占六级地/%
八弓镇	449.92	2.49	89.11	0.49	0.99	3.63	360.80	1.99	3.98	14.70
滚马乡	333.49	1.84	36.82	0.20	0.41	1.50	296.66	1.64	3.27	12.09
款场乡	164.01	0.91	13.20	0.07	0.15	0.54	150.81	0.83	1.66	6.14
良上镇	355.93	1.97	48.04	0.27	0.53	1.96	307.89	1.70	3.40	12.54
台烈镇	134.10	0.74	12.79	0.07	0.14	0.52	121.31	0.67	1.34	4.94
桐林镇	408.99	2.26	41.89	0.23	0.46	1.71	367.10	2.03	4.05	14.95
瓦寨镇	63.65	0.35	4.50	0.02	0.05	0.18	59.15	0.33	0.65	2.41
雪洞镇	365.79	2.02	36.40	0.20	0.40	1.48	329.39	1.82	3.64	13.42
长吉镇	178.94	0.99	50.89	0.28	0.56	2.07	128.05	0.71	1.41	5.22
合　计	2454.81	13.56	333.65	1.84	3.69	13.59	2121.16	11.72	23.41	86.41

(二)立地条件

六级地分布海拔 465.76 ~ 1139.27 m,平均 752.57 m。57.55% 的六级地处于 25° 或以上的坡度、32.43% 分布在 15° ~ 25° 之间,旱地中 62.26% 处于 25° 或以上的坡度,30.96% 分布在 15° ~ 25° 之间。主要分布在低山丘陵坡地、低中山坡地和低山坡地。抗旱能力 7 ~ 30 d,平均 20.59 d。86.58% 的区域不具备条件或不计划发展灌溉。成土母质主要为砂页岩风化坡残积物、灰绿色或青灰色页岩坡残积物和砂页岩坡残积物。

(三)养分状况

1. pH 及其分布状况

六级地土壤 pH 平均值为 5.06。pH 4.5 ~ 5.5 的耕地面积超过一半,占六级地的比例为

75.91%;其次是 pH <4.5 的耕地,面积占 12.66%;再次是 pH 5.5~6.5 的耕地,面积占 4.47%;接着是 pH≥7.5 的耕地,面积占 6.85%;最小的是 pH 6.5~7.5 的耕地,面积仅占 0.11%。见表 6-50。

表 6-50　六级地土壤 pH 的分级面积及比例统计情况表

pH 含量指标	强酸性	酸　性	微酸性	中　性	微碱性	合　计
	<4.5	4.5~5.5	5.5~6.5	6.5~7.5	≥7.5	
面积/hm²	310.85	1863.39	109.79	2.66	168.12	2454.81
占六级地比例/%	12.66	75.91	4.47	0.11	6.85	100.00

2. 有机质含量及其分布状况

六级地有机质平均含量 28.09 g·kg⁻¹。有机质含量在 20~30 g·kg⁻¹ 之间的耕地面积将近一半,占六级地的比例为 49.03%;其次是含量 <20 g·kg⁻¹ 的耕地,面积占 20.53%;再次是含量在 30~40 g·kg⁻¹ 之间的耕地,面积占 18.82%;接着是含量≥50 g·kg⁻¹ 的耕地,面积占 7.55%;最小的是含量在 40~50 g·kg⁻¹ 之间的耕地,面积占 4.08%。见表 6-51。

表 6-51　六级地有机质含量的分级面积及比例统计情况表

有机质含量指标/g·kg⁻¹	≥50	40~50	30~40	20~30	<20	合　计
面积/hm²	185.22	100.15	461.9	1203.66	503.88	2454.81
占六级地比例/%	7.55	4.08	18.82	49.03	20.53	100.00

3. 全氮含量及其分布状况

六级地全氮平均含量 1.76 g·kg⁻¹。全氮含量在 1.50~2.00 g·kg⁻¹ 之间的耕地占据面积最大,占六级地的比例为 39.24%;其次是含量在 1.00~1.50 g·kg⁻¹ 之间的耕地,面积占 29.84%;再次是含量在 2.00~3.00 g·kg⁻¹ 之间的耕地,面积占 24.02%;含量在 0.75~1.00 g·kg⁻¹ 之间的耕地和含量≥3.00 g·kg⁻¹ 的耕地面积相仿,面积分别占 2.57% 和 2.52%;最小的是含量 <0.75 g·kg⁻¹ 的耕地,面积占 1.82%。见表 6-52。

表 6-52　六级地全氮含量的分级面积及比例统计情况表

全氮含量指标/g·kg⁻¹	≥3.00	2.00~3.00	1.50~2.00	1.00~1.50	0.75~1.00	<0.75	合　计
面积/hm²	61.74	589.6	963.23	732.40	63.15	44.69	2454.81
占六级地比例/%	2.52	24.02	39.24	29.84	2.57	1.82	100.00

4. 碱解氮含量及其分布状况

六级地碱解氮平均含量 180.99 mg·kg⁻¹。碱解氮含量≥210 mg·kg⁻¹ 的耕地和含量在 180～210 mg·kg⁻¹ 之间的耕地面积相仿,分别占六级地的比例为 26.48% 和 25.40%;其次是含量在 150～180 mg·kg⁻¹ 之间的耕地,面积占 20.75%;再次是含量在 120～150 mg·kg⁻¹ 之间的耕地,面积占 14.40%;接着是含量在 90～120 mg·kg⁻¹ 之间的耕地,面积占 11.14%;最小的是含量 <90 mg·kg⁻¹ 的耕地,占 1.83%。见表 6－53。

表 6－53　六级地碱解氮含量的分级面积及比例统计情况表

碱解氮含量指标/mg·kg⁻¹	≥210	180～210	150～180	120～150	90～120	<90	合　计
面积/hm²	650.04	623.58	509.44	353.39	273.40	44.96	2454.81
占六级地比例/%	26.48	25.40	20.75	14.40	11.14	1.83	100.00

5.有效磷含量及其分布状况

六级地有效磷平均含量 16.35 mg·kg⁻¹。有效磷含量在 10～20 mg·kg⁻¹ 之间的耕地占据面积最大,占六级地的比例为 39.46%;其次是含量在 20～40 mg·kg⁻¹ 之间的耕地,占 27.20%;再次是含量在 5～10 mg·kg⁻¹ 之间的耕地,面积占 22.60%;接着是含量在 3～5 mg·kg⁻¹ 之间的耕地,面积占 4.31%;含量 ≥40 mg·kg⁻¹ 的耕地和含量 <3 mg·kg⁻¹ 的耕地面积相仿,面积分别占 3.30% 和 3.13%。见表 6－54。

表 6－54　六级地有效磷含量的分级面积及比例统计情况表

有效磷含量指标/mg·kg⁻¹	≥40	20～40	10～20	5～10	3～5	<3	合　计
面积/hm²	81.00	667.73	968.59	554.81	105.92	76.76	2454.81
占六级地比例/%	3.30	27.20	39.46	22.60	4.31	3.13	100.00

6.速效钾含量及其分布状况

六级地速效钾平均含量 76.31 mg·kg⁻¹。速效钾含量在 50～100 mg·kg⁻¹ 之间的耕地面积超过一半,占六级地的比例为 63.50%;其次是含量 <50 mg·kg⁻¹ 的耕地,占 19.33%;再次是含量在 100～150 mg·kg⁻¹ 之间的耕地,面积占 13.85%;含量在 150～200 mg·kg⁻¹ 之间的耕地和含量 ≥200 mg·kg⁻¹ 的耕地面积相仿,面积分别占 1.72% 和 1.60%。见表 6－55。

表 6－55　六级地速效钾含量的分级面积及比例统计情况表

速效钾含量指标/mg·kg⁻¹	≥200	150～200	100～150	50～100	<50	合　计
面积/hm²	39.21	42.10	340.07	1558.84	474.59	2454.81
占六级地比例/%	1.60	1.72	13.85	63.50	19.33	100.00

7.缓效钾含量及其分布状况

六级地缓效钾平均含量215.31 mg·kg^{-1}。缓效钾含量在170~330 mg·kg^{-1}之间的耕地面积约占一半,占六级地的比例为50.33%;其次是含量在70~170 mg·kg^{-1}之间的耕地,面积占37.90%;再次是含量在330~500 mg·kg^{-1}之间的耕地,面积占7.92%;接着是含量≥500mg·kg^{-1}的耕地,面积占2.70%;最小的是含量<70 mg·kg^{-1}的耕地,面积占1.15%。

表6-56　六级地缓效钾含量的分级面积及比例统计情况表

缓效钾含量指标/mg·kg^{-1}	≥500	330~500	170~330	70~170	<70	合　计
面积/hm^2	66.28	194.54	1235.43	930.40	28.16	2454.81
占六级地比例/%	2.70	7.92	50.33	37.90	1.15	100.00

(四)主要属性

六级地包括7个土类,涵盖黄砂泥土和幼黄泥土等21个土属,黄砂泥土和黄扁砂泥土等27个土种。耕层质地主要为砂壤、轻壤和松砂。耕层厚度在13~40 cm之间,平均厚度24.78 cm。土体厚度在30~100 cm之间,平均厚度74.84 cm,其中62.20%六级地的土体厚度为80 cm、20.78%的六级地为60 cm。剖面构型主要有A-B-C、A-BC-C和A-C。土壤pH在4.00~7.93之间,有机质含量在4.20~77.70 g·kg^{-1}之间,全氮含量在0.50~4.65 g·kg^{-1}之间,碱解氮含量在57.00~376.00 mg·kg^{-1}之间,有效磷含量在1.00~66.60 mg·kg^{-1}之间,速效钾含量在16.00~472.00 mg·kg^{-1}之间,缓效钾含量在32.00~665.00 mg·kg^{-1}之间。

第三节　耕地资源合理配置

三穗县自改革开放,特别是2001年以来,农业基础设施建设得到了很大的改善和提高,对提高耕地地力起到了促进作用。但影响耕地地力的诸多因子依然存在,如耕地土壤养分不平衡、施肥不够合理、农田基础设施建设发展不平衡、地区间自然条件差异较大,以及部分土壤瘦、薄、冷、阴、烂、锈仍然存在等。根据本县耕地地力特点,结合《三穗县十三五规划》,在稳定粮食播种面积,确保粮食安全增产,保持主要农产品生产稳定增长的前提下,为实现加快产业结构调整,发展高产、优质、高效、安全的可持续发展生态农业,促进农业增产、农民增收,提出以下对策和建议。

一、继续加强农田基础设施建设

三穗县作为农业综合开发县,自2001年以来,实施了农业综合开发项目(简称"农发项目")。机耕道、水渠、蓄水池、山塘建设等农业基础设施得到了较快的发展。但农发项目区灌溉水源还没有得到根本改变,在东南部盆坝区农田基础设施虽然完善了,但从水库和江河进入水渠的水源依然较为缺乏;地区间农发项目发展不平衡现象也较为严重,在耕地集中连片面积小的周边地区农发项目还难以覆盖。因此,维护好稻田水利设施和建设水源蓄水工程以及江河提水工程仍然是当务之急。同时,把农业综合开发项目因地制宜地推广到东北、西南、西北部耕地比较分散地区,进一步改善当地农田基础建设是提升土地生产能力的基础。

(一)完善排灌渠道建设

在山区,建设防止洪水泛滥、排灌自如的农田设施。对水源丰富的山区,要改善灌溉条件,消除串灌、漫灌。在水源缺乏地区,通过建设排洪沟渠,整修、疏通河(溪)道,加固河(溪)堤,堵塞渗漏,确保洪水不进田,同时推广节水农业技术,提高抗御旱灾能力;通过兴修、维修、改造田间小型排灌站,恢复和提高工程排灌能力,提高干旱地区排灌标准。对田间毛渠道进行硬化补砌、疏浚、溃淤扩挖及防渗处理,适当新建田间排灌渠道,保证排灌水系统的畅通。

(二)完善配套田间道路

三穗县境内,除了东南部盆坝区外,其余地区普遍存在道路质量差、机械出入不便、绕道多、田间物资运输难度大、基础设施老化等问题。在适宜的地区,要合理布局田间道路及相关设施,为物资运输、机械下田操作、田间管理等提供条件。具体措施为:①兴修田间道路,做到机耕和田间道路配套,减小农民劳动强度;②建设机械出入农田的专门通道,使机械顺利下田作业;③平整路面,修好便行桥,做到路面平整,不积水,保证人车通行和物资运输顺畅。

二、因地制宜加大土壤改良措施

根据三穗县的自然条件和耕地特点合理利用现有耕地,在稳定现有耕地的基础上,进行合理轮作套种,提高农作物复种指数,这是合理利用耕地的重要途径。在稳定粮食生产的基础上,积极发展多种经济作物,这是耕地合理利用的主要方向。因各耕地改良利用分区的地形地貌、土壤类型、气候特征和地理位置不同,将本县耕地采取分区的方法对其进行分区改良利用,具体改良措施和利用途径见第七章。

三、科学施肥

自第二次土壤普查以来,三穗县耕作土壤养分也发生了较大的变化,有机质和全氮总体保持一致,含量较为丰富,土壤中的磷含量有了大幅度增加,达到了中等偏上的状态,而钾素含量则显著减少。耕作土壤养分总体状态是有机质和有效磷丰富,氮丰富,钾稍缺乏。造成本县土壤养分含量变化的因子主要是人们的农业生产习惯和自然因素。为了保护人们赖以生存的耕地,减少环境污染,降低生产成本,达到节本增效的目的,必须提倡科学施肥。根据土壤养分含量状况和人们的施肥习惯,提出以下施肥建议。

(一)增施有机肥

一直以来,本县具有种植绿肥、增施圈肥和山冲田割"秧草"(即植物嫩绿部分)的习惯,耕作土壤有机质含量一直保持较高水平,这对平衡土壤养分、提高地力发挥了积极作用。今后还要继续保持这一生产习惯,同时还要加大秸秆还田的力度,减少秸秆焚烧浪费,增施各种有机肥,保持和提高土壤有机质含量水平,为提高耕地地力、弥补和扭转钾肥失衡状态发挥作用。

(二)酌情使用氮肥

耕作土全氮含量在三穗县大部分地区均处于中等偏上状态,但在盆坝地区部分乡镇和低海拔地区仍然有部分耕地含量较低,同时砂壤土也比较缺氮,在总体保持氮肥含量的同时,对氮缺乏地区仍要注重氮肥的施用和提高。

(三)适当控制磷肥

土壤有效磷含量是衡量土壤养分容量和强度水平的重要指标。在质地不太粘重的水田,土壤磷含量过多,容易对农业生态环境和水源造成污染。三穗县耕作土有效磷含量自第二次土壤普查以来有了显著的提高,全县土壤有效磷含量也普遍处于中等偏上状态,因此,在农业生产中要适当控制磷肥的施用,对节约生产成本、保护农业生态环境、平衡地力都将会起到积极的效果。

(四)补充钾肥

钾肥对促进作物生长发育、提高抗逆性有极显著的作用。由于长期生产习惯的原因,三穗县土壤有效钾含量自第二次土壤普查以来,由原来较为丰富的状态变化到了目前较为缺乏的状态,对土壤养分平衡和农业生产造成了不利影响。因此,补钾势在必行,极为重要。要加大对科学施肥的宣传,让农民清楚地认识到土壤缺钾这一现状,以及缺钾将对农业生产造成的不利影响,改变农民"重氮磷轻钾"的施肥习惯;同时加大钾肥市场投入、政府适当干预和国家项目实施投入等措施,努力提高本县耕作土壤钾含量。

四、合理配置耕地资源,加快农业产业结构调整

(一)耕地资源合理配置

根据《土地管理法》和《基本农田保护条例》,划定全县基本农田保护区,将水利条件好、土壤肥力条件好、自然生态环境适宜的耕地划为粮食生产基地,长期不允许占用。

必须坚持基本农田总量平衡的原则。同时,在耕地资源配置上,要以粮食生产安全为前提,以农业增效、农业增收为目标,逐步提高耕地质量,调整种植业结构,推广优质农产品,应用优质、高产、高效、生态、安全栽培技术,提高耕地利用率。耕地资源合理配置的原则是在保证粮食生产安全和无公害生产的基础上,合理配置粮食种植面积和其他作物占地比例。针对三穗县农产品生产区域,在开展耕地地力调查与质量评价,准确把握区域耕地地力、耕地质量的基础上,提出耕地资源合理配置、农业结构调整、耕地适宜种植、科学配方施肥及土壤退化修复的意见和方法。

（二）搞好区域布局，合理配置耕地资源

三穗县是黔东南地区耕作土壤和植被条件相对较好的一个地区，光照充足，热量丰富，雨水充沛，适宜于水稻、玉米、马铃薯、大豆、柑橘、蔬菜的生长。根据三穗县耕地地力评价等级和传统作物优势，结合本县农业产业结构调整，搞好区域规划布局，合理配置耕地资源。

五、大力发展旱作节水农业

旱作农业是通过大力推广农业、农艺、生物等节水技术，提高水资源的利用率，缓解日趋紧张的用水矛盾。发展旱作节水农业是三穗县十三五规划中的一个重要项目，重点规划放在八弓镇、滚马乡、良上镇、雪洞镇4个乡（镇）。针对旱作农业特点，提出以下具体措施：

（一）发展节水农业与农业结构调整相结合

把提高水资源效益的重点放在农业结构调整上，将水资源引向用水少、产出大的优质高效农作物上，将更多的水资源向特色龙头企业和生产基地配置。通过节水农业促进农业产业化的发展，而农业产业化必将推动节水农业的快速发展，积极调整种植结构，充分实现水资源的合理利用及水效益的最大利润化。

（二）采取综合措施发展旱作节水农业

科技是第一生产力，旱作节水农业必须依靠科技进步，应用最新的技术；要采取综合措施，必须坚持开源与节流相结合；工程节水措施与农艺措施相结合；旱作节水农业与管理节水相结合。

（三）不同水资源类型，采用不同的旱作节水技术模式

在水资源相对较好的地区要彻底改变灌溉方式，减少用水量，提高渠道衬砌，提高水的利用率，在灌区要坚持以高效用水为重点，逐步推广管灌、喷灌、微灌、滴灌等节水灌溉措施；在水资源缺乏地区要广辟水源，逐步发展水浇地，大力推广农业节水措施、抗旱新品种和化学保水技术。

（四）全面建设节水农业经济

通过调整农业结构，全面建设节水型农业经济，节水型农业从本质上说就是对水资源进行科学配置。在种植结构上压缩高耗水作物，扩大低耗水作物，扩大高产值作物面积。使农村经济结构更趋向合理，水资源利用效率更高。

六、加强耕地质量管理

（一）科学制定耕地地力建设与土壤改良规划

通过耕地地力评价，根据不同耕地的立地条件、土壤属性、土壤养分状况和农田基础设施建设，制定切实可行的耕地地力建设与土壤改良的中、长期规划和年度实施报告，报政府批准实施。

（二）加强耕地管理法律法规体系建设，健全耕地质量管理法规

根据《农业法》《土地管理法》《基本农田保护条例》和中共中央、国务院、贵州省人民政府关于加强耕地保护、提高粮食综合生产能力的有关政策,切实加强耕地质量管理,建议制定《三穗县耕地管理办法》,按照耕地管理的有关法律法规,耕地管理部门按照各自的职责分工,加强耕地的保护和管理。坚决制止个别乡镇农民占用良田造房盖屋的违法行为,凡涉及耕地质量建设和占用耕地作为其他农业用地等行为,农业和土地管理部门要依法履行职责,加强项目的预审、实施和验收管理,切实保护耕地。对占用耕地和破坏耕地质量的违法行为,要依法进行处理。

(三)加强耕地质量动态监测管理

一方面在全县范围内根据不同种植制度和耕地地力状况,建立耕地地力长期定位监测网点,建立和健全耕地质量监测体系和预警预报系统,对耕地地力、墒性和环境状况进行监测和评价,对耕地地力进行动态监测,分析整理和更新耕地地力基础数据,为耕地质量管理提供准确依据。另一方面,建立和健全耕地资源管理信息系统,积极创造条件,加强耕地土壤调查,进一步细化工作单元,增加耕地资源基础信息,提高系统的可操作性和实用性。

(四)加大土地用途管制力度

土地用途管制是依法对土地的使用和土地的用途变更的管理与限制,具有一定的强制性,其目的在于限制农地转为非农用地,特别是严格限制农用地转为非农用地。必须严格按照土地利用总体规划确定的农用地用途使用土地。严禁基本农田保护区内的耕地转为其他用地;严禁陡坡开荒,切实保护脆弱的山区生态环境;严禁不符合土地利用总体规划的土地开发。

(五)加强基本设施建设,改善农业生产条件

加强农田水利等基本设施建设,实施"沃土工程",加大中低产田土改造力度,改善耕地生产条件,增强耕地可持续利用的能力。中低产田土改造应结合实施"沃土工程"与农田基本建设来进行,通过加强农田水利基本建设,建设优质、高产、稳产、节水、高效农田,增强农业抗御自然灾害的能力,提高基本农田的生产能力。大力推广测土配方施肥技术,大幅度调整施肥结构,控氮、稳磷、补钾,大力提高秸秆还田率,增施有机肥,培肥地力。

(六)强化农业生态环境保护和治理

为进一步遏制耕地环境质量状况恶化的趋势,一方面要对污染的耕地进行治理,另一方面应对耕地环境进行监测与评价,同时在利用耕地进行生产的过程中,应该加强对耕地投入肥料、农药、地膜等生产资料的用量及使用方法的管理,严格控制农村生活垃圾、废气、有机物向耕地环境的排放,预防耕地环境的污染,以满足经济、社会可持续发展对良好耕地环境的需要。

第七章　耕地利用与改良

　　农业生产是以植物、动物为对象的自然再生产与经济再生产结合在一起的物质生产过程,除了利用光、热、水等自然条件外,土壤为农业生产提供了必不可少的生产资料。另一方面,生物对土壤条件的适应、利用改造方式存在着极为复杂而明显的地域差异。这就带来如何更有效地利用土地资源,使之扬长避短,充分发挥地力因素,进而确定农业再生产对土壤的利用方式和改造途径等问题。耕地改良利用分区就是为因地制宜地合理利用土地资源,揭示各种土壤在生产上的有利条件和保障因素,调整农业内部结构,拟定土壤改良利用措施,充分挖掘生产潜力,进而为规划和指导农业生产服务。

第一节　耕地利用现状与问题

一、耕地利用现状

(一)主要作物播种面积及产量

　　2015年全县水稻播种面积5281 hm^2(统计数据,下同),产量33 082 t,平均单产6264.34 kg·hm^{-2};小麦播种面积1 hm^2,产量2 t,平均单产2000.00 kg·hm^{-2};玉米播种面积1988 hm^2,产量7209 t,平均单产3626.26 kg·hm^{-2};大豆播种面积262 hm^2,产量306 t,平均单产1167.94 kg·hm^{-2};花生播种面积91 hm^2,产量129 t,平均单产1417.58 kg·hm^{-2};油菜播种面积2821 hm^2,产量3266 t,平均单产1157.75 kg·hm^{-2};烤烟播种面积116 hm^2,产量166 t,平均单产1431.03 kg·hm^{-2};中药材播种面积445 hm^2,产量1056 t,平均单产2373.03 kg·hm^{-2};蔬菜、瓜类播种面积5504 hm^2,产量107 507 t,平均单产19 532.52 kg·hm^{-2}。

(二)主要作物及品种

1. 水 稻

水稻是三穗县种植业的主要作物,是人们生活的主食,在县内均有种植,适应性强,主要品种有 Q 优 6 号、宜香优 3003、宜香 1979、宜香优 2115、两优华占、创两优华占、宜香 2292、宜香 4245 等。

2. 玉 米

玉米是本县近几年发展较快的一项种植作物,在全县境内均有种植,农民种植后主要用做畜牧业的精饲料。主要推广的适宜本地种植的杂交玉米有新中玉 801、先玉 1171、正大 999、和玉 808、义农玉 188、雅玉 29 等。

3. 油 菜

油菜是本县种植的主要油料作物,也是大田作物中的主要经济作物,在全县均有种植,但以地势条件和光照较好的东南部乡镇种植为主,其次是中东部和中南部乡镇,西北部也有种植,但单产较低。主要种植品种有黔油 12 号、黔油 25 号、油研 9 号、油研 11 号、油研 12 号和油研 50 号等。

4. 马铃薯

薯类是三穗县种植面积较大的一类作物,近几年发展也很快,无论是在播种面积还是栽培技术上均得到了较快的提高,是本县重要辅助粮食和饲料之一。全县境内均适合种植,种植品种主要有坝薯 10 号、费乌瑞它、黔芋 1 号、威芋 3 号和中薯 3 号等。

5. 蔬 菜

蔬菜在全县范围内都有种植,种植较多的乡镇有长吉镇和瓦寨镇等。农村自营自食部分:冬季以萝卜、青菜、白菜、牛皮菜等为主;春季主要有南瓜、四季豆、豇豆、茄子、辣椒和番茄等。在本县南部地区,由于气候冷凉,适合发展冷凉蔬菜。

二、耕地利用问题

1. 种植结构不合理

本县长期以来,以粮食生产为主,对发展经济作物、开展多种经营重视不够,种植业结构不合理。种植业生产以一般性品种居多,优质、专用品种较少,农产品品质不高,优质产品相对不足,劣质产品常积压难卖;农产品深度开发相对滞后,以出售初级产品为主,加工产品少,精深加工产品更少。

2. 自然灾害的侵袭抵御能力弱

本县种植业生产受自然灾害的威胁较大,主要是水灾、旱灾,其次是冰雹、倒春寒、秋风和病虫害等。近几年自然灾害频发,给农业生产造成了很大损失。

3. 重用地、轻养地

随着农业生产的发展和农业机械化的推广,用做耕地的户用养牛大量减少,由此农家肥施用量逐年减少,土壤有机质得不到应有的补充,在化肥的供应和施用中,氮、磷、钾比例失调,以致土壤磷含量大增,而钾含量明显减少,导致冷、阴、烂、锈田得不到根本改变。

4.农业产业整体素质有待进一步提高,急需加强农业产业科技含量

农业科技人员数量不足,专业技术人员急需知识更新,虽然农民科学文化素质近年来有了较大的提高,但远不能适应现代化农业生产的需求,接受科学知识、应用现代科学技术的能力较弱;同时实际生产中农民重技术轻观念,市场经济意识不强,缺乏科学的调整观,部分农民在安排生产上还仅凭感觉、经验,有一定的盲目性、随意性,常常一哄而上,从而造成暂时的产品积压难卖,丰产不丰收。

5.农村劳动力不足

本县农业发展仍是劳动密集型产业,劳动力是农业发展的主要因素。在现在的农村,劳动力资源严重不足,成年劳动力大部分出去打工,在家的都是老、弱、妇、儒,劳动力严重缺乏,造成农业发展缓慢。

第二节　耕地利用主要障碍因素与分型

一、耕地利用主要障碍因素

三穗县耕地主要障碍因素有:冷、烂、锈、阴、酸、粘、瘦和薄。

冷浸田面积为277.95 hm²,占全县耕地面积的1.54%、水田面积的3.07%。主要分布于低山丘陵冲沟和河流阶地等地形部位,分布面积较广,在全县各乡镇均有分布。冷浸田是田坎里的浸冷水或田的中间冒泉水,或用冷水灌溉,水温、泥温很低,排水不干,微生物活动能力极弱,有效养分低,土壤中含有大量还原性物质,水稻返青慢,分蘖少,严重时死苗,特别是临近出冷水的地方更为严重。海拔在500～920 m之间,土壤母质一般为泥岩或页岩残积物,受洪水冲刷,土体不厚,耕层较浅,质地中粘,常有石砾,犁底层以下多为青灰色,有一定的潜育,紧实,石砾往下逐渐增多,隐蔽冷浸,光照少,多离村寨远,肥力较低。

烂泥田(浅脚烂泥田＋深脚烂泥田)面积为76.99 hm²,占全县耕地面积的0.43%、水田面积的0.85%,主要分布于低山丘陵冲沟和河谷盆地等地形部位,土体深厚,潜育明显,土冷泥烂,剖面颜色深灰,层次不明显,质地轻粘至中粘,为酸性,有机质积累较多,但有机养分不高,而土体有机酸含量高,对水稻危害较严重。秧苗黑根多,有时死苗,水稻产量低。

烂锈田也是冷烂田的一种,面积为2.13 hm²,占全县耕地面积的0.01%、水田面积的0.02%。分布于低山丘陵冲沟、河流阶地和河谷盆地。主要是水的作用把铁锈水带入田块,这种田终年渍水,土壤常处于还原状态,土层含亚铁离子较多,呈青灰色,上面因氧化作用而有一层棕褐色的锈膜或有锈色絮状物。

全县耕地酸性土壤面积为17 246.86 hm²,占全县耕地面积的95.26%;强酸性(pH <4.5)土壤面积为936.90 hm²,占全县耕地面积的5.17%;全县耕地黄壤较多,土壤酸性较

强,质地较为粘重,土层浅薄的耕地较多,分布面积较广。

二、中低产耕地类型

按照全国中、低产地单产划分指标,中产地年单产 6000～9000 kg·hm^{-2},对应三穗县三级地和四级地;低产地年单产 4500～6000 kg·hm^{-2},对应三穗县五级地和六级地。三穗县有 12 799.74 hm^2 中低产耕地(即三至六级地),其中:水田面积 4388.05 hm^2,占全县水田面积的 48.52%;旱地面积 8411.69 hm^2,占全县旱地面积的 92.83%。

表 7-3　中低产耕地统计表

耕地类型	县地力等级	面积/hm²	占全县耕地/%	水田				旱地			
				面积/hm²	占全县/%	占全县水田/%	占对应耕地/%	面积/hm²	占全县/%	占全县旱地/%	占对应耕地/%
中产地	三	3387.92	18.71	3441.91	19.01	38.06	48.36	3675.24	20.30	40.56	51.64
	四	3729.24	20.60								
低产地	五	3227.77	17.83	946.14	5.23	10.46	16.65	4736.45	26.16	52.27	83.35
	六	2454.81	13.56								
合　计		12 799.74	70.70	4388.05	24.24	48.52		8411.69	46.46	92.83	

中产地是耕地质量一般的土地,面积 7117.16 hm^2,占全县耕地面积的 39.31%;其中水田占中产地面积的 48.36%,旱地占 51.64%。其常年产量水稻在 5.25～8.75 t·hm^{-2} 之间,玉米在 3.50～6.50 t·hm^{-2} 之间,油菜在 1.25～2.25 t·hm^{-2} 之间,马铃薯在 15.00～30.00 t·hm^{-2} 之间。多分布在低山丘陵坡地和低山丘陵冲沟地形部位上,分布地海拔 600.00～800.00 m,灌溉能力差,小部分排水能力差。土壤主要为水稻土和黄壤,土种以黄砂泥土和黄砂泥田为主,土壤养分基本处于中等偏上水平,增产潜力较大。

低产地是耕地质量最差的土地,面积 5682.59 hm^2,占全县耕地面积的 31.39%;水田占低产地面积的 16.65%,旱地占 83.35%。单季种植,作物以水稻、玉米和马铃薯为主,常年产量水稻在 5.25 t·hm^{-2} 以下、玉米在 3.50 t·hm^{-2} 以下、马铃薯在 15.00 t·hm^{-2} 以下。多分布在低山丘陵坡地地形部位上,分布地海拔 600.00～800.00 m,灌溉能力差,小部分排水能力差。土壤以黄壤为主,土种以黄砂泥土为主,土壤养分含量较低。

第三节　耕地利用改良的措施与建议

1. 科学制订耕地地力建设与土壤改良规划

本县中低产地面积比较大,这是直接影响耕地地力水平和生产能力的主要原因。作为各级政府,必须从实际出发,加大农田基本建设的投入力度,按照当前与长远相结合的原则,因地制宜,抓好中低产地改造,并且通过耕地地力评价,根据不同耕地的立地条件、土壤属性、土壤养分状况和农田基础设施建设,制定切实可行的耕地地力建设与土壤改良的中长期规划和年度实施计划。

2. 提高农民改良利用耕地意识

随着加快传统农业向集约型农业转变,如何更合理、更有效地利用现有耕地,保证农民增产增收,有必要对耕地进行深入的调查研究。耕地利用改良要从根本上达到效果,必须从提高农民利用改良耕地意识开始,只有农民改变原有的用地养地观念,使之能够主动地、科学地养地,这样才是耕地可持续利用发展的方向。

3. 加强农田基础设施建设

采取工程措施,因地制宜增加部分田间工程,包括修边垒塝、里砌外垫、平田整地等,建设农田机耕道路,提高机械化操作能力,建设高标准田间排水沟、灌溉渠,完善田间配套工程,实行沟渠田林路综合治理,提高农田基础设施水平。

4. 增施有机肥,改善土壤理化性状

主要是针对分布在坝区和山区耕地,因坝区土壤砂土养分易流失,以及低山、低中山坡塝都较瘦薄,培肥水平低,山地土壤还受水土流失影响,养分不平衡,需要增加有机肥的投入和针对性的施肥措施来提高土壤肥力,改善土壤理化性状。对地处山地的耕地关键是改善耕地种植环境,提高耕地的整体质量。加大秸秆还田和绿肥种植面积,改善土壤物理性状。实行合理的轮作制度,做到耕地用养结合。

5. 合理施肥,平衡土壤养分

通过推广测土配方施肥技术,确定耕地作物的最佳肥料配比,采取"测土—配方—配肥—供应—施肥指导"一条龙服务,将配方施肥技术普及到广大农民中去,使作物吃上营养餐、健康餐,使土壤更健康、更有活力。

测土配方施肥项目在本县实施后,虽然农户的施肥现状有所改变,肥料用量和施肥方式有所改观,但还应加大化肥施用技术的宣传和培训力度,从提高土地综合生产能力和培肥地力等方面出发,努力提高广大农户科学施肥水平,提高化肥利用率,防止土壤面源污染,最终达到合理施肥的目的。

6. 采取适宜的耕作措施,加快土壤熟化

主要是鼓励农民根据实际情况采取合适的耕作方式,避免耕层进一步变浅。采取轮、间、套作等方式,合理种植培养地力的作物,增加耕层厚度,加快土壤熟化程度。

7. 深耕改土与免耕栽培

针对耕地浅薄的地块,通过逐年深耕深松,逐渐加厚耕层;针对耕层较厚的地块,实施秸秆覆盖,实行保护性耕作栽培,改善土壤理化性状,提高土壤综合生产能力。

8. 搞好区域布局,合理配置耕地资源

本县以实施农业部测土配方施肥项目为载体,摸清耕地质量现状,建立耕地质量评价体系,全面完成耕地地力的分等定级,实现对全县耕地的数字化、可视化、动态化的数量与质量管理,加强耕地地力管理信息系统的管理与维护。

9.加强耕地地力培肥机制建设

加强农、科、教协调机制建设,对涉及耕地地力建设的科研推广项目进行协同攻关。加强土肥先进适用技术推广机制建设,因地制宜推广秸秆覆盖还田、秸秆粉碎还田、秸秆腐熟剂等适用技术。积极发展绿肥生产,研究绿肥的高产栽培技术和种植制度。探索耕地地力培肥长效机制建设,研究制定扶持发展商品有机肥料、绿肥的政策措施。

10.加强耕地质量动态监测管理

一方面,在全县范围内根据不同种植制度和耕地地力状况,建立耕地地力长期定位监测网点,建立和健全耕地质量监测体系和预警预报系统,对耕地地力、墒性和环境状况进行监测和评价,对耕地地力进行动态监测,分析整理和更新耕地地力基础数据,为耕地质量管理提供准确依据。另一方面,建立和健全耕地资源管理信息系统,积极创造条件,加强大比例尺耕地土壤补充调查,进一步细化工作单元,增加耕地资源基础信息,提高系统的可操作性和实用性。

第四节 耕地利用改良分区

一、分区依据

(一)分区原则

耕地利用改良分区的基本原则是从耕地自然条件出发,与主导性、综合性、实用性和可操作性相结合。按照因地制宜、因土适用、合理利用和配置耕地资源,充分发挥各类耕地的生产潜力。坚持用地与养地相结合、近期与长远相结合的原则进行。以土壤组合类型、肥力水平、利用方式、利用改良方向和措施、主要农业生产问题的一致性为主要依据,同时考虑地貌、气候、水文、生产和生态等条件和地理分布特征以及植被类型,参照历史与现状等因素综合考虑,在保持行政乡镇界线的完整下进行分区。具体的分区原则如下:

(1)有利于合理利用和保护土壤资源,充分发挥土地的生产潜力。

(2)充分利用光热和水分,促进区域农业生态系统循环的平衡和稳定。

(3)因地制宜,进行合理的利用与改良。

(4)力求使耕地利用改良分区与土壤的发生及地理分布规律相一致。

(5)尽量使耕地适宜性、生产能力与农业特点、农业发展方向需要一致。

(6)耕地的利用方向与改良措施相一致。

(二)分区因子的确定

根据耕地利用改良分区原则,依据耕地地力评价,遵循主要因素原则、差异性原则、稳定性原则、敏感性原则,进行限制主导因素的选取。考虑与耕地地力评价中评价因素的一致性、各土壤养分的丰缺状况及其相关要素的变异情况,选取耕地土壤 pH、有机质含量、有效磷含量、速效钾含量作为耕地土壤养分状况的限制性主导因子;选取灌溉能力、地形坡度、土体厚度、排水能力、抗旱能力作为耕地自然环境状况的限制性主导因子;选取耕层质地作为耕地土壤物理状况的限制性主导因子。

二、分区方法

以区域耕地利用方式、耕地主要障碍因素、生产问题、生产潜力、利用改良措施的相似性,参考气候条件、地貌组合类型来划分,并针对其存在的问题,分别提出相适应的利用改良意见和措施。在 GIS 支持下,利用耕地地力评价单元图,根据耕地利用改良的各主导因子分区标准在其相应的属性库中进行检索分析,确定各单元相应的耕地利用改良类型,通过图面编辑生成耕地利用改良分区图,并统计各类型耕地面积比例。

耕地利用改良分区是在耕地地力评价结果的基础上,充分分析耕地地力评价各项资料,根据土壤的属性和组合特点及其自然条件、地貌类型、改良措施和农业经济条件的内在关系进行综合分区。

划分原则是根据地貌类型、土壤组合及土壤地理分布特征、利用方式、生产条件、主要农业生产问题、利用改良方向和措施的基本一致性,以及保持乡镇行政界线的完整性进行划分。通过分区,综合反映主要土壤类型组合、自然条件对农林牧业生产的适应性,并突出反映各区主导限制因素和利用改良方向、措施等方面的差别。

三、分区结果

按照上述分区划片的依据和方法,三穗县耕地利用改良分区共划分为 2 个区,即南部及北部低中山丘陵瘦薄旱灌溉培肥区和中部及东部低山丘陵冷阴烂锈排渍区(附图 17)。

(一)南部及北部低中山丘陵瘦薄旱灌溉培肥区

1. 范围与概况

本区包括八弓镇、滚马乡、良上镇、台烈镇和雪洞镇。耕地面积 11 418.15 hm²,占全县耕地面积的 63.07%。其中:水田面积 5665.24 hm²,占本区耕地面积的 49.62%;旱地面积 5752.91 hm²,占本区耕地面积的 50.38%。本区中低产田土面积 8349.83 hm²,占本区耕地面积的 73.13%。

本区土壤以水稻土和黄壤为主,土种以黄砂泥土和黄砂泥田为主。93.19% 的区域pH < 6.5,大多数偏酸。土体厚度在 40 ~ 100 cm 之间,平均厚度 82.61 cm;耕层厚度在 13.00 ~ 50.00 cm 之间,平均厚度 27.71 cm,土体相对较薄。抗旱能力在 10 ~ 30 d 之间,平均 23.50 d,抗旱能力相对较差。

本区气候冷凉湿润,无霜期 190 ~ 260 d,年平均气温 13.8 ~ 14.0 ℃,稳定通过 10 ~ 20 ℃的初终期一般在 4 月上旬至 9 月中旬,≥10℃活动积温 4300 ℃,水稻生长季降水量

850~950 mm,水分条件南部优于北部,由于受地形的影响,热量条件较差,尤以龙塘、磨王、小台烈、寨拷等村为差。本区山高坡陡,雨水好,雾日多,光照不足,灾害性天气主要为"倒春寒""干旱""秋风"等,良上镇等多受"秋风"影响较重。由于受地形、气候、水利条件的影响,因此大部分田土一年一熟。

2. 改良利用途径

因本区的平均海拔相对较高,交通不便,属本县偏僻山区,山多耕地少,人均耕地面积少,所以应根据本区实际情况,确定本区的改良利用途径,以发展粮食作物、经济作物、油料作物和蔬菜为主。同时改革种植制度,提高复种指数,夏收作物应提高经济作物和绿肥播种面积,增加有机质含量,改良土壤结构。实行稻—肥、稻—薯、稻—菜、玉—薯等二熟制,提高土地利用率,促进农业增产增收。

3. 改良利用障碍因素

本区耕地综合改良利用障碍因素主要是:土壤薄、酸、旱。

4. 改良利用措施

由于受气候、地形和特定母质的影响,长期浅耕少肥而耕作粗放,耕层浅薄,土壤结构不良,耕性差,土壤熟化度低,农业产量低于当地水平。主导障碍因素是土壤结构差,熟化度低,土壤酸性强,干旱缺水;改良主攻方向是加强农田灌溉基础设施建设,培肥地力,加大中低产田土的改良。主要改良措施是:

(1)增施有机肥,提高土壤肥力,改良中低产田土。本区土壤薄且偏酸性,造成作物单产较低。改良措施主要是:增施有机肥,加大种植绿肥和秸秆还田力度,施用酸性土壤改良剂,改良土壤结构,增加土壤通透性,提高土壤有效氧分含量,增加土壤肥力。

(2)加大水利设施建设,提高水源保证率。本区以坡塝田为主,要加强解决灌溉问题,抓好水利设施的配套、维修管理,并有计划地兴建山塘水库,提高水源保证率。

(二)中部及东部低山丘陵冷阴烂锈排渍区

1. 范围与概况

本区包括款场乡、桐林镇、瓦寨镇和长吉镇。耕地面积 6686.44 hm²,占全县耕地面积的36.93%。其中:水田面积 3378.05 hm²,占本区耕地面积的50.52%;旱地面积 3308.39 hm²,占本区耕地面积的49.48%。本区中低产田土面积 4449.91 hm²,占本区耕地面积的66.55%。

本区地形部位以低山丘陵坡地、河流阶地和低山丘陵冲沟为主。海拔一般在 500.00~900.00 m 之间。土壤以水稻土和黄壤为主,土种以黄砂泥土和黄砂泥田为主,大多数偏酸性。

本区气候温凉,年平均气温 14~15 ℃,≥10℃ 活动积温 4300~4500 ℃,稳定通过 10~20 ℃ 初终日一般在 4 月上旬至 9 月中旬,无霜期 260~290 d,热量条件比较差,灾害天气有"倒春寒""秋风"等。

2. 改良利用途径

(1)稳定粮食生产。粮食是人民生活的基础,具有良好的生产条件,粮食生产水平较高。本区粮食生产水平比南北两区略高,无论是从自然条件,还是农民生产水平看,本区是发展粮食作物较为理想的地区,应稳定粮食生产面积,提高粮食单产,增加粮食产量,提高农民收入。

(2)加大油菜种植力度。本区油菜种植历史悠久,油菜总产量较高,占全县油菜产量的60%以上。由于气候、水利条件好,能够满足甘蓝型中、晚熟油菜品种的生理要求,田坝多、土层深厚、肥力中等以上的田土面积较大,利用稻田种植油菜,能提高土地利用率,改良土壤,提高土壤肥力,增加农民的经济收入,一般以稻—油两熟制生产为主。

(3)因地制宜,发展烤烟生产。本区有烤烟生长适宜的土壤,优良的烤烟品种,先进的栽培技术、烘烤技术,而且还有较便宜的燃料,交通运输也很方便等优越条件,因此,必须因地制宜发展烤烟生产。如本区的款场乡和瓦寨镇等都是种植烤烟较为适宜的地区。

3. 改良利用障碍因素

本区耕地综合改良利用障碍因素主要是冷、烂、锈。据统计,本区有冷阴烂锈田面积达528.46 hm^2,占本区水田面积的15.64%。

4. 改良利用措施

根据本区耕地土壤的特点,提出如下改良利用措施:

(1)冷烂锈田开沟排水。冷烂锈田较多,特别是在深沟冲谷地带。针对冷烂锈田的特点,必须要开沟排水,排除冷锈毒害,增施磷肥,在种植水稻时,尽量移栽较老的秧苗,提高粮食单产。

(2)增施钾肥和有机肥。主要采取的措施是在耕种时,注重氮、磷、钾肥比例,加大钾肥施用量,同时积极种植绿肥,在施用氮、磷、钾肥的同时加大磷肥用量,并增施有机肥;加大秸秆还田力度,改良土壤结构,保持土壤肥力,稳定农作物产量。

(3)改善农田排灌设施。整治排灌系统,加强水利设施建设,提高农田水利化程度。加强农业基础设施建设,改善农业生产条件,主要以农田整治、改土培肥为重点,实现高产、稳产。排灌设施是农田利用最为关键的基础设施,田块如果能排不能灌,则抵御干旱的能力较弱,反之,则洪涝灾害危害较大。只有完善农田基础设施建设,才能确保农作物高产、稳产,才能提高农民种植作物的积极性。

第八章 作物适宜性评价

　　三穗县是一个传统农业县,是全省蔬菜产业带建设的重要组成部分,是黔东南苗族侗族自治州畜牧业养殖发展重点县、粮食生产基地,以及供粤、供凯蔬菜基地。

第一节 基于 GIS 的耕地作物适宜性评价

一、耕地作物适宜性评价技术路线

本次三穗县耕地作物适宜性评价的技术路线如图 8 – 1 所示。

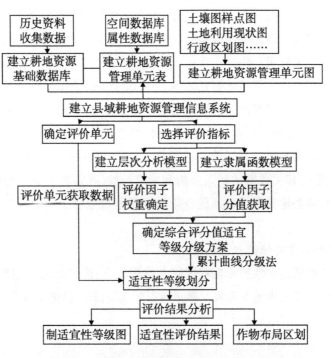

图 8 – 1　耕地作物适宜性评价的技术路线

二、耕地作物适宜性评价方法与步骤

三穗县作物适宜性评价是在耕地资源管理信息系统的基础上实现的。评价单元和单元属性数据与三穗县耕地地力评价结果相同。

（一）评价因子的确定

选取作物适宜性评价因子主要有三个原则：

（1）对三穗县评价的三大作物生长及产量有比较大的影响。

（2）因子应在评价区域内的变异较大，便于划分等级。

（3）选取评价因子时，以稳定性高的因子为主，而对三大作物生产影响大的不稳定的因子也予以考虑。

针对三穗县的耕地资源特点，在贵州省耕地地力评价因素中采用特尔菲法选取水稻、叶菜类蔬菜和茄果类蔬菜的评价因子，建立了三大作物适宜性评价指标体系。水稻选取了灌溉能力、地形部位、剖面构型、成土母质、海拔、有机质、速效钾、全氮、有效磷和 pH 10 个因子；叶菜类蔬菜选取了灌溉能力、耕层质地、排水能力、地形部位、成土母质、有机质、全氮、耕层厚度、速效钾和有效磷 10 个因子；茄果类蔬菜选取了耕层质地、灌溉能力、地形部位、耕层厚度、排水能力、成土母质、有机质、速效钾、全氮和有效磷 10 个因子。各评价因子对作物适宜性影响比较大、区域内的变异明显、在时间序列上具有相对稳定性、与农业生产有密切关系。

（二）评价指标的权重及隶属度

采用与耕地地力评价相同的方法和程序：建立层次结构→建立判别矩阵→进行判别矩阵的一次性检验→层次总排序一次性检验。通过分析，得出了水稻、叶菜类蔬菜和茄果类蔬菜三大作物各评价因子权重。

各参评因子的影响程度都是单因素的概念，各因子间的数据量纲和数据类型不同，只有让每一个因子都处于同一量度后才能用来衡量综合因子对评价目标的影响程度。根据模糊数学理论，将选定的评价指标与耕地作物适宜性之间的关系分为戒上型、峰型、直线型以及概念型 4 种类型的隶属函数。对于前 3 种函数，用特尔菲法请专家对一组实测值评估出相应的一组隶属度，根据相关数据的回归分析和专家经验，确定各因子的分值等级序列；并根据这两组数据用县域耕地资源管理系统自带的隶属函数拟合工具进行拟合，计算出隶属函数的参数。

1. 水稻适宜性评价指标的权重及隶属度

各评价因子对水稻适宜性的影响程度综合排序如下：灌溉能力 > 地形部位 > 有机质 > 剖面构型 > 速效钾 > 成土母质 > 全氮 > 海拔 > 有效磷 > pH。具体见表 8 - 1、表 8 - 2。

表 8 - 1　水稻适宜性函数型评价指标的权重与隶属度

评价因子	权　重	函数类型	隶属函数	标准指标 c	指标下限值 ut_1	指标上限值 ut_2	备　注
有机质	0.1141	戒上型	$y = 1/[1 + 0.002598 \times (u_i - c)^2]$	48	12	48	水　田
速效钾	0.1081	戒上型	$y = 1/[1 + 0.000179 \times (u_i - c)^2]$	200	60	200	水　田
全　氮	0.0843	戒上型	$y = 1/[1 + 0.226020 \times (u_i - c)^2]$	3	0	3	水　田
海　拔	0.0831	负直线型	$y = 2.000000 - 0.002000 \times u_i$		500	980	水　田
有效磷	0.0752	戒上型	$y = 1/[1 + 0.011759 \times (u_i - c)^2]$	19.0	1.8	19.0	水　田
pH	0.0670	峰型	$y = 1/[1 + 0.756552 \times (u_i - c)^2]$	7.0	4.5	8.5	水　田

注:旱地坡度大、土层薄且没有水源保证,不适合水稻生长。因此,进行水稻适宜性评价时旱地地类的隶属度归为"0"。下同。

表 8 - 2　水稻适宜性概念型评价因子的权重与隶属度

指标名称	权　重	条件与隶属度	备　注
灌溉能力	0.1365	无灌(不具备条件或不计划发展灌溉)0.2、可灌(将来可发展)0.6、能灌0.8、保灌1.0、不需灌溉1.0	水　田
地形部位	0.1175	低山坡地0、低山丘陵坡地0、低中山坡地0、低中山峡谷0.5、低山峡谷0.6、低山冲沟0.7、低山丘陵冲沟0.8、河流阶地0.9、河谷盆地1.0	水　田
剖面构型	0.1111	A－C0.1、A－BC－C0.1、A－B－C0.1、A－AC－R0.1、A－Ap－E0.5、Aa－Ap－G0.6、Aa－Ap－P－E0.6、Aa－G－Pw0.6、A－P－B－C0.8、Aa－Ap－C0.8、M－G－Wg－C0.8、M－G0.8、Aa－Ap－Gw－G0.9、Aa－Ap－P－C1.0、Aa－Ap－W－C1.0、Aa－Ap－W－C 或 Aa－Ap－W－G1.0	水　田
成土母质	0.1031	湖沼沉积物0.20、泥岩或页岩残积物0.30、老风化壳或粘土岩或泥页岩坡残积物0.40、老风化壳或粘土岩或泥页岩或板岩坡残积物0.40、老风化壳或页岩或泥页岩坡残积物0.40、白云岩或石灰岩或砂岩或砂页岩或板岩坡残积物0.50、白云灰岩或白云岩坡残积物0.50、页岩坡残积物0.50、泥质白云岩或石灰岩坡残积物0.55、石灰岩坡残积物0.55、紫色砂岩或紫色砾岩坡残积物0.60、钙质紫红色砂页岩或泥岩坡残积物0.60、中性或钙质紫色页岩坡残积物0.65、砂页岩坡残积物0.70、砂页岩风化坡残积物0.70、灰绿色或青灰色页岩坡残积物0.75、泥岩或页岩或板岩等坡残积物0.75、页岩坡残积物0.75、板岩或凝灰岩或页岩等风化坡残积物0.75、溪或河流冲积物0.90、河流沉积物1.00	水　田

2.叶菜类蔬菜适宜性评价指标的权重及隶属度

各评价因子对叶菜类蔬菜适宜性的影响程度综合排序如下:灌溉能力 > 耕层质地 > 排水能力 > 有机质 > 地形部位 > 成土母质 > 全氮 > 耕层厚度 > 速效钾 > 有效磷。具体见表 8 - 3、表 8 - 4。

表 8 - 3　叶菜类蔬菜适宜性函数型评价指标的权重与隶属度

评价因子	权　重	函数类型	隶属函数	标准指标 c	指标下限值 ut_1	指标上限值 ut_2
有机质	0.1144	戒上型	$y = 1/[1 + 0.002598 \times (u_i - c)^2]$	48	12	48
全　氮	0.0914	戒上型	$y = 1/[1 + 0.226020 \times (u_i - c)^2]$	3	0	3
耕层厚度	0.0814	正直线型	$y = -0.309091 + 0.043388 \times u_i$		10	30
速效钾	0.0809	戒上型	$y = 1/[1 + 0.000179 \times (u_i - c)^2]$	200	60	200
有效磷	0.0782	戒上型	$y = 1/[1 + 0.011759 \times (u_i - c)^2]$	19.0	1.8	19.0

表 8 - 4　叶菜类蔬菜适宜性概念型评价因子的权重与隶属度

指标名称	权　重	条件与隶属度
灌溉能力	0.1223	无灌(不具备条件或不计划发展灌溉)0.2、可灌(将来可发展)0.6、能灌 0.8、保灌 1.0、不需灌溉 1.0
耕层质地	0.1177	中粘 0.3、松砂 0.4、轻粘 0.5、重壤 0.5、紧砂 0.6、轻壤 0.8、砂壤 1.0、中壤 1.0
排水能力	0.1163	弱 0.20、较弱 0.40、中 0.60、强 0.75、较强 1.0
地形部位	0.1015	低中山坡地 0.4、低山坡地 0.5、低中山峡谷 0.5、低山峡谷 0.6、低山丘陵坡地 0.6、低山冲沟 0.7、低山丘陵冲沟 0.8、河流阶地 0.9、河谷盆地 1.0
成土母质	0.0958	白云灰岩或白云岩坡残积物 0.20、石灰岩坡残积物 0.40、泥质白云岩或石灰岩坡残积物 0.40、泥岩或页岩残积物 0.50、湖沼沉积物 0.50、白云岩或石灰岩或砂岩或砂页岩或板岩坡残积物 0.55、紫色砂岩或紫色砾岩坡残积物 0.55、砂页岩坡残积物 0.60、砂页岩风化坡残积物 0.60、页岩坡残积物 0.60、中性或钙质紫色页岩坡残积物 0.65、钙质紫红色砂页岩或泥岩坡残积物 0.65、老风化壳或页岩或泥页岩坡残积物 0.75、灰绿色或青灰色页岩坡残积物 0.75、老风化壳或粘土岩或泥页岩或板岩坡残积物 0.75、老风化壳或粘土岩或泥页岩坡残积物 0.75、页岩坡残积物 0.75、泥岩或页岩或板岩等坡残积物 0.75、板岩或凝灰岩或页岩等风化坡残积物 0.75、溪或河流冲积物 0.90、河流沉积物 1.00

3. 茄果类蔬菜适宜性评价指标的权重及隶属度

　　各评价因子对茄果类蔬菜适宜性的影响程度综合排序如下:有机质 > 耕层质地 > 灌溉能力 > 地形部位 > 耕层厚度 > 速效钾 > 排水能力 > 全氮 > 成土母质 > 有效磷。具体见表 8 - 5、表 8 - 6。

表 8 – 5　茄果类蔬菜适宜性函数型评价指标的权重与隶属度

评价因子	权重	函数类型	隶属函数	标准指标 c	指标下限值 ut_1	指标上限值 ut_2
有机质	0.1204	戒上型	$y = 1/[1 + 0.002598 \times (u_i - c)^2]$	48	12	48
耕层厚度	0.1051	正直线型	$y = -0.070732 + 0.022927 \times u_i$		10	46
速效钾	0.1013	戒上型	$y = 1/[1 + 0.000179 \times (u_i - c)^2]$	200	60	200
全　氮	0.0793	戒上型	$y = 1/[1 + 0.226020 \times (u_i - c)^2]$	3	0	3
有效磷	0.0747	戒上型	$y = 1/[1 + 0.011759 \times (u_i - c)^2]$	19.0	1.8	19.0

表 8 – 6　茄果类蔬菜适宜性概念型评价因子的权重与隶属度

指标名称	权重	条件与隶属度
耕层质地	0.1197	中粘 0.3、松砂 0.4、轻粘 0.5、重壤 0.5、紧砂 0.6、轻壤 0.8、砂壤 1.0、中壤 1.0
灌溉能力	0.1187	无灌(不具备条件或不计划发展灌溉)0.2、可灌(将来可发展)0.6、能灌 0.8、保灌 1.0、不需灌溉 1.0
地形部位	0.1140	低中山坡地 0.4、低山坡地 0.5、低中山峡谷 0.5、低山丘陵坡地 0.6、低山峡谷 0.6、低山冲沟 0.7、低山丘陵冲沟 0.8、河流阶地 0.9、河谷盆地 1.0、
排水能力	0.0878	弱 0.20、较弱 0.40、中 0.60、强 0.75、较强 1.00
成土母质	0.0790	湖沼沉积物 0.20、泥岩或页岩残积物 0.30、老风化壳或粘土岩或泥页岩坡残积物 0.40、老风化壳或粘土岩或泥页岩或板岩坡残积物 0.40、老风化壳或页岩或泥页岩坡残积物 0.40、白云岩或石灰岩或砂岩或砂页岩或板岩坡残积物 0.50、白云灰岩或白云岩坡残积物 0.50、页岩坡残积物 0.50、泥质白云岩或石灰岩坡残积物 0.55、石灰岩坡残积物 0.55、紫色砂岩或紫色砾岩坡残积物 0.60、钙质紫红色砂页岩或泥岩坡残积物 0.60、中性或钙质紫色页岩坡残积物 0.65、砂页岩坡残积物 0.70、砂页岩风化坡残积物 0.70、灰绿色或青灰色页岩坡残积物 0.75、泥岩或页岩或板岩等坡残积物 0.75、页岩坡残积物 0.75、板岩或凝灰岩或页岩等风化坡残积物 0.75、溪或河流冲积物 0.90、河流沉积物 1.00

第二节 耕地作物适宜性分述

一、水 稻

水稻是三穗县主要粮食作物,常年种植面积在 4914 hm² 左右(2009 年统计数据,下同),年产量在 4.2 万 t 左右,单产 8544 kg·hm⁻²,是粮食生产的"大头",气候条件十分适宜水稻生长,三穗县水稻种植为一季中稻。

(一)评价结果分析

1.适宜性结果

从表 8 - 7 及图 8 - 2(附图 18)中看出,在三穗县 9043.29 hm² 水田中,高度适宜和适宜种植水稻的面积占全县水田面积的 82.73%,说明三穗县水田具有良好的水稻生产条件,适宜发展水稻生产;但是在全县水田中,由于缺乏灌溉和土壤本身等原因,仍有占全县水田 13.50% 的面积勉强适宜种植水稻、3.77% 的面积不适宜种植水稻,应当针对限制因素进行改善或者放弃水稻种植而改为发展旱粮生产。

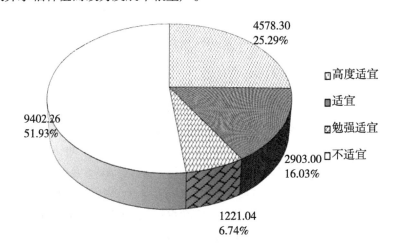

图 8 - 2 水稻适宜性评价结果图(单位:hm²)

表 8 - 7 不同地类耕地水稻适宜性评价结果表

适宜性	评价得分	水 田		旱 地	
		面积/hm²	占全县水田/%	面积/hm²	占全县旱地/%
高度适宜	≥0.70	4578.30	50.63		
适 宜	0.65～0.70	2903.00	32.10		

续表 8-7

适宜性	评价得分	水　田		旱　地	
		面积/hm²	占全县水田/%	面积/hm²	占全县旱地/%
勉强适宜	0.60~0.65	1221.04	13.50		
不适宜	<0.60	340.97	3.77	9061.30	100.00
合　计		9043.29	100.00	9061.30	100.00

2. 适宜区域分布

(1)地域分布。从附图18看,高度适宜种植区主要分布在八弓镇、台烈镇和长吉镇,主要土属有黄泥田和斑潮泥田。养分状况较好,基本无限制因子,高度适宜于水稻种植。

适宜种植区主要分布在八弓镇、长吉镇、台烈镇和滚马乡,主要土属有黄泥田、斑潮泥田和斑黄泥田。基本无限制因子,适宜于水稻种植。

勉强适宜种植区主要分布在八弓镇、滚马乡、长吉镇和良上镇,主要土属有黄泥田、冷浸田和斑黄泥田。限制因子较多,勉强适宜于水稻种植。

不适宜种植区包括全部旱地和部分水田,主要分布在八弓镇、桐林镇、良上镇、雪洞镇和台烈镇,主要土属有黄砂泥土、幼黄泥土和大泥土。水稻对土壤要求不严,但是水稻土最好。水稻大部分生长于水中,大面积种植需要平坦的地势和肥沃的土质,因此适合于高温、多雨且水资源丰富的地区。旱地不适宜种植水稻的主要限制因子是水源,不适宜种植水稻的水田主要限制因子是地势和养分。

(2)行政区域分布。根据统计、分析得出水稻不同适宜性区域在三穗县各乡镇的分布情况,详见表8-8。高度适宜种植区面积占本乡镇面积比例最大的是台烈镇,为35.37%;其次是瓦寨镇、长吉镇和款场乡,分别为32.63%、31.15%和30.04%;其余5个乡镇的比例不足30.00%。

八弓镇、款场乡、台烈镇、桐林镇、瓦寨镇、雪洞镇和长吉镇的高度适宜种植区面积次于不适宜种植区,再次是适宜种植区;最小的是勉强适宜种植区,分别占本乡镇耕地面积的6.97%、4.53%、4.47%、5.29%、5.67%、7.69%和7.04%。

滚马乡和良上镇的适宜种植区面积次于不适宜种植区,再次是高度适宜种植区;最小的是勉强适宜种植区,分别占本乡镇耕地面积的12.10%和7.53%。

表8-8　水稻适宜性行政区域分布

乡　镇		高度适宜		适　宜		勉强适宜		不适宜	
名　称	面积/hm²	面积/hm²	占乡镇/%	面积/hm²	占乡镇/%	面积/hm²	占乡镇/%	面积/hm²	占乡镇/%
八弓镇	3756.31	997.39	26.55	700.50	18.65	261.94	6.97	1796.48	47.83
滚马乡	1513.89	291.69	19.27	293.78	19.41	183.11	12.10	745.30	49.23

续表 8 - 7

乡　镇	高度适宜			适　宜		勉强适宜		不适宜	
名　称	面积 /hm²	面积 /hm²	占乡镇 /%	面积 /hm²	占乡镇 /%	面积 /hm²	占乡镇 /%	面积 /hm²	占乡镇 /%
款场乡	1291.84	388.06	30.04	114.78	8.89	58.54	4.53	730.45	56.54
良上镇	1885.59	247.25	13.11	277.79	14.73	141.95	7.53	1218.60	64.63
台烈镇	2472.73	874.69	35.37	395.32	15.99	110.49	4.47	1092.22	44.17
桐林镇	1946.28	344.82	17.72	250.58	12.87	103.02	5.29	1247.87	64.12
瓦寨镇	1343.50	438.43	32.63	238.40	17.74	76.21	5.67	590.46	43.95
雪洞镇	1789.64	340.24	19.01	200.32	11.19	137.68	7.69	1111.40	62.10
长吉镇	2104.82	655.74	31.15	431.52	20.50	148.09	7.04	869.47	41.31
合　计	18 104.59	4578.30		2903.00		1221.04		9402.26	

(二)布局区划

根据水稻的生长特性,结合三穗县水稻种植地域的差异和生产现状,将水稻适宜程度在各乡镇行政区域中的分布状况与三穗县耕地水稻适宜性评价图和各乡镇行政区划图进行叠置分析、统计,并综合考虑发展水稻生产的自然条件、社会经济条件、种植水平和农业发展方向上的相似性,对水稻进行布局区划(下同)。经省、市、县专家充分讨论,全县耕地水稻种植分为 2 个区。详见附图 19。

1. 主要种植区

水稻主要种植区包括八弓镇、款场乡、台烈镇、桐林镇、瓦寨镇和长吉镇。耕地面积超过全县耕地面积的一半,为 12 915.48 hm²,占全县耕地面积的 71.34% ,51.01% 的耕地基本适宜水稻种植。地势较平缓,土壤质地以砂壤、轻壤、轻粘和中壤为主,养分较均衡,可以大力发展水稻种植。建议在本区大力发展水稻生产,进一步改善农田基础设施,实施水稻标准粮田基地建设,加强土地集约经营,组装配套先进适用技术,维持土壤地力,较大幅度提高水稻平均单产。同时,建议有计划地加以扶持,使之形成本县的商品粮基地,逐步更新品种,生产优质米供应市场需要,确保全县粮食安全。

2. 次要种植区

水稻次要种植区包括滚马乡、良上镇和雪洞镇。耕地面积 5189.12 hm²,占全县耕地面积的 28.66% ,40.74% 的耕地基本适宜水稻种植。地势较陡,耕层质地以砂壤和轻壤为主,抗旱能力中等,土壤养分不均衡,其中 28.47% 的土壤有机质含量小于 30 g·kg⁻¹。建议狠抓农田基础设施建设,特别是水利基础设施建设,以培肥地力为主要措施加快中低产田改良,实行种养结合,大力推广先进适用技术,努力提高水稻单产。

二、叶菜类蔬菜

三穗县气候属北亚热带温暖湿润季风气候,水、热条件较好,常年气候温和、湿润,冷热差异小,具有"低海拔低温度"的独特气候特征。全县森林覆盖率达62%,环境宜人,污染源少,是天然的"氧吧",是生产优质"无公害"蔬菜的理想之地。当地的自然资源十分有利于蔬菜的生长发育,为喜温蔬菜的冬春早熟生产与夏秋延迟栽培,以及蔬菜周年生产和多品种栽培奠定了适宜条件,蔬菜生产有较强的区域优势。

(一)评价结果分析

1.适宜性结果

从图8-3及表8-9(附图20)中看出,在三穗县18 104.59 hm²耕地中,高度适宜和适宜种植叶菜类蔬菜的面积占全县耕地面积的57.85%,产量水平较高,说明三穗县的耕地还是比较适合叶菜类蔬菜种植,但是目前仍然有1978.51 hm²的耕地不适宜种植叶菜类蔬菜。

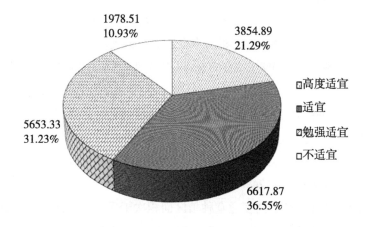

图8-3　叶菜类蔬菜适宜性评价结果图(单位:hm²)

表8-9　不同地类耕地叶菜类蔬菜适宜性评价结果表

适宜性	评价得分	水　田		旱　地	
		面积/hm²	占全县水田/%	面积/hm²	占全县旱地/%
高度适宜	≥0.72	3597.21	39.78	257.68	2.84
适　宜	0.63~0.72	3997.36	44.20	2620.50	28.92
勉强适宜	0.55~0.63	1219.84	13.49	4433.49	48.93
不适宜	<0.55	228.88	2.53	1749.63	19.31
合　计		9043.29	100.00	9061.30	100.00

2.适宜区域分布

(1)地域分布。从附图20看,叶菜类蔬菜的高度适宜种植区主要分布在台烈镇、长吉镇、八弓镇和良上镇,主要土属有黄泥田和斑潮泥田。地势平坦,光照条件好,土体平均厚度

92.08 cm,耕层平均厚度 8.84 cm,土层厚。平均抗旱能力 27.09 d,抗旱能力较强,排灌条件较好,土壤酸碱度适宜,养分均衡,具备有利于叶菜类蔬菜生长和发育的条件,基本无限制性因子。

适宜种植区主要分布在八弓镇、台烈镇和良上镇,主要土属有黄泥田和黄砂泥土。海拔平均高度为 713.16 m,土体平均厚度 83.25 cm,耕层平均厚度 27.30 cm,土层较厚,地势相对平坦,灌溉条件较好,交通运输方便,较为适宜叶菜类蔬菜生产。

勉强适宜种植区主要分布在八弓镇、桐林镇和雪洞镇,主要土属有黄砂泥土、黄泥田和幼黄泥土。土壤养分含量低,且粘、薄、瘦,排灌条件差,交通运输条件较差。

不适宜种植区主要分布在八弓镇、雪洞镇和桐林镇,主要土属有黄砂泥土、幼黄泥土、冷浸田和大泥田。排灌条件极差,交通运输条件极不方便,不适合叶菜类蔬菜生产。

(2)行政区域分布。根据统计、分析得出叶菜类蔬菜不同适宜性区域在三穗县各乡镇的分布情况,详见表 8-10。高度适宜面积占本乡镇面积最大的是台烈镇,为 37.80%;其次是长吉镇和良上镇,分别为 32.50% 和 31.63%;再次是滚马乡,为 26.74%;其余 5 个乡镇的比例不足 20.00%。

八弓镇和滚马乡的勉强适宜种植区面积次于适宜种植区,再次是高度适宜种植区;最小的是不适宜种植区,分别占本乡镇耕地面积的 12.31% 和 7.17%。

款场乡的适宜种植区面积次于勉强适宜种植区,再次是高度适宜种植区;最小的是不适宜种植区,占本乡耕地面积的 8.24%。

良上镇、台烈镇和长吉镇的高度适宜种植区面积次于适宜种植区,再次是勉强适宜种植区;最小的是不适宜种植区,分别占本乡镇耕地面积的 2.72%、3.46% 和 6.95%。

桐林镇、瓦寨镇和雪洞镇的适宜种植区面积次于勉强适宜种植区,再次是不适宜种植区;最小的是高度适宜种植区,分别占本乡镇耕地面积的 5.99%、7.59% 和 5.61%。

表 8-10　叶菜类蔬菜适宜性行政区域分布

乡　镇		高度适宜		适　宜		勉强适宜		不适宜	
名　称	面积/hm²	面积/hm²	占乡镇/%	面积/hm²	占乡镇/%	面积/hm²	占乡镇/%	面积/hm²	占乡镇/%
八弓镇	3756.31	659.24	17.55	1374.43	36.59	1260.17	33.55	462.47	12.31
滚马乡	1513.89	404.75	26.74	532.05	35.14	468.56	30.95	108.52	7.17
款场乡	1291.84	256.83	19.88	442.70	34.27	485.80	37.61	106.51	8.24
良上镇	1885.59	596.40	31.63	974.07	51.66	263.80	13.99	51.32	2.72
台烈镇	2472.73	934.69	37.80	1020.77	41.28	431.64	17.46	85.62	3.46
桐林镇	1946.28	116.53	5.99	440.60	22.64	954.59	49.05	434.56	22.33
瓦寨镇	1343.50	101.98	7.59	492.03	36.62	614.25	45.72	135.26	10.07
雪洞镇	1789.64	100.47	5.61	449.88	25.14	791.30	44.22	447.99	25.03

续表 8－10

乡　镇		高度适宜		适　宜		勉强适宜		不适宜	
名　称	面积/hm²	面积/hm²	占乡镇/%	面积/hm²	占乡镇/%	面积/hm²	占乡镇/%	面积/hm²	占乡镇/%
长吉镇	2104.82	684.01	32.50	891.34	42.35	383.21	18.21	146.27	6.95
合　计	18104.59	3854.89		6617.87		5653.33		1978.51	

(二)布局区划

全县耕地叶菜类蔬菜种植分为 3 个区,详见附图 21。

1. 主要种植区

叶菜类蔬菜的主要种植区包括八弓镇、台烈镇和长吉镇。耕地面积 8333.86 hm²,占全县耕地面积的 46.03%,91.67% 的耕地基本适宜叶菜类蔬菜种植。以低山丘陵坡地、河流阶地和低山丘陵冲沟地形部位为主。因受河流切割较浅,断裂谷地宽阔,地势较为平缓,且集中连片,土壤养分协调,热量丰富,光照充足,水利灌溉条件好,农业机械化程度高,耕作技术较精细。土种以黄砂泥土和黄砂泥田为主。耕层质地以砂壤和轻壤为主,土体平均厚度为 82.72 cm,土层较厚。建议有计划地加以扶持,使之形成本县的商品蔬菜基地,逐步更新品种,生产优质"无公害"蔬菜。

2. 次要种植区

叶菜类蔬菜的次要种植区包括滚马乡和瓦寨镇。耕地面积 2857.39 hm²,占全县耕地面积的 15.78%,91.47% 的耕地基本满足叶菜类蔬菜生产需要。以低山丘陵坡地、河流阶地和低山丘陵冲沟地形部位为主;土种以黄砂泥土、黄砂泥田和斑潮砂泥田为主,坡土多;耕作粗放,单产水平较低。建议在稳定叶菜类蔬菜种植面积的基础上,以培肥地力为主,加快中低产田土改良力度,实行种养结合,狠抓农田基础设施建设,大力推广先进适用技术,努力提高叶菜类蔬菜单产。

3. 辅助种植区

叶菜类蔬菜辅助种植区包括款场乡、良上镇、桐林镇和雪洞镇。耕地面积 6913.34 hm²,占全县耕地面积的 38.19%,15.05% 的耕地不适宜种植叶菜类蔬菜。以低山丘陵坡地地形部位为主,山高、坡陡,易致水土流失,土层较浅,土壤养分缺乏;含有不利于作物生长的冷水田、深脚烂泥田和鸭屎泥田等;耕地条件差,农田基础设施匮乏,交通运输条件较差,生产水平落后。土种以黄砂泥土和黄砂泥田为主。建议加大中低产田土改良力度,改善交通运输条件,加强先进适用技术的宣传培训,努力提高人口素质,提高叶菜类蔬菜单产。

三、茄果类蔬菜

(一)评价结果分析

1.适宜性结果

从表8-11及图8-4(附图22)中看出,在三穗县18 104.59 hm²耕地中,高度适宜和适宜种植茄果类蔬菜的耕地占全县耕地面积的50.09%,说明三穗县耕地具有较好的茄果类蔬菜生产条件,适宜发展茄果类蔬菜生产;但是在全县耕地中,由于缺乏灌溉和土壤本身等原因,仍有占全县耕地36.68%的面积勉强适宜种植茄果类蔬菜、13.23%的面积不适宜种植茄果类蔬菜,应当针对限制因素进行改善或者放弃茄果类蔬菜种植。

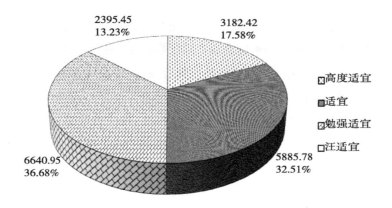

图8-4 茄果类蔬菜适宜性评价结果图(单位:hm²)

表8-11 不同地类耕地茄果类蔬菜适宜性评价结果表

适宜性	评价得分	水 田		旱 地	
		面积/hm²	占全县水田/%	面积/hm²	占全县旱地/%
高度适宜	≥0.75	3096.49	34.24	85.93	0.95
适 宜	0.67~0.75	3765.18	41.64	2120.60	23.40
勉强适宜	0.58~0.67	1832.20	20.26	4808.75	53.07
不适宜	<0.58	349.42	3.86	2046.02	22.58
合 计		9043.29	100.00	9061.30	100.00

2.适宜区域分布

(1)地域分布。从附图22看,高度适宜种植区主要分布在台烈镇、台烈镇、长吉镇和良上镇,主要土属有黄泥田和斑潮泥田。地势平坦,光照条件好,排灌条件较好,土壤酸碱度适宜,养分状况较好,基本无限制因子,有利于茄果类蔬菜生长和发育。

适宜种植区主要分布在八弓镇、台烈镇和良上镇,其余 6 个乡镇分布面积均不足 800.00 hm²,其中瓦寨镇、桐林镇和款场乡分布面积均不足 400.00 hm²。地势相对平坦,灌溉条件好。土体平均厚度 84.79 cm,土层较厚,地势相对平坦,灌溉条件较好,交通运输方便,较为适宜茄果类蔬菜生产。

勉强适宜种植区主要分布在八弓镇、桐林镇和雪洞镇,其余 6 个乡镇分布面积均不足 850.00 hm²,其中良上镇分布面积不足 500.00 hm²。土壤养分不均衡,灌溉条件差,交通运输条件较差,基本适宜茄果类蔬菜生产。

不适宜种植区主要分布在八弓镇、雪洞镇和桐林镇,其余 6 个乡镇分布面积均不足 250.00 hm²,其中良上镇分布面积不足 100.00 hm²。主要为冷浸田及坡耕旱地等地,灌溉条件极差,交通运输条件极不方便,不适合茄果类蔬菜生产。

(2)行政区域分布。根据统计、分析得出茄果类蔬菜不同适宜性区域在三穗县各乡镇的分布情况,详见表 8-12。高度适宜面积占本乡镇面积比例最大的是台烈镇,为 32.38%;其次是长吉镇、良上镇和滚马乡,分别为 25.05%、22.26% 和 20.88%;其余的 5 个乡镇均不足 20.00%。

八弓镇、滚马乡和款场乡的适宜种植区面积次于勉强适宜种植区,再次是高度适宜种植区;最小的是不适宜种植区,分别占本乡镇耕地面积的 15.12%、12.85% 和 15.80%。

良上镇和长吉镇的勉强适宜种植区面积次于适宜种植区,再次是高度适宜种植区;最小的是不适宜种植区,分别占本镇耕地面积的 4.02% 和 8.62%。

台烈镇的适宜种植区面积次于高度适宜种植区,再次是勉强适宜种植区;最小的是不适宜种植区,占本镇耕地面积的 4.94%。

桐林镇和雪洞镇的不适宜种植区面积次于勉强适宜种植区,再次是适宜种植区;最小的是高度适宜种植区,分别占本镇耕地面积的 4.56% 和 5.00%。

瓦寨镇的适宜种植区面积次于勉强适宜种植区,再次是不适宜种植区;最小的是高度适宜种植区,占本镇耕地面积的 4.71%。

表 8-12　茄果类蔬菜适宜性行政区域分布

乡　镇		高度适宜		适　宜		勉强适宜		不适宜	
名　称	面积/hm²	面积/hm²	占乡镇/%	面积/hm²	占乡镇/%	面积/hm²	占乡镇/%	面积/hm²	占乡镇/%
八弓镇	3756.31	657.52	17.50	1207.88	32.16	1322.84	35.22	568.07	15.12
滚马乡	1513.89	316.17	20.88	459.24	30.34	543.87	35.93	194.61	12.85
款场乡	1291.84	219.68	17.01	335.06	25.94	532.93	41.25	204.16	15.80
良上镇	1885.59	419.75	22.26	932.76	49.47	457.36	24.26	75.72	4.02
台烈镇	2472.73	800.71	32.38	1003.47	40.58	546.32	22.09	122.22	4.94
桐林镇	1946.28	88.68	4.56	344.69	17.71	1081.33	55.56	431.58	22.17

续表 8-12

乡 镇 名 称	面积/hm²	高度适宜		适 宜		勉强适宜		不适宜	
		面积/hm²	占乡镇/%	面积/hm²	占乡镇/%	面积/hm²	占乡镇/%	面积/hm²	占乡镇/%
瓦寨镇	1343.50	63.27	4.71	396.43	29.51	728.22	54.20	155.59	11.58
雪洞镇	1789.64	89.45	5.00	420.12	23.48	817.95	45.70	462.12	25.82
长吉镇	2104.82	527.20	25.05	786.11	37.35	610.13	28.99	181.38	8.62
合计	18 104.59	3182.42		5885.78		6640.95		2395.45	

(二)布局区划

全县旱地茄果类蔬菜种植分为 3 个区,详见附图 23。

1. 主要种植区

茄果类蔬菜主要种植区包括八弓镇、台烈镇和长吉镇。耕地面积 8333.86 hm²,占全县耕地面积的 46.03%,89.54% 的耕地基本适宜茄果类蔬菜种植。以中低山丘陵坡地、河流阶地和低山丘陵冲沟地形部位为主。土种以黄砂泥土和黄砂泥田为主。耕层质地以砂壤和轻壤为主。土体厚度集中于 80 cm 或以上,土壤养分协调。建议大力发展茄果类蔬菜生产,加强高产稳产农田基础设施建设,实行土地集约经营,组装配套先进适用技术,提高土壤地力,较大幅度提高茄果类蔬菜平均单产和总产。

2. 次要种植区

茄果类蔬菜次要种植区包括滚马乡和瓦寨镇。耕地面积 2857.39 hm²,占全县耕地面积的 15.78%,87.74% 的耕地基本适宜茄果类蔬菜种植。以低山丘陵坡地、河流阶地和低山丘陵冲沟地形部位为主。土种以大黄砂泥土、黄砂泥田和斑潮砂泥田为主,肥力不均衡。坡土多,坡度 ≥15° 的耕地占本区耕地面积的 85.21%。建议在稳定茄果类蔬菜种植面积的基础上,以培肥地力为主,加快中低产田土壤改良力度,实行种养结合,狠抓农田基础设施建设,大力推广先进适用技术,努力提高茄果类蔬菜单产。

3. 辅助种植区

茄果类蔬菜辅助种植区包括款场乡、良上镇、桐林镇和雪洞镇。耕地面积 6913.34 hm²,占全县耕地面积的 38.19%,16.98% 的耕地不适宜茄果类蔬菜种植。以低山丘陵坡地地形部位为主。土种以黄砂泥土和黄砂泥田为主。这类地形陡坡多,89.52% 的耕地坡度 ≥15°,灌溉水源无保证。耕作粗放,单产水平较低。建议加大中低产田土改良力度,改善交通运输条件,加强先进适用技术知识的宣传培训,努力提高人口的科学素质,从而提高茄果类蔬菜单产。

第三节　种植业布局规划

一、规划原则

种植业布局规划涉及面广,影响因素多,是个相当复杂的问题,主要遵循以下五项原则:

(1)充分利用自然条件的优势与避开不良的自然因素。自然条件是农业生产的基础,各种农作物的生长发育必须与自然生态环境有一定的适应性。影响自然条件的主导因素是地貌,因此布局时应尽量分清各地自然地貌的相似性与差异性;尽量使划分的各种植业区内部的地貌条件和自然资源的特点基本一致,使自然条件对发展种植业生产提供的可能性变为现实。

(2)充分利用与适应当地的技术条件和社会经济条件。布局时,充分考虑人口密度、劳动力、交通运输、生产技术等社会经济因素,保持一定的相似性。

(3)尽量保持种植业生产基本特点及生产结构的相对一致。种植业生产特点是农业生产适应于某种自然、社会经济条件下长期发展的结果,布局规划时重点把握各区在种植业生产的结构与布局、耕作制度以及存在问题等,尽量使各种植区内部的农业生产特点具有共同性。

(4)尽量保持种植业发展方向、途径、关键措施的相对一致。农业专业化是各种植业规划区相区别的重要标志。农业远景专业化方向是根据国民经济的长远规划,从各农业区的自然、经济和技术条件出发,确定今后一定时期的合理布局。布局时,力求在同一规划区内与农业发展方向基本一致。

(5)尽量保持行政乡镇界限的完整性和种植业分区的连续性。种植业布局规划工作是按现行行政区域统计的各种资料进行的,而区划的成果又要依靠各级行政机构实施。因此,种植业布局区划时,以乡镇界为准,即使在同一乡镇内存在着一定的差异,仍保持各行政乡镇的完整。

二、种植业规划分区

在 GIS 支持下,利用耕地地力评价单元图,根据耕地种植业布局主导因子分区标准在其相应的属性库中进行检索分析,确定各单元相应的种植业布局,通过图面编辑生成耕地种植业布局图,三穗县耕地共划分为 3 个种植业分区,即北部低山丘陵冲沟粮食作物种植区,中部低山丘陵河谷粮、经作物种植区,南部低中山丘陵深谷特色蔬菜种植区(见附图24),并统计各类型面积比例。

(一)北部低山丘陵冲沟粮食作物种植区

本区包括八弓镇、滚马乡和雪洞镇。耕地面积 7059.84 hm²,占全县耕地面积的

39.00%。其中:水田面积3555.96 hm²,占全县耕地面积的19.64%,占全县水田面积的39.32%;旱地面积3503.88 hm²,占全县耕地面积的19.35%,占全县旱地面积的38.67%。

本区土壤以水稻土和黄壤为主,分别占本区耕地面积的50.37%和42.61%。本区海拔462.66~1000.00 m,平均海拔703.07 m。耕地坡度集中于15°及以上。地形部位以低山丘陵坡地和河流阶地为主,分别占本区耕地面积的41.98%和17.98%。抗旱能力11~30 d,平均23.38 d。灌溉能力以无灌(不具备条件或不计划发展灌溉)和能灌为主,分别占本区耕地面积的49.86%和42.75%。成土母质以砂页岩风化坡残积物和砂页岩坡残积物为主,分别占本区耕地面积的35.29%和31.34%。剖面构型以A-B-C和Aa-Ap-P-C为主,分别占本区耕地面积的39.62%和30.11%。耕层质地以砂壤和轻壤为主,分别占本区耕地面积的48.79%和25.28%。耕层厚度13.00~50.00 cm,平均厚度26.92 cm。土体厚度40~100 cm,平均厚度81.98 cm。

本区27.34%是高产田土,39.23%是中产田土,33.44%是低产田土。高度适宜水稻种植、适宜水稻种植面积分别为16 929.32 hm²、1194.61 hm²,各占本区面积的23.08%、16.92%。

(二)中部低山丘陵河谷粮、经作物种植区

本区包括款场乡、桐林镇、瓦寨镇和长吉镇。耕地面积6686.44 hm²,占全县耕地面积的36.93%。其中:水田面积3378.05 hm²,占全县耕地面积的18.66%,占全县水田面积的37.35%;旱地面积3308.39 hm²,占全县耕地面积的18.27%,占全县旱地面积的36.51%。

本区土壤以水稻土和黄壤为主,分别占本区耕地面积的50.52%和41.89%。本区海拔500.00~1103.46 m,平均海拔655.78 m。耕地坡度集中于6°或以上。地形部位以低山丘陵坡地和河流阶地为主,分别占本区耕地面积的44.23%和21.94%。抗旱能力7~30 d,平均23.40 d。灌溉能力以无灌(不具备条件或不计划发展灌溉)和能灌为主,分别占本区耕地面积的50.92%和39.55%。成土母质以砂页岩风化坡残积物和砂页岩坡残积物为主,分别占本区耕地面积的36.48%和28.36%。剖面构型以A-B-C和Aa-Ap-P-C为主,分别占本区耕地面积的39.30%和25.58%。耕层质地以砂壤和轻壤为主,分别占本区耕地面积的38.92%和26.62%。耕层厚度15.00~50.00 cm,平均厚度23.61 cm。土体厚度30~100 cm,平均厚度82.35 cm。

本区33.45%是高产田土,36.07%是中产田土,30.48%是低产田土。高度适宜水稻种植、适宜水稻种植面积分别为1827.04 hm²、1035.28 hm²,各占本区面积的27.32%、15.48%。

(三)南部低中山丘陵深谷特色蔬菜种植区

本区包括良上镇和台烈镇。耕地面积4358.32 hm²,占全县耕地面积的24.07%。其中:水田面积2109.29 hm²,占全县耕地面积的11.65%,占全县水田面积的23.32%;旱地面积2249.03 hm²,占全县耕地面积的12.42%,占全县旱地面积的24.82%。

本区土壤以黄壤和水稻土为主,分别占本区耕地面积的48.73%和48.40%。本区海拔

600.12～1198.69 m,平均海拔793.53 m。耕地坡度集中于6°及以上。地形部位以低山丘陵坡地和低山丘陵冲沟为主,分别占本区耕地面积的37.03%和16.73%。抗旱能力10～30 d,平均23.70 d。灌溉能力以无灌(不具备条件或不计划发展灌溉)为主,占本区耕地面积的51.66%。成土母质以砂页岩风化坡残积物和砂页岩坡残积物为主,分别占本区耕地面积的45.94%和35.48%。剖面构型以 A – B – C 和 Aa – Ap – P – C 为主,分别占本区耕地面积的48.61%和31.87%。耕层质地以砂壤为主,占本区耕地面积的61.87%。耕层厚度15.00～35.00 cm,平均厚度28.99 cm。土体厚度40～100 cm,平均厚度83.64 cm。

本区26.12%是高产田土,44.42%是中产田土,29.46%是低产田土。高度适宜叶菜类蔬菜种植、适宜叶菜类蔬菜种植面积分别为1531.09 hm²、1994.84 hm²,各占本区面积的35.13%、45.77%;高度适宜茄果类蔬菜种植、适宜茄果类蔬菜种植面积分别为1220.46 hm²、1936.23 hm²,各占本区面积的28.00%、44.43%。

三、种植业发展的措施与建议

1. 依托市场,制订切实可行的布局调整方向

根据现代农业发展的要求,利用本县区域优势、自然资源、经济条件和技术水平,加强市场调研,制订切实可行的布局调整方向和具体实施方案,规划要依托市场、立足长远、因地制宜、统筹兼顾、科学布局、发挥优势、体现特色,实现生态效益、社会效益和经济效益的统一。

2. 积极培育壮大农业市场主体,提高农业产业化水平

借助全省、全州农业产业结构调整的机遇,本县应以现有的农产品加工企业为依托,进一步完善"龙头企业 + 农技部门 + 基地(农户)"利益共享、风险共担的产业化经营机制。增强龙头企业的带动能力,大力发展产业关联度大、市场竞争力强、辐射带动面广的农业龙头企业,增强龙头企业对当地农产品资源的消化能力、对产业发展的引领能力、对农户的带动能力。大力发展农民专业合作组织,积极推广"龙头企业 + 合作经济组织 + 农户"的一体化经营,促进农业增效、农民增收,增强现代农业发展活力。切实抓好农产品品牌营销,积极培育壮大农业市场主体,充分发挥龙头企业带动作用,引领农业产业发展,促进农民增收。

3. 加强农田基础设施建设,提高耕地地力

随着人口的增加和人们活动的加强,致森林面积减少,涵水能力越来越弱,水源量不断减少,加之降水时空分布不均,因此,多数地区灌溉水源的基础流量在减少,供水时间越来越短,在夏季作物需水量大和蒸发量增大的情况下,往往无水供应。为了确保农作物的稳产高产,今后应因地制宜地采取以蓄为主,蓄、引、提相结合;以小型为主,中、小型相结合的原则;进一步加强水利设施建设;对现有的尚未配套工程,要尽快完善工程配套;对长期失修的引水渠道,要进行普检工作,及时清理修补;对新修的提灌机械设备,要实行专人管理,定期检修,提高灌溉效益。

4. 大力改造中低产田

对次生潜育化的稻田,要开沟排水,实行水旱轮作,在重施有机肥的基础上增施钾肥。

对冷浸田的改良主要采取治本为主、本标结合的综合措施,治本是搞工程改良,主要开好三沟(截洪沟、围沟、排灌沟)、排五水(排渍水、常年水、冷泉水、锈水、山洪水);治标主要实行冬季翻犁炕冬,增施有机肥和钾肥。对一些坡塝梯田,要进一步解决水源的问题,除抓好现有水利设施的配套、维修,加强管理,提高工程灌溉效益外,要有计划地兴建一些小型的山塘水库,加高夯实田埂,提高稻田的蓄水保水能力;对冲沟低洼地区,要根据地形和水位高低,以治本改造为主,修建好科学的、永久性的排灌系统,充分发挥土壤潜在能力。

5. 完善体系,推进农业标准化建设

积极发展无公害(绿色、有机)农产品生产,制定好各类作物标准化生产的技术规程,建立农产品标准化示范基地,把种植业的产前、产中、产后环节纳入标准化管理轨道,完善农产品质量检验检测体系,加强监督管理,全面提升三穗县农产品在国内外的市场竞争力。

6. 改革不合理的耕作制度,实行科学种田

改革栽培制度、施肥制度,合理布局作物,提高土地利用率,合理用地,积极养地,不断提高土壤的生产能力和农作物产量,是目前增加粮食和经济作物收入的一项科学的行之有效的重要措施。

7. 加强农技队伍建设,推广先进适用技术

稳定农技推广体系,加强对农技推广人员的技术培训和知识更新。根据耕地特性,加大农业测土配方施肥技术、高产栽培技术的推广力度,分类指导,全面提高农业生产科技水平,确保生态、特色、高效农业的健康发展。

第九章 耕地施肥

　　发展高产、高效农业,生产优质农产品,必须根据作物生长发育所需要的养分数量及土壤所提供的养分量,科学合理施用肥料,以补充作物生长发育不足的营养元素。实行科学施肥可减少化肥施用量,提高肥料利用率,增加农产品产量,改善农产品品质,改善环境。

第一节 耕地施肥分区方案

　　根据全县不同区域地貌类型、土壤类型、养分状况、作物布局、当前化肥施用水平和历年化肥试验结果进行统计分析和综合研究,按照全县不同区域化肥肥效规律分区划片,提出不同区域氮、磷、钾适宜的数量、比例以及合理施肥的方法,为全县今后一段时间合理安排化肥生产、分配和施用,特别是为改善农产品品质,因地制宜调整农业种植布局,发展特色农业,保护生态环境,促进农业可持续发展提供科学依据,进一步提高化肥的增产、增效作用。

一、分区原则与依据

(一)分区原则

　　施肥分区反映不同地区化肥施用的现状和肥效特点,根据农业生产现状和今后农业发展方向,提出对化肥合理施用的要求。按照化肥用量、施肥比例和肥效的相对一致性;土壤类型分布和土壤养分状况的相对一致性;土地利用现状和种植业区划的相对一致性;行政区划的相对完整性等原则进行施肥分区。

(二)分区依据

　　耕地地力评价结果是划分施肥分区的重要依据,地力等级的不同直接影响到作物产量水平以及作物对肥料的需求量。因此从耕地地力等级情况出发,遵循土壤与环境相统一、土壤类型和地貌类型为基础、当前耕作制度和生产水平为表征、土壤利用改良、提高土壤肥力为重点的原则,求大同、存小异,尽量不打破行政乡镇界线,进行合理施肥分区。

二、施肥分区方案与施肥建议

运用耕地地力评价成果,根据本县不同区域、地貌类型、土壤养分状况、作物布局、土壤改良利用、当前化肥使用量、生产管理水平和历年化肥试验结果进行统计分析和综合研究,按照本县不同区域的现状,三穗县耕地可划分为 3 个施肥分区,即北部低山丘陵冲沟控氮稳磷补钾区、中部低山丘陵河流阶地控氮稳磷补钾区和南部低山丘陵坡地控氮稳磷补钾区,详见附图 25。同时,根据分区提出不同分区不同作物在氮、磷、钾化肥和有机肥施用上的建议。

(一)北部低山丘陵冲沟控氮稳磷补钾区

1. 范围与概况

本区位于三穗县北部,包括八弓镇的芭蕉村、菜冲村、车站村、高桥村、高寨村、贵洞村、贵根村、贵坪村、界牌村、良士村、马鞍村、蜜蜂村、南桥村、泥山村、坪茶村、杉木村、塘赖村、响洞村、新美村、新寨村、亚茶村、亚岭村和羊古村;滚马乡全部;雪洞镇全部;长吉镇的半坡村、赤瓦村、大寨村、烧巴村、司前村、土冲村、瓦窑村和中河村。

本区耕地面积 6907.22 hm²,占全县耕地面积的 38.15%。其中:水田面积 3437.85 hm²,占本区耕地面积的 49.77%;旱地面积 3469.37 hm²,占本区耕地面积的 50.23%。本区中低产田土面积 5248.69 hm²,占本区耕地面积的 75.99%。

本区海拔一般在 500.00 ~ 900.00 m 之间,地形部位以低山丘陵坡地、低山丘陵冲沟和河流阶地为主。土壤主要是水稻土和黄壤,主要土种有黄砂泥土、黄砂泥田、黄扁砂泥土和斑潮砂泥田等。

本区气候温凉,年平均气温 14 ~ 15 ℃,≥10 ℃活动积温 4300 ~ 4500 ℃,稳定通过 10 ~ 20 ℃初终日一般在 4 月上旬至 9 月中旬,无霜期 260 ~ 290 d,热量条件比较差,灾害天气有"倒春寒""秋风",泥山村和坪茶村等地为重秋风区。

根据本区自然条件和社会经济条件,本区种植业发展方向主要是以种植水稻等粮食作物为主,可加大油菜、玉米、蔬菜等作物的种植面积。

2. 土壤养分状况

本区耕地土壤 pH 在 4.00 ~ 7.90 之间,pH 平均值 5.15。pH 4.5 ~ 5.5 的耕地面积超过一半,占本区耕地面积的 81.62%;其次是 pH 5.5 ~ 6.5 的耕地,面积占 6.49%;再次是 pH ≥ 7.5 的耕地,面积占 5.28%;接着是 pH < 4.5 的耕地,面积占 4.70%;最小的是 pH 6.5 ~ 7.5 的耕地,面积占 1.92%。可见,本区耕地大部分显酸性。详见表 9 - 1。

本区耕地土壤有机质含量在 4.20 ~ 79.90 g·kg⁻¹之间,平均含量 32.98 g·kg⁻¹。有机质含量在 20 ~ 30 g·kg⁻¹的耕地占据面积最大,占本区耕地面积的 36.09%;其次是含量在 30 ~ 40 g·kg⁻¹的耕地,面积占 34.25%;再次是含量在 40 ~ 50 g·kg⁻¹的耕地,面积占 15.57%;接着是含量 < 20 g·kg⁻¹的耕地,面积占 7.14%;最小的是含量 ≥ 50 g·kg⁻¹的耕地,面积占 6.94%。可见,本区土壤有机质含量处于丰富水平。详见表 9 - 1。

本区耕地土壤全氮含量在 0.50 ~ 5.30 g·kg⁻¹之间,平均含量 2.04 g·kg⁻¹。全氮含量在 2.00 ~ 3.00 g·kg^{-1} 的耕地占据面积最大,占本区耕地面积的 43.36%;其次是含量在 1.50 ~ 2.00 g·kg^{-1} 的耕地,面积占 36.59%;再次是含量在 1.00 ~ 1.50 g·kg^{-1} 的耕地,面积占 13.11%;接着是含量 ≥3.00 g·kg^{-1} 的耕地,面积占 5.25%;然后是含量在 0.75 ~ 1.00 g·kg^{-1} 的耕地,面积占 1.34%;最小的是含量 < 0.75 g·kg^{-1} 的耕地,面积仅占 0.35%。可见,本区土壤全氮含量处于丰富水平。详见表 9 - 1。

本区耕地土壤有效磷含量在 1.10 ~ 66.50 mg·kg^{-1} 之间,平均含量 20.07 mg·kg^{-1}。有效磷含量在 10 ~ 20 mg·kg^{-1} 的耕地占据面积最大,占本区耕地面积的 41.69%;其次是含量在 20 ~ 40 mg·kg^{-1} 的耕地,面积占 37.09%;再次是含量在 5 ~ 10 mg·kg^{-1} 的耕地,面积占 12.35%;接着是含量 ≥40 mg·kg^{-1} 的耕地,面积占 6.13%;然后是含量在 3 ~ 5 mg·kg^{-1} 的耕地,面积占 1.90%;最小的是含量 <3 mg·kg^{-1} 的耕地,面积仅占 0.84%。可见,本区土壤有效磷含量处于中等水平。详见表 9 - 1。

本区耕地土壤速效钾含量在 26.00 ~ 452.00 mg·kg^{-1} 之间,平均含量 101.66 mg·kg^{-1}。速效钾含量在 50 ~ 100 mg·kg^{-1} 的耕地面积超过一半,占本区耕地面积的 51.85%;其次是含量在 100 ~ 150 mg·kg^{-1} 的耕地,面积占 30.60%;再次是含量在 150 ~ 200 mg·kg^{-1} 的耕地,面积占 7.91%;接着是含量 ≤50 mg·kg^{-1} 的耕地,面积占 5.47%;最小的是含量 ≥200 mg·kg^{-1} 的耕地,面积占 4.17%。可见,本区土壤速效钾含量处于中等水平。详见表 9 - 1。

表 9 - 1 北部低山丘陵冲沟控氮稳磷补钾区的土壤养分状况统计表

等 级	pH		有机质		全 氮		有效磷		速效钾	
	面积/hm²	比例/%	面积/hm²	比例/%	面积/hm²	比例/%	面积/hm²	比例/%	面积/hm²	比例/%
一	364.36	5.28	479.53	6.94	362.73	5.25	423.68	6.13	288.07	4.17
二	132.80	1.92	1075.62	15.57	2994.87	43.36	2561.85	37.09	546.47	7.91
三	448.27	6.49	2365.79	34.25	2527.22	36.59	2879.67	41.69	2113.69	30.60
四	5637.36	81.62	2493.14	36.09	905.62	13.11	852.82	12.35	3581.28	51.85
五	324.43	4.70	493.14	7.14	92.82	1.34	131.22	1.90	377.71	5.47
六					23.97	0.35	57.98	0.84		
合 计	6907.22	100.00	6907.22	100.00	6907.23	100.00	6907.22	100.00	6907.22	100.00

注:pH 的一至五等级分别代表 pH≥7.5,6.5 ~ 7.5,5.5 ~ 6.5,4.5 ~ 5.5,<4.5;有机质的一至五等级分别代表有机质含量 ≥50 g·kg^{-1},40 ~ 50 g·kg^{-1},30 ~ 40 g·kg^{-1},20 ~ 30 g·kg^{-1},< 20 g·kg^{-1};全氮的一至六等级分别代表全氮含量 ≥3.00 g·kg^{-1},2.00 ~ 3.00 g·kg^{-1},1.50 ~ 2.00 g·kg^{-1},1.00 ~ 1.50 g·kg^{-1},0.75 ~ 1.00 g·kg^{-1},< 0.75 g·kg^{-1};有效磷的一至六等级分别代表有效磷含量 ≥40 mg·kg^{-1},20 ~ 40 mg·kg^{-1},10 ~ 20 mg·kg^{-1},5 ~ 10 mg·kg^{-1},3 ~ 5 mg·kg^{-1},< 3 mg·kg^{-1};速效钾的一至五等级分别代表速效钾含量 ≥200 mg·kg^{-1},150 ~ 200 mg·kg^{-1},100 ~ 150 mg·kg^{-1},50 ~ 100 mg·kg^{-1},< 50 mg·kg^{-1}。下同。

3. 施肥建议

根据本区对水稻、玉米、油菜和马铃薯在不同地力条件下的肥效田间试验、土壤养分状况分析、农户施肥调查数据和种植管理水平得出：本区土壤中全氮含量高，有效磷含量中等，速效钾含量低，故施肥上应采取控氮稳磷补钾为主要施肥措施。

根据主要粮食作物的养分需求和本区土壤养分含量，提出如下施肥建议。

水稻：N:120~150 kg·hm^{-2}，P$_2$O$_5$:90~120 kg·hm^{-2}，K$_2$O:150~180 kg·hm^{-2}，有机肥:15 000~16 500 kg·hm^{-2}。

玉米：N:180~210 kg·hm^{-2}，P$_2$O$_5$:105~135 kg·hm^{-2}，K$_2$O:210~240 kg·hm^{-2}，有机肥:19 500~22 500 kg·hm^{-2}。

油菜：N:120~150 kg·hm^{-2}，P$_2$O$_5$:90~120 kg·hm^{-2}，K$_2$O:120~150 kg·hm^{-2}，有机肥:15 000~18 000 kg·hm^{-2}。

马铃薯：N:120~165 kg·hm^{-2}，P$_2$O$_5$:105~135 kg·hm^{-2}，K$_2$O:270~300 kg·hm^{-2}，有机肥:24 000~27 000 kg·hm^{-2}。

在具体施肥时，还必须根据作物品种和具体土壤养分含量来确定具体施肥量和施肥方案。

（二）中部低山丘陵河流阶地控氮稳磷补钾区

1. 范围与概况

本区位于三穗县中部，包括八弓镇的巴王村、大坪村、高田村、吉洞村、江桥村、灵山村、美敏村、木界村、坪洞村、桥头村、青洞村、人民村、胜利村、新穗村、星光村和中坝村；款场乡全部；桐林镇全部；瓦寨镇的白家村、冲前村、店头村、斗街村、柑子院村、观音阁村、坪城村、上街村、调洞村、滴水洞林场、长坡林场、晓隘村和新中村；长吉镇的地盛村、贵碑村、贵晓村、贵秧村、机寨村、四寨村、塘洞村、新盘村、长吉村和干桥茶场。

本区耕地面积6352.30 hm^2，占全县耕地面积的35.09%。其中：水田面积3261.97 hm^2，占本区耕地面积的51.35%；旱地面积3090.33 hm^2，占本区耕地面积的48.65%。本区中低产田土面积3954.62 hm^2，占本区耕地面积的62.25%。

本区气候温和、湿润，无霜期290~300 d，年平均气温15 ℃，稳定通过10~20 ℃的初终日一般在3月下旬末至9月中旬，≥10℃活动积温4500~5000 ℃。热量资源相比南北两区较好，生长季节长，年平均日照在1200 h左右，年平均日照率27%，作物生长季的日照率较高，能满足作物一年两熟的需要。灾害性天气"倒春寒"较重，当春季北方冷空气入侵本县时，温度降到-2.8 ℃。又由于地形影响，冷空气易进难出，回旋时间较长，对作物播种不利；另外，还有"伏旱""秋风"等灾害性天气。

本区年降水量在1200 mm左右，作物生长期降水量750~800 mm，水分条件东部优于西部，全县的主要4条河流流经本区，水利设施和水利条件比南北两区好，抗御旱灾能力相对较强，但由于降水时空分布不均，区内旱情也有不同程度发生。本区土壤大多数偏酸，主要是水稻土和黄壤，主要土种有黄砂泥土、黄砂泥田、斑潮砂泥田和黄扁砂泥土等。

本区自然条件与社会经济条件较好。农、林、牧、副、渔各业虽然得到一定的发展,但是,农业内部结构还需进一步调整,发展的基础仍然是种植业。根据本区农业自然资源条件及农业生产现状,其种植业发展的方向主要是抓好水稻等主要粮食作物生产,积极发展蔬菜、油菜、烤烟生产。

2. 土壤养分状况

本区耕地土壤 pH 在 4.00 ~ 8.00 之间,pH 平均值 4.97。pH 4.5 ~ 5.5 的耕地面积超过一半,占本区耕地面积的 85.45%;其次是 pH < 4.5 的耕地,面积占 7.13%;再次是 pH 5.5 ~ 6.5 的耕地,面积占 4.28%;接着是 pH 6.5 ~ 7.5 的耕地,面积占 1.73%;最小的是 pH ≥ 7.5 的耕地,面积占 1.41%。可见,本区耕地大部分显酸性。详见表 9 - 2。

本区耕地土壤有机质含量在 4.30 ~ 78.40 g·kg^{-1} 之间,平均含量 33.34 g·kg^{-1}。有机质含量在 30 ~ 40 g·kg^{-1} 的耕地占据面积最大,占本区耕地面积的 37.46%;其次是含量在 20 ~ 30 g·kg^{-1} 的耕地,面积占 32.61%;再次是含量在 40 ~ 50 g·kg^{-1} 的耕地,面积占 16.42%;接着是含量 < 20 g·kg^{-1} 的耕地,面积占 7.35%;最小的是含量 ≥ 50 g·kg^{-1} 的耕地,面积占 6.16%。可见,本区土壤有机质含量处于中等偏上水平。详见表 9 - 2。

本区耕地土壤全氮含量在 0.51 ~ 5.30 g·kg^{-1} 之间,平均含量 2.08 g·kg^{-1}。全氮含量在 2.00 ~ 3.00 g·kg^{-1} 的耕地占据面积最大,占本区耕地面积的 46.67%;其次是含量在 1.50 ~ 2.00 g·kg^{-1} 的耕地,面积占 35.61%;再次是含量在 1.00 ~ 1.50 g·kg^{-1} 的耕地,面积占 10.45%;接着是含量 ≥ 3.00 g·kg^{-1} 的耕地,面积占 5.64%;然后是含量在 0.75 ~ 1.00 g·kg^{-1} 的耕地,面积占 1.10%;最小的是含量 < 0.75 g·kg^{-1} 的耕地,面积仅占 0.53%。可见,本区土壤全氮含量处于丰富水平。详见表 9 - 2。

本区耕地土壤有效磷含量在 1.00 ~ 66.60 mg·kg^{-1} 之间,平均含量 23.92 mg·kg^{-1}。有效磷含量在 20 ~ 40 mg·kg^{-1} 的耕地面积超过一半,占本区耕地面积的 56.42%;其次是含量在 10 ~ 20 mg·kg^{-1} 的耕地,面积占 27.94%;再次是含量 ≥ 40 mg·kg^{-1} 的耕地,面积占 7.68%;接着是含量在 5 ~ 10 mg·kg^{-1} 的耕地,面积占 6.60%;然后是含量在 3 ~ 5 mg·kg^{-1} 的耕地,面积占 1.09%;最小的是含量 < 3 mg·kg^{-1} 的耕地,面积仅占 0.28%。可见,本区土壤有效磷含量处于中等偏上水平。详见表 9 - 2。

本区耕地土壤速效钾含量在 23.00 ~ 472.00 mg·kg^{-1} 之间,平均含量 89.32 mg·kg^{-1}。速效钾含量在 50 ~ 100 mg·kg^{-1} 的耕地面积超过一半,占本区耕地面积的 61.52%;其次是含量在 100 ~ 150 mg·kg^{-1} 的耕地,面积占 21.70%;再次是含量 < 50 mg·kg^{-1} 的耕地,面积占 9.11%;接着是含量在 150 ~ 200 mg·kg^{-1} 的耕地,面积占 5.96%;最小的是含量 ≥ 200 mg·kg^{-1} 的耕地,面积占 1.71%。可见,本区土壤速效钾含量处于中等偏下水平。详见表 9 - 2。

表9-2 中部低山丘陵河流阶地控氮稳磷补钾区的土壤养分状况统计表

等 级	pH		有机质		全 氮		有效磷		速效钾	
	面积/hm²	比例/%	面积/hm²	比例/%	面积/hm²	比例/%	面积/hm²	比例/%	面积/hm²	比例/%
一	89.33	1.41	391.02	6.16	358.50	5.64	487.62	7.68	108.41	1.71
二	109.93	1.73	1043.22	16.42	2964.46	46.67	3583.72	56.42	378.51	5.96
三	272.03	4.28	2379.46	37.46	2262.14	35.61	1774.81	27.94	1378.52	21.70
四	5427.86	85.45	2071.67	32.61	663.74	10.45	419.15	6.60	3907.89	61.52
五	453.15	7.13	466.93	7.35	69.71	1.10	69.42	1.09	578.97	9.11
六					33.74	0.53	17.58	0.28		
合 计	6352.30	100.00	6352.30	100.00	6352.29	100.00	6352.30	100.00	6352.30	100.00

3. 施肥建议

根据本区对水稻、玉米、油菜和马铃薯在不同地力条件下的肥效田间试验、土壤养分状况分析、农户施肥调查数据和种植管理水平得出:本区土壤中全氮含量高,有效磷含量中等,速效钾含量低,故施肥上应采取控氮稳磷补钾为主要施肥措施。

根据主要粮食作物的养分需求和本区土壤养分含量,提出如下施肥建议:

水稻:N:120~150 kg·hm⁻²,P_2O_5:90~120 kg·hm⁻²,K_2O:150~180 kg·hm⁻²,有机肥:15 000~16 500 kg·hm⁻²。

玉米:N:180~210 kg·hm⁻²,P_2O_5:105~135 kg·hm⁻²,K_2O:210~240 kg·hm⁻²,有机肥:19 500~22 500 kg·hm⁻²。

油菜:N:120~150 kg·hm⁻²,P_2O_5:90~120 kg·hm⁻²,K_2O:120~150 kg·hm⁻²,有机肥:15 000~18 000 kg·hm⁻²。

马铃薯:N:120~165 kg·hm⁻²,P_2O_5:105~135 kg·hm⁻²,K_2O:270~300 kg·hm⁻²,有机肥:24 000~27 000 kg·hm⁻²。

在具体施肥时,还必须根据作物品种和具体土壤养分含量来确定具体施肥量和施肥方案。

(三)南部低山丘陵坡地控氮稳磷补钾区

1. 范围与概况

本区位于三穗县南部,包括良上镇全部;台烈镇全部;瓦寨镇的巴顺村街上村、老寨村、民星村和屯上村。

本区耕地面积4845.08 hm²,占全县耕地面积的26.76%。其中:水田面积2343.47 hm²,占本区耕地面积的48.37%;旱地面积2501.60 hm²,占本区耕地面积的51.63%。本区中低产田土面积3596.43 hm²,占本区耕地面积的74.23%。

本区主要由低山丘陵坡地组成,是本县交通较差、经济较贫困、文化较落后的偏远山区,地势崎岖,切割强烈,地形破碎,坡度较大,苗岭山的余脉通过本区,海拔 500.00 ~ 1198.69 m,东南部大多数海拔在 700 m 以下。

本区土壤类型以黄壤和水稻土为主,其中黄壤占本区耕地面积的 48.61%、水稻土占 48.37%。土种主要有黄砂泥土、黄砂泥田、斑潮砂泥田和轻白鳝泥田。由于受地形、气候、水利条件的影响,大部分田土一年一熟。

本区气候冷凉湿润,无霜期 190 ~ 260 d,年平均气温 13.8 ~ 14 ℃,稳定通过 10 ~ 20 ℃ 的初终期一般在 4 月上旬至 9 月中旬,≥10℃ 活动积温 4300 ℃,水稻生长季降水量 850 ~ 950 mm,由于受地形的影响,热量条件较差,水分条件南部优于北部。本区山高坡陡,雨水好,雾日多,光照不足,灾害性天气主要为"倒春寒""干旱""秋风"等,良上等地多受"秋风"影响较重。

根据本区农业生产条件和现状,应充分利用本地资源,挖掘潜力,发展优势,抓好粮食作物种植,发展油菜、蔬菜、薯类、豆类等作物生产。

2. 土壤养分状况

本区耕地土壤 pH 在 4.00 ~ 7.99 之间,pH 平均值 4.98。pH 4.5 ~ 5.5 的耕地面积超过一半,占本区耕地面积的 88.45%;其次是 pH < 4.5 的耕地,面积占 4.86%;再次是 pH 5.5 ~ 6.5 的耕地,面积占 3.36%;接着是 pH 6.5 ~ 7.5 的耕地,面积占 2.20%;最小的是 pH ≥ 7.5 的耕地,面积占 1.13%。可见,本区耕地土壤大部分显酸性。详见表 9 - 3。

本区耕地土壤有机质含量在 4.60 ~ 80.60 g·kg^{-1} 之间,平均含量 42.44 g·kg^{-1}。有机质含量在 40 ~ 50 g·kg^{-1} 的耕地占据面积最大,占本区耕地面积的 37.22%;其次是含量在 30 ~ 40 g·kg^{-1} 的耕地,面积占 26.43%;再次是含量 ≥ 50 g·kg^{-1} 的耕地,面积占 22.75%;接着是含量在 20 ~ 30 g·kg^{-1} 的耕地,面积占 11.43%;最小的是含量 < 20 g·kg^{-1} 的耕地,面积占 7.14%。可见,本区土壤有机质含量处于丰富水平。详见表 9 - 3。

本区耕地土壤全氮含量在 0.52 ~ 5.30 g·kg^{-1} 之间,平均含量 2.44 g·kg^{-1}。全氮含量在 2.00 ~ 3.00 g·kg^{-1} 的耕地面积超过一半,占本区耕地面积的 61.82%;其次是含量在 1.50 ~ 2.00 g·kg^{-1} 的耕地,面积占 18.48%;再次是含量 ≥ 3.00 g·kg^{-1} 的耕地,面积占 14.81%;接着是含量在 1.00 ~ 1.50 g·kg^{-1} 的耕地,面积占 4.22%;然后是含量 < 0.75 g·kg^{-1} 的耕地,面积仅占 0.48%;最小的是含量在 0.75 ~ 1.00 g·kg^{-1} 的耕地,面积占 0.20%。可见,本区土壤全氮含量处于丰富水平。详见表 9 - 3。

本区耕地土壤有效磷含量在 1.00 ~ 65.80 mg·kg^{-1} 之间,平均含量 19.65 mg·kg^{-1}。有效磷含量在 10 ~ 20 mg·kg^{-1} 的耕地占据面积最大,占本区耕地面积的 45.30%;其次是含量在 20 ~ 40 mg·kg^{-1} 的耕地,面积占 37.04%;再次是含量在 5 ~ 10 mg·kg^{-1} 的耕地,面积占 10.07%;接着是含量 ≥ 40 mg·kg^{-1} 的耕地,面积占 4.58%;然后是含量在 3 ~ 5 mg·kg^{-1} 的耕地,面积占 1.80%;最小的是含量 < 3 mg·kg^{-1} 的耕地,面积占 1.21%。可见,本区土壤有效磷含量处于中等水平。详见表 9 - 3。

本区耕地土壤速效钾含量在 16.00 ~ 472.00 mg·kg^{-1} 之间,平均含量 91.01 mg·kg^{-1}。速效钾含量在 50 ~ 100 mg·kg^{-1} 的耕地面积超过一半,占本区耕地面积的 57.69%;其次是含量在 100 ~ 150 mg·kg^{-1} 的耕地,面积占 23.54%;再次是含量 ≥200 mg·kg^{-1} 的耕地,面积占 11.58%;接着是含量在 150 ~ 200 mg·kg^{-1} 的耕地,面积占 4.93%;最小的是含量 <50 mg·kg^{-1} 的耕地,面积占 2.26%。可见,本区土壤速效钾含量处于中等偏下水平。详见表 9 – 3。

表 9 – 3 南部低山丘陵坡地控氮稳磷补钾区的土壤养分状况统计表

等　级	pH		有机质		全　氮		有效磷		速效钾	
	面积 /hm^2	比例 /%	面积 /hm^2	比例 /%	面积 /hm^2	比例 /%	面积 /hm^2	比例 /%	面积 /hm^2	比例 /%
一	54.81	1.13	1102.46	22.75	717.45	14.81	221.77	4.58	109.36	2.26
二	106.50	2.20	1803.56	37.22	2995.39	61.82	1794.78	37.04	238.83	4.93
三	162.68	3.36	1280.69	26.43	895.39	18.48	2194.81	45.30	1140.68	23.54
四	4285.64	88.45	553.83	11.43	204.23	4.22	487.93	10.07	2795.11	57.69
五	235.45	4.86	104.54	2.16	9.60	0.20	87.16	1.80	561.10	11.58
六					23.02	0.48	58.63	1.21		
合　计	4845.08	100.00	4845.08	100.00	4845.08	100.00	4845.08	100.00	4845.08	100.00

3. 施肥建议

根据本区对水稻、玉米、油菜和马铃薯在不同地力条件下的肥效田间试验、土壤养分状况分析、农户施肥调查数据和种植管理水平得出:本区土壤中全氮含量高,有效磷含量中等,速效钾含量低,故施肥上应采取控氮稳磷补钾为主要施肥措施。

根据主要粮食作物的养分需求和本区土壤养分含量,提出如下施肥建议:

水稻:N:120 ~ 150 kg·hm^{-2},P$_2$O$_5$:90 ~ 120 kg·hm^{-2},K$_2$O:150 ~ 180 kg·hm^{-2},有机肥:15 000 ~ 16 500 kg·hm^{-2}。

玉米:N:180 ~ 210 kg·hm^{-2},P$_2$O$_5$:105 ~ 135 kg·hm^{-2},K$_2$O:210 ~ 240 kg·hm^{-2},有机肥:19 500 ~ 22 500 kg·hm^{-2}。

油菜:N:120 ~ 150 kg·hm^{-2},P$_2$O$_5$:90 ~ 120 kg·hm^{-2},K$_2$O:120 ~ 150 kg·hm^{-2},有机肥:15 000 ~ 18 000 kg·hm^{-2}。

马铃薯:N:120 ~ 165 kg·hm^{-2},P$_2$O$_5$:105 ~ 135 kg·hm^{-2},K$_2$O:270 ~ 300 kg·hm^{-2},有机肥:24 000 ~ 27 000 kg·hm^{-2}。

在具体施肥时,还必须根据作物品种和具体土壤养分含量来确定具体施肥量和施肥方案。

第二节　主要作物施肥技术

肥料是作物的"粮食"之一,是增产的重要物质基础。测土配方施肥是农业部 2008 年下达给三穗县实施的农业资金补贴项目,三穗县按照项目实施方案,紧紧围绕"测土、配方、配肥、供肥、施肥技术指导"五个环节认真开展工作,免费开展土质化验,对项目实施做到了领导宣传到位、资金人员到位、条件到位、企业支持到位、服务农民到位五个到位。

一、水　稻

(一)需肥特性

1. 养分吸收量

水稻一生对营养元素的吸收量,主要是根据收获物中的含量来计算的。据资料,一般每生产稻谷 500 kg,需吸收 N 7～12 kg、P_2O_5 4～6.5 kg、K_2O 10～18 kg,N:P_2O_5:K_2O≈1:0.5:1.5。同一产量水平所吸收的氮、磷、钾养分差别很大,这与地区、产量水平、水稻品种、栽培水平等因素有关。通常杂交稻对钾的需求约稍高于常规稻的 10%;粳稻较籼稻需氮多而需钾少。

2. 需肥规律

中稻在移栽后 2～3 周和 7～9 周形成两个吸肥高峰。水稻对各种养分的吸收速度均在抽穗前达到最大值,其后有降低的趋势。在各种养分中,以氮、磷、钾的吸收速度最快,在抽穗前约 20 d 达到最大值;硅的吸收达到最大值较晚。对氮、磷、钾的吸收以氮素最早,到稻穗分化前已达到总吸收量的 80%;钾以穗分化至抽穗开花期吸收最多,约占总量的 60%,抽穗开花以后停止吸收;磷的吸收较氮、钾稍晚。总之,在抽穗前吸收各种养分量占总吸收量的大部分,所以应重视各种肥料的早期供应。

水稻的吸肥规律与其整个生育期 3 个生长中心相适应。分蘖期植株的生长中心是大量生根、生叶、分蘖,需要较多的氮素来形成氮化物,这段时期的营养生理特点,以氮代谢为主,碳水化合物积累较少,对氮的需求量大于磷、钾的吸收量。从稻穗开始分化到抽穗期,以茎的伸长、穗的形成为生长发育的中心,此阶段的营养特点是前期碳、氮代谢旺盛,后期碳的代谢逐渐占优势,吸收较多的氮肥长叶、长茎和幼穗分化,又要积累大量的碳水化合物供抽穗后向穗部转运,所以对氮、磷、钾吸收都较多。抽穗后,茎叶和根的生长基本停止,植株生长中心转向籽粒的形成,其营养特点是以碳素代谢为主,制造积累大量的碳水化合物向籽粒中转运贮藏,所以对磷、钾的吸收较多。

(二)推荐施肥量

通过田间肥效试验,得出了三穗县水稻测土配方施肥推荐量(表 9 - 4)。

表9-4　水稻测土配方施肥量推荐表

产量水平 /t·hm⁻²	施肥量(纯量)/kg·hm⁻²			施肥量(实物量)/kg·hm⁻²		
	N	P_2O_5	K_2O	尿素	钙镁磷肥	氯化钾
<7.5	129.0~138.0	102.0~112.5	97.5~105.0	280.4~300.0	680.0~750.0	162.5~175.0
7.5~9.0	138.0~160.5	112.5~117.0	105.0~132.0	300.0~348.9	750.0~780.0	175.0~220.0
≥9.0	160.5~174.0	117.0~120.0	132.0~150.0	348.9~378.3	780.0~800.0	220.0~250.0

(三)施肥技术

1. 秧田施肥

水稻秧田期通常占全生育时期的1/4~1/3、营养生长期的1/2,因此良好的秧苗素质是水稻高产的重要基础。秧田的主要目标是培育壮苗,这是水稻高产省肥的重要措施。秧苗需氮肥较多,钾肥次之,磷肥最少。但在当前氮肥施用量增加的情况下,应注意磷肥、钾肥的配合施用。施肥量:耙面肥,一般每公顷施尿素180~225 kg,钙镁磷肥300~375 kg,氯化钾150~180 kg,农家肥30 t左右。秧苗生长到3叶期时,每公顷追施120~150 kg尿素作为"断奶肥";移栽前5~7 d再每公顷追施45~75 kg尿素作为"送嫁肥"。"断奶肥"根据秧田肥力和基肥水平而定,肥力高、基肥足,尤其是施用过耙面肥的田块,可以不施或者少施"断奶肥",而追肥可适当后移;肥力差、基肥不足的田块,可适当加大施肥量或者提前到1叶1心或2叶1心时施用。

2. 大田基肥

大田基肥以农家肥和化肥为主。农家肥以深施为好,每公顷施用猪牛粪12~18 t,于大田最后一次犁田之前撒施,随后翻犁入土;化肥以耙面肥为好,于最后一次耙田栽秧之前撒施于田面上。根据施肥推荐量和施肥方法,在施用的化肥中,氮肥50%作基肥,产量水平小于7.5 t·hm⁻²的田块,每公顷施用含N 46%的尿素140.2~150.0 kg;产量7.5~9.0 t·hm⁻²的田块,每公顷施用尿素150.0~174.5 kg;产量水平≥9.0 t·hm⁻²的田块,每公顷施用尿素174.5~189.1 kg。磷肥100.00%作基肥,产量水平<7.5 t·hm⁻²的田块,每公顷施用含P_2O_5 15%的钙镁磷肥680.0~750.0 kg;产量7.5~9.0 t·hm⁻²的田块,每公顷施用钙镁磷肥750.0~780.0 kg;产量水平≥9.0 t·hm⁻²的田块,每公顷施用钙镁磷肥780.0~800.0 kg。钾肥60%作基肥,产量<7.5 t·hm⁻²、7.5~9.0 t·hm⁻²、≥9.0 t·hm⁻²的三种产量水平的田块,每公顷分别施用含K_2O 60%的氯化钾97.5~105.0 kg、105.0~132.0 kg和132.0~150.0 kg。在农业生产施肥中,基肥的施用一般习惯于施用复合肥。除了氮、磷、钾肥的施用外,化肥的施用还要注重施用硅肥和钙肥。

3. 大田追肥

(1)分蘖肥:水稻移栽7 d左右施用。氮总量的40%作分蘖肥,产量<7.5 t·hm⁻²的田块,每公顷施尿素112.2~120.0 kg;产量7.5~9.0 t·hm⁻²的田块,每公顷施尿素120.0~

139.6 kg;产量≥9.0 t/hm² 的田块,每公顷施尿素 139.6 ~ 151.3 kg。

（2）穗肥:于水稻开始拔节至孕穗初期时施用。氮总量的 10% 作为穗肥,产量 <7.5 t·hm⁻² 的田块,每公顷施尿素 28.0 ~ 30.0 kg;产量 7.5 ~ 9.0 t·hm⁻² 的田块,每公顷施尿素 30.0 ~ 34.9 kg;产量≥9 t/hm² 的田块,每公顷施尿素 34.9 ~ 37.8 kg。钾肥总量 40% 作穗肥,产量 <7.5 t·hm⁻² 的田块,每公顷施氯化钾 65.0 ~ 70.0 kg;产量 7.5 ~ 9.0 t/hm² 的田块,每公顷施氯化钾 70.0 ~ 88.0 kg;产量≥9.0 t·hm⁻² 的田块,每公顷施氯化钾 88.0 ~ 100.0 kg。除此之外,每公顷施用硅酸钠 450.0 kg,以增强水稻抗性,提高结实率。

同时,于水稻抽穗后 10 d 左右,视其叶色深浅、群体大小和叶片披重程度,喷施磷酸二氢钾(0.5% ~ 1.0%)或过磷酸钙浸提液(1.5% ~ 2.0%)等,以延长剑叶寿命,促进光合产物运输,提高粒重,实现高产。

二、玉 米

玉米在三穗县种植面积广,适宜性强,总产居本县作物之首,是县内旱地最主要的作物。玉米素有长寿食品的美称,含有丰富的蛋白质、脂肪、维生素、微量元素、纤维素及多糖等,具有开发高营养、高生物学功能食品的巨大潜力。

(一)需肥特性

1. 养分吸收量

玉米植株高大,对养分需求比较多。玉米全生育时期所吸收的养分,因种植方式、产量高低和土壤肥力水平而异。每生产 100 kg 的玉米籽粒,需从土壤中吸收 N 2.68kg,P_2O_5 1.13kg,K_2O 2.36kg,N:P_2O_5:$K_2O \approx 1:0.5:1$。

2. 需肥规律

玉米对营养元素吸收的速度和数量在各生育期差别很大,一般规律是随着玉米植株的生长对养分的吸收速度加快,到灌浆期、成熟期逐渐减慢。三穗县玉米栽培一般是春季播种,夏季收割。春玉米生长期长,前期气温低,植株生长慢,需肥的高峰一般到拔节孕穗期,氮、磷的累积吸收量分别为 34.4% 和 46.2%。到抽穗开花时吸收量分别达到 53.3% 和 65.0%,以后逐渐减慢,但到灌浆成熟期还需吸收 46.7% 的氮和 35.0% 的磷,所以春玉米后期还要施一定量的肥。

玉米对钾的吸收量,在拔节以后开始迅速上升,到抽穗开花期达到顶点。灌浆到成熟植株体内的钾素还有少量外渗淋溶,使植株中钾的含量下降。所以,钾肥应施在前期,后期没有施钾肥的必要。

(二)推荐施肥量

通过田间肥效试验,得出了三穗县玉米测土配方施肥推荐量(表 9-5)。

表9-5 玉米测土配方施肥量推荐表

产量水平 /t·hm⁻²	施肥量(纯量)/kg·hm⁻²			施肥量(实物量)/kg·hm⁻²		
	N	P₂O₅	K₂O	尿素	钙镁磷肥	氯化钾
<6.0	165.0~180.0	90.0	180.0~195.0	360.0~390.0	600.0	300.0~324.0
6.0~7.5	180.0~195.0	105.0	210.0~225.0	390.0~424.5	700.5	349.5~375.0
≥7.5	195.0~210.0	120.0	225.0~240.0	424.5~456.0	799.5	375.0~400.5

(三)施肥技术

玉米施肥应采用基肥为主、追肥为辅的原则。

1.基　肥

玉米种植实行绿肥垄作双行分带种植,统一实行营养坨育苗单株定向移栽,精耕细作;在移栽前进行碎土块、拉绳起垄种植,要求农户施足基肥。基肥以化肥和有机肥为主,具有后效长、肥劲足、养分完全的特点,长期施用可以培肥土壤,增加土壤保肥、保水能力,这是保证玉米稳产高产的关键措施之一。一般每公顷施用猪牛粪12.0~15.0 t,氮总量的30%、钾总量的60%和全部磷肥用做基肥。

春玉米施用基肥以早为好,早施可以使肥料充分分解,提高土壤肥力和蓄水保墒能力。为了充分发挥基肥肥效,宜采用沟施或穴施的方法。

玉米是对锌敏感的作物,施锌能取得显著的增产效果。一般情况下,每公顷施硫酸锌15~30 kg作基肥。

2.追　肥

春玉米在施足基肥的基础上,追肥应掌握"前轻、中重、后补"的施肥方式,以保证玉米各个生育时期的正常需要。

前轻,指玉米移栽至拔节前后的施肥,拔节肥也叫攻秆肥,此时玉米茎叶旺盛生长,雄穗开始分化,追肥可促进穗位和穗位上叶片增大,增加茎粗,促进穗分化。一般在玉米移栽10~15 d和小喇叭口时期分别施用氮肥总量的15%。

中重,是指大喇叭口期重施,此期追肥能提高结实率,起到保花、保粒的作用,是争取穗大、粒多的重要时期。氮肥总量的40%和钾肥总量的40%用做此时期施用。

后补,是指开花授粉期追肥。春玉米后期需肥较多,为了防止脱肥,后期施攻粒肥能充实籽粒,减少秃尖,补肥可以用0.1%~0.3%硫酸锌或者0.1%~0.2%磷酸二氢钾进行根外喷施。

旱地玉米追肥效果受降水和土壤湿度影响较大,追肥宜选择下雨天或者中耕除草时施用,可减少肥料挥发、及时发挥肥料效果。

三、油 菜

(一)需肥特性

1.养分吸收量

油菜是需肥较多的作物,而且对磷、硼敏感,对硫的吸收量也较高。油菜对肥料三要素氮、磷、钾的吸收数量和比例因品种类型和栽培水平等而异,一般每生产油菜籽 100 kg,需吸收 N 8.8 ~ 11.6 kg、P_2O_5 3.0 ~ 3.9 kg、K_2O 8.5 ~ 10.1 kg,N:P_2O_5:K_2O ≈ 1:0.35:0.95。

2.需肥规律

油菜整个生育过程中吸收养分的数量是,氮多于钾,钾多于磷,对硼敏感。苗期对氮、磷敏感,多施氮肥、磷肥有利于基部叶片和根系生长。中期施肥氮、磷、钾并重,以促进生殖器官发育。后期多施磷肥有利于籽粒充实和油分积累,多施钾肥能提高油菜抗逆能力,提早成熟。油菜不同生育时期吸收氮肥趋势是抽薹前约占45%,抽薹开花期约占45%,角果发育期约占10%,以抽薹至初花是需氮临界期。吸收磷的比例为苗期20% ~ 30%,蕾薹期50% ~ 65%,开花结果期15% ~ 20%。吸收钾的比例大致是苗期25%,蕾薹期60%,开花结果期15%。

3.对微量元素的需求

除氮、磷、钾三要素外,油菜还需要一些微量元素,尤其对硼比较敏感,油菜缺硼苗期就可观察到一些表现症状,特别是在开花后期到结果期出现"花而不实"的现象。

(二)推荐施肥量

通过田间肥效试验,得出了三穗县油菜测土配方施肥推荐量(表9 – 6)。

表9 – 6 油菜测土配方施肥量推荐表

产量水平 /t·hm⁻²	施肥量(纯量)/kg·hm⁻²			施肥量(实物量)/kg·hm⁻²		
	N	P_2O_5	K_2O	尿 素	钙镁磷肥	氯化钾
<1.50	60.0 ~ 151.5	55.0 ~ 133.5	21.0 ~ 132.0	130.4 ~ 329.3	370.0 ~ 890.0	35.0 ~ 220.0
1.50 ~ 2.25	54.0 ~ 193.5	46.5 ~ 154.5	33.0 ~ 186.0	117.4 ~ 420.7	310.0 ~ 1 030.0	55.0 ~ 310.0
≥2.25	153.0 ~ 286.5	108.0 ~ 264.0	111.0 ~ 265.0	332.6 ~ 622.8	720.0 ~ 1 760.0	185.0 ~ 442.5

(三)施肥技术

1.施肥原则

以增施有机肥料(优质农家肥 15.0 ~ 22.5 t·hm⁻²,或秸秆肥 3.0 ~ 4.5 t·hm⁻²)保持地力为基础,有机肥与无机肥配合、氮磷钾配合、大中微量元素配合、土壤施肥与根外追肥配合,大力推广油菜补硼技术。

2.施肥技术

(1)施足底肥:既能保证油菜苗期生长对养分的需要,促使油菜秋冬早发,达到壮苗越冬的目的,又有使油菜中后期稳长,促进分枝及增角增粒,防止后期早衰的效果。有机肥、磷肥和钾肥总用量的全部和氮肥总用量的60%,以及硼肥的50%移栽前施入,磷肥、钾肥可条施或穴施,硼砂每公顷施7.5~15.0 kg。

(2)早施苗肥:油菜移栽后,每公顷用12.0~15.0 t稀人畜粪水或者沼液水加少量尿素(约22.5 kg·hm^{-2})浇定根水,促进秧苗定根转青。油菜在苗期吸肥量大,还须重视苗肥的施用,促进早发壮苗,一般于11月中旬至12月上旬追施,每公顷施用氮肥总用量的15%。

(3)重施蕾薹肥:施用蕾薹肥可实现春发稳长,争取薹壮枝多,角果多。薹肥的施用一般施用氮肥总量的30%。

(4)补施花肥:花角期养分供应充分,有利于增角、增粒和增重。花肥应根据油菜生长状况合理施用。初花期用1.0%尿素,0.3%~0.5%磷酸二氢钾溶液叶面喷施,每公顷施用肥液750.0 kg。

(5)重视施用硼肥:油菜是一种对硼反映较为敏感而又需硼较多的作物,尤其是优质甘蓝型杂交油菜,植株含硼量通常是稻麦等禾本科作物的3~4倍,要求土壤有效硼含量在0.75 mg·kg^{-1}以上。推广油菜补硼技术对于促进油菜增产有着十分重要的意义。除了基施外,还要进行叶面喷施。在油菜花芽分化前后和抽薹期(以薹高15~30 cm最佳)以及初花前,结合病虫害防治,于晴天傍晚或阴天进行叶面喷施,每公顷用0.2%硼砂水溶液750.0~1500.0 kg。

四、马铃薯

(一)需肥特性

1.养分吸收量

施用氮素能促进植株生长,增大叶面积,提高叶绿素含量,增强光合作用强度,提高马铃薯产量。施用磷素能加强块茎中干物质和淀粉的积累,提高块茎中的淀粉含量。增施磷肥,可增强氮的增产效应,促进根系生长,提高抗寒抗旱能力。施用钾素能加强植株体内代谢过程,增强光合作用强度,延缓叶片衰老。施钾肥,可促进植株体内蛋白质、淀粉、纤维素及糖类的合成,使茎秆增粗、抗倒,并能增强植株抗寒性。马铃薯对钾的吸收量最多,其次是氮,吸收磷最少。据资料,每生产马铃薯块茎1000 kg,需吸收N 5~6 kg、P_2O_5 1~3 kg、K_2O 12~13 kg,N:P_2O_5:K_2O≈1:0.36:2.27。

2.需肥规律

马铃薯在整个生长发育期间,因生长发育阶段不同,其所需营养物质的种类和数量也不同。幼苗期吸肥很少,发棵期吸肥量迅速增加,到结薯初期达到最高峰,而后吸肥量急剧下降。各物候期吸收氮(N)、磷(P_2O_5)、钾(K_2O)三要素按总吸肥量的百分数计,发芽到出苗期分别为6.0%、3.0%和9.0%,发棵期为38.0%、34.0%和36.0%,结薯期为56.0%、58.0%和55.0%。

(二)推荐施肥量

通过田间肥效试验,得出了三穗县马铃薯测土配方施肥推荐量(表9-7)。

表9-7　马铃薯测土配方施肥量推荐表

产量水平 /t·hm⁻²	施肥量(纯量)/kg·hm⁻²			施肥量(实物量)/kg·hm⁻²		
	N	P₂O₅	K₂O	尿素	钙镁磷肥	氯化钾
<22.5	135.0~159.0	49.5~93.0	109.5~132.0	293.5~345.7	330.0~620.0	182.5~220.0
22.5~30.0	165.0~213.0	118.5~127.5	213.0~247.5	358.7~463.0	790.0~850.0	355.0~412.5
≥30.0	252.0~261.0	123.0~132.0	334.5~364.5	547.8~567.4	820.0~880.0	557.5~607.5

(三)施肥技术

结合马铃薯地上部、地下部生长特点和需肥特性,应遵循以施农家肥为主、化肥为辅、基肥为主、适当追肥的原则。

1. 基肥

马铃薯所吸收养分有80%来自基肥供应。基肥包括有机肥与氮肥、磷肥、钾肥。基肥用量一般占总施肥量的2/3以上,基肥以腐熟农家肥为主,增施一定量化肥,即氮肥总量的60%、磷肥总量的90%、钾肥总量的90%以及全部有机肥做基肥。有机肥每公顷施18.0~27.0 t。氮肥、磷肥和钾肥可于离薯块2~3 cm处开沟条施,避免与种薯直接接触,施肥后覆土,也可与有机肥混合于秋冬耕种时施入,可提高化肥利用率。

2. 追肥

(1)苗肥:由于早春温度较低,幼苗生长慢,土壤中养分转化慢,养分供应不足。为促进幼苗迅速生长,促根壮棵,为结薯打好基础,应早施苗肥,尤其是对于基肥不足或苗弱苗小的地块,应尽早追施氮肥,以促进植株营养体生长,为新器官的发生分化和生长提供丰富的有机营养。以氮肥总量的20%和磷肥及钾肥总量的10%做苗肥,于雨天或者结合中耕除草追施。

(2)促薯肥:冬播马铃薯,在次年3月份气温升高后,马铃薯茎开始急剧拔高,主茎及主茎叶全部生成,分枝及分枝叶扩展,根系扩大,块茎逐渐膨大,生长中心转向块茎的生长时,马铃薯对氮、磷、钾的吸收加强。基肥和苗肥为植株和块茎的生产提供了较为丰富的磷、钾养分,而氮略显不足,此时应适当施用氮肥,施用量为总氮的20%。马铃薯开花后,一般不进行根际追肥,特别是不能在根际追施氮肥,否则施肥不当造成茎叶徒长,阻碍块茎的形成、延迟发育,易产生小薯和畸形薯,干物质含量降低,易感晚疫病和疮痂病。此外,为补充养分不足,后期(马铃薯开花后)可在叶面喷施0.25%的尿素溶液或0.10%的磷酸二氢钾溶液,可明显提高块茎的产量,增进块茎的品质和耐贮性。

第三节　测土配方施肥信息服务系统

测土配方施肥信息服务系统可对三穗县不同生态条件下水稻、玉米、油菜和马铃薯4种作物的施肥提供决策咨询,咨询分为面上服务的单元配方和根据采样点进行的采样配方,配方的推荐达到个性化服务,能实现氮、磷、钾肥的施用量推荐,施用时期分配,不同肥料品种的组合决策、产量预测、效益估算等功能。该系统简便明了,既能满足政府农业主管部门的决策需求,又能满足推广单位的指导需要。

一、触摸屏信息服务系统

触摸屏是目前最简单、方便且适用于农户使用的信息查询输入设备,采用施肥分区将各乡镇进行划分,系统安装在触摸屏一体机上,能够放在公众场合使用,方便农民及时快捷、方便地浏览、查看和打印所需的信息,三穗县触摸屏系统界面如图9-1所示。触摸屏系统在三穗县八弓镇、台烈镇、瓦寨镇、桐林镇、长吉镇、款场乡6个区域进行了安装使用。

图9-1　三穗县触摸屏系统界面图

(一)开发平台及工具

系统以 Microsoft. NET Framework 为平台,Microsoft Visual Studio C# 2008 为工具,Arc GIS Engine 和 Access 为数据库进行集成开发。

(二)系统功能与结构

系统主要由地图推荐施肥、样点推荐施肥、测土配方施肥知识、作物栽培管理知识、农业技术影像课件等功能模块组成。

1. 地图推荐施肥

地图推荐施肥是以土壤测试和肥料田间试验为基础,根据作物需肥规律、土壤供肥性能和肥料效应,在合理施用有机肥料的基础上,对具体田块的目标产量施肥量和最佳经济效益施肥量进行计算,提出氮、磷、钾及微量元素等肥料的施用数量、施肥时期和施肥办法。地图推荐施肥技术的核心是调节和解决作物需肥与土壤供肥之间的矛盾。

在系统主界面点击"地图推荐施肥"按钮打开地图推荐施肥界面,如图9-2所示。界面下方的一排按钮提供了基本的地图导航功能(包括放大、缩小、全图和漫游等)。界面左侧是图层树状表,包括样点、县界、乡镇界、村界、公路、水库(河流)、城镇、居民地、施肥单元等图层,用户可以通过勾选图层名选择需要加载的图层,界面右侧是图层显示窗口。

在进行"推荐施肥"计算之前,首先要加载施肥单元图层,用户可以在界面左侧的图层树状表中勾选施肥单元图层,实现施肥单元图层的加载。施肥单元包括旱地、水田,分别用浅绿色、浅红色表示。用户可通过"放大""漫游"来寻找地块,再对耕地单元进行"推荐施肥"计算。

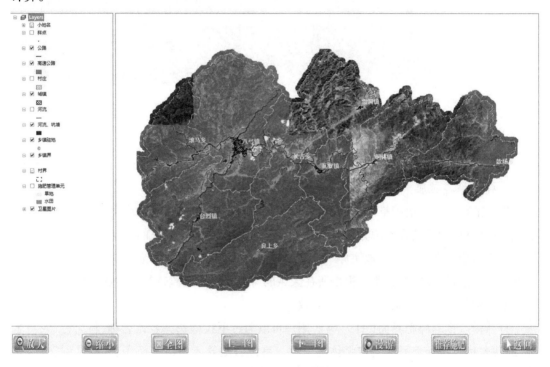

图9-2　地图推荐施肥界面(1)

系统在进行施肥决策时,所有"条件"在一个界面完成选择输入(图9-3),在"条件"方面,系统调用前期采集的信息数据库中的数据(如土种类型、质地、土壤养分测试值等),以简化咨询流程。农户根据所在区域的特点及自身经验对界面中参数进行一定程度的调整,调整后点击"计算施肥量"按钮进行施肥量计算,系统自动打印施肥推荐卡。施肥推荐卡上包括该单元地理位置、土种名称、土壤养分测试值、施肥纯量、总肥料用量、各期追肥用量等内容,更加直观地为农民提供土壤资源情况和安全施肥信息。

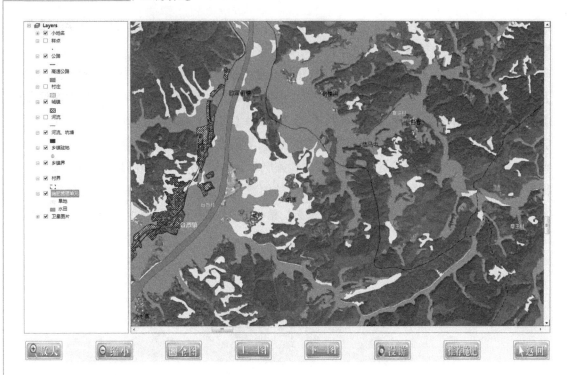

图 9 - 3　地图推荐施肥界面(2)

2. 样点推荐施肥

样点推荐施肥与地图推荐施肥不同的是,可以通过村名、农户、地块名称的选择确定需要查看的地块,为不熟悉地图方位的用户提供了便利。对采样地块的科学推荐施肥是本模块的核心功能。在获得采样地块详细信息的基础上,选择现有的模型,根据所在区域的土壤条件推理出推荐施肥结果,用户根据所在区域的特点及自身经验进行一定程度的调整,最终形成推荐施肥结果——系统推荐施肥建议卡。

打开样点推荐施肥界面(图 9 - 4),用户可以通过下拉框选择乡镇名称、村名称、农户名称、地块名称及统一编号等指定具体的地块。系统自动导入该田块面积、土种名称、土壤采样时间及养分测试值等,然后点击左下方的"计算施肥量"按钮进行施肥量的推荐。

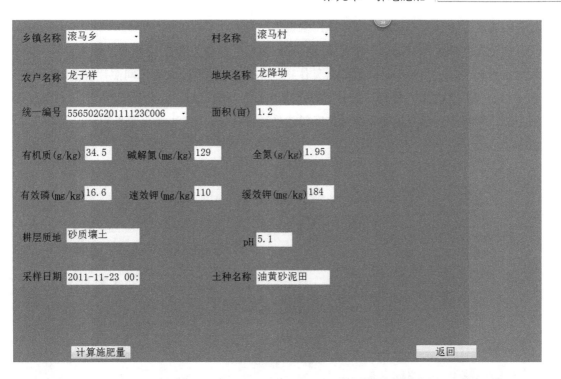

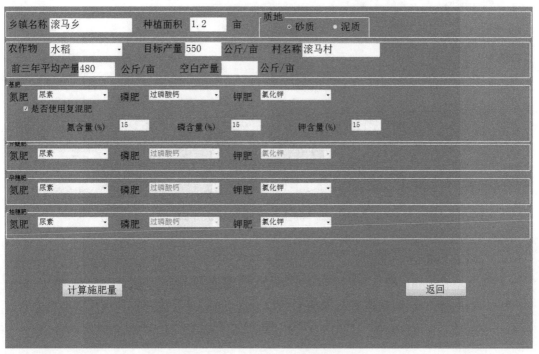

图 9-4　样点推荐施肥界面

3. 测土配方施肥知识

测土配方施肥知识模块由缺素症状、测土配方施肥知识和肥料知识 3 部分内容组成，主要介绍常见作物缺素症状以及肥料施用常识等。

作物在生长过程中常由于缺乏氮、磷、钾或微量元素而发生生长异常，"缺素症状"部分收集了水稻、玉米、油菜和马铃薯等常见作物的缺素症状，辅以大量田间照片，图文并茂，形象生动。"测土配方施肥知识"部分主要介绍测土配方施肥的相关知识，指导用户科学施用配方肥。肥料知识部分主要介绍常见肥料的品种特性、施用方法及注意事项等。见图9-5所示。

图9-5　测土配方施肥知识界面

4.作物栽培管理知识

作物栽培管理知识模块主要介绍了水稻、玉米、油菜、马铃薯、小麦、烤烟、梨、柑橘、蔬菜等常见作物的优良品种、栽培技术、管理技术以及病虫害防治技术等。为用户掌握先进的作物栽培管理技术提供了参考。见图9-6所示。

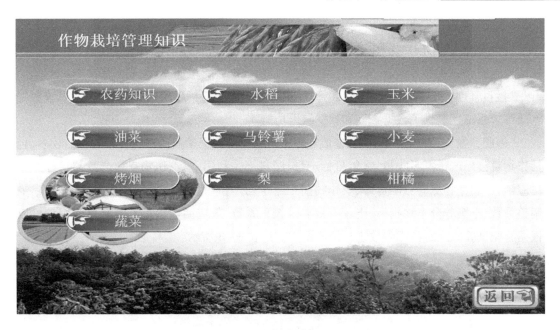

图9-6　作物栽培管理知识界面

5.农业技术影像课件

　　农业技术影像课件模块主要播放主要作物的栽培、病虫害防治等与农业生产密切相关的视频,形象直观地展示农业常识和农业技术。播放窗口有视频播放控制控件,可以播放、暂停和停止视频播放,拖动声音控制滑块可调节声音的大小,拖动播放进度块可以实现视频任意点播放。通过界面下方的"上一个"和"下一个"的按钮,实现视频的顺序播放。见表9-7所示。

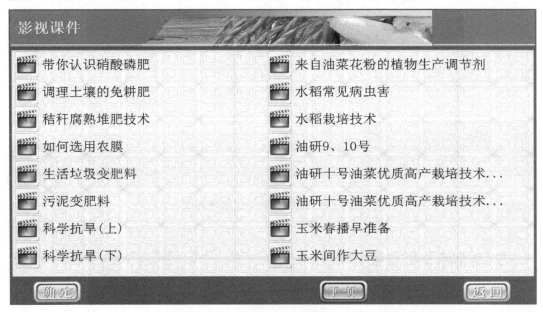

图9-7　农业技术影像课件界面

(三)系统后台管理

后台管理主要用于维护和更新技术资料数据库。后台管理由栏目管理、内容管理、视频管理和施肥参数 4 部分组成,管理员可以在后台对数据进行增加、更改或删除操作。

"栏目管理"和"内容管理""视频管理"允许用户对各级标题及内容进行增加、修改和删除操作。系统还提供了数据查询和数据导出功能。

"施肥参数"模块提供了查询、修改和导出现有配方施肥参数的功能。施肥参数较多,包括作物百公斤产量氮吸收量、常年目标产量、肥料当季利用率、农作物空白产量与目标产量对应函数、农作物肥料分配运筹、农作物前三年平均产量与目标产量增产率、土壤养分丰缺调整系数、土壤养分丰缺指标、土壤有效养分校正系数、效应函数法推荐施肥等。用户可以根据施肥试验结果对施肥参数进行修改调整。见表 9 – 8 所示。

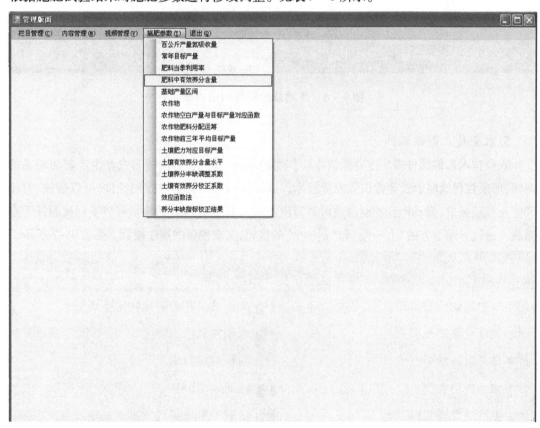

图 9 – 8　施肥参数下拉菜单界面

二、智能手机信息服务系统

针对农技人员与农民对施肥信息的需求,结合三穗县生态特点,集成农业专家系统技术、嵌入式系统技术、GIS 技术,设计开发基于智能手机平台的 Android 操作系统下的县级测土配方施肥手机查询信息系统。该系统所需硬件投入低,并具有嵌入式移动 GIS 所具有的高集成和便携使用的优势,能在一定程度上解除因大部分基层农技推广部门和农民的计算机等硬件设施力量有限、网络建设力量薄弱等所导致的测土配方施肥触摸屏查询系统使用的局限性,能更好地应用于农村基层。目前,县级测土配方施肥手机查询信息系统已经在三穗县进行了安装使用,共计7台。

(一)开发平台及工具

测土配方施肥手机查询信息系统采用 JDK、Eclipse、ArcGIS for Android 为开发工具进行系统开发。系统集空间数据、属性数据及各类多媒体数据为一体。

(二)系统功能与结构

系统由首页、施肥、技术、视频、查询、维护部分组成。系统可对田间耕地的任何位点进行定位,根据地块土壤养分等各方面自然原因,按照具有科学规定的配方施肥计算公式,实现对水稻、玉米、油菜和马铃薯4种农作物的氮、磷、钾肥施用量、施用时期分配进行推荐。同时,在本系统中提供的各种农业相关的技术知识以及视频等,能更好地为作物种植提供有效、有力的帮助。

1. 用户与权限

用户在注册成功后,登录系统,能够根据用户归属地进行测土配方施肥查询,同时能够浏览和观看农业技术知识和视频。用户未登录进入系统,直接跳转到登录页面,提示登录才能访问系统其他功能。见图9-9所示。

2. 首　页

首页展示登录用户归属地的简介,包括地理环境、人文风俗、特色特产、地力等级等相关介绍。见图9-10所示。

图9-9　系统登录界面图　　图9-10　系统首页界面图

3. 施　肥

施肥模块是本系统的核心部分,具有推荐施肥与施肥相关知识两大类内容,其中:推荐施肥分为地图推荐施肥、样点推荐施肥;施肥相关知识包括施肥知识、肥料知识、缺素症状等技术资料。

在推荐施肥量时有目标产量的三种获取方法选择推荐模型。在用户能提供空白产量的情况下采用地力差减法计算,其中目标产量由用户指定的空白产量通过"农作物空白产量与目标产量对应函数"生成;当用户提供不了空白产量而提供前三年平均产量时,采用土壤养分校正系数进行计算,目标产量由用户指定的农作物前三年平均产量通过"农作物前三年平均目标产量"中的"增幅"生成。当用户无法确定农作物前三年平均产量和空白产量时,可以通过直接输入"目标产量",采用肥料效应函数法计算出的区域施肥量进行推荐。计算出的施肥量是经过土壤养分丰缺程度进行施肥策略校正的。样点推荐施肥界面如图 9 – 11 所示。

图 9 – 11　样点推荐施肥界面图　　　　图 9 – 12　系统技术界面图

4. 技　术

技术菜单中,主要是对水稻、玉米、马铃薯、油菜等农业相关的技术知识的介绍与学习,存在多级菜单,当点击子菜单下还存在菜单,展示菜单列表,若点击菜单下不存在菜单,则展示文章列表。如图9－12所示。

5. 视　频

通过软件可以下载农业技术知识视频到手机上,进行离线观看。若点击观看的视频没有下载,则提示进行下载后观看,已经下载的视频,直接进入播放页面。观看中的视频可进行快进或者快退以及暂停等操作。见图9－13所示。

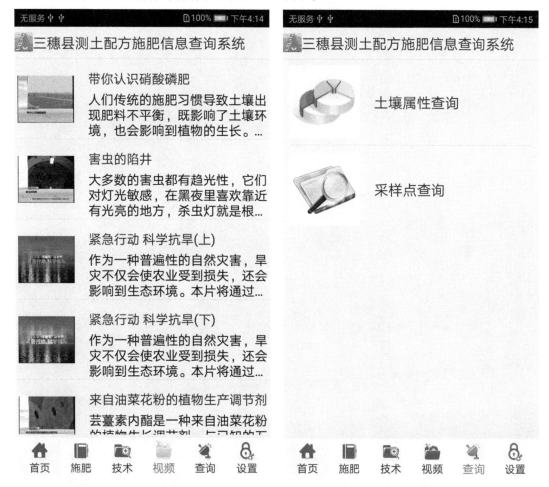

图9－13　系统视频界面图　　　　图9－14　系统查询功能界面图

6. 查　询

查询功能主要分为土壤属性查询和采样点查询两类:土壤属性查询可以根据行政区划进行查询,用户通过选择县区名称、乡镇名称、村名称对不同级别行政区耕地土壤属性进行查询;采样点查询则需要用户输入具体测土配方施肥项目采样点统一编号来进行查询。见

图 9 – 14 所示。

7. 设　置

设置页面可以进行用户登录、退出、信息查看、日志查看、下载数据等操作。在登录时，可以设置默认登录，设置后再次进入应用，不需要进行登录，系统给予默认登录。其他操作必须在用户登录的前提下才能够进行访问。

参考文献

[1] BOJORQUEZ-TAPIA L A, DIAZ-MOADRAGON S, EZCURRA E. GIS – based approach for participatory decision making and land suitability assessment[J]. International Journal of Geographical Information Science, 2001, (40):477 – 492.

[2] BURROUGH P A. Matching spatial databases and quantitative models in land resource assessment[J]. Soil Use and Management, 1989, 5(1): 3 – 8.

[3] D'HAEZE D, DECKER J, RAES D, et al. Environment and socio economic impacts of institutional reforms on agricultural sector of Vietnam Land suitability assessment for Robusta coffee in the Dak Gan region[J]. Agriculture, Ecosystems and Environment, 2005, (105):59 – 76.

[4] DAVIDSON D A, THEOCHAROPOULOS S P, BLOKSMA R J. A land evaluation project in Greece using GIS and based on Boolean and fuzzy set methodologies[J]. International Journal of Geographical Information System, 1994, (8):369 – 380.

[5] GB/T 17296 – 2009, 中国土壤分类与代码[S]. 北京: 中国标准出版社, 2009.

[6] GONZALEZ X P, MAREY M F, ALVAREZ C J. Evaluation of productive rural land patterns with joint joint regard to the size, shape and dispersion of plots[J]. Agricultural System, 2007, (92):52 – 62.

[7] GORDON H, RICHARD V B. A method of land evaluation including year to year weather variability[J]. Agricultural and Forest Meteorology, 2000, (101):203 – 216.

[8] MESSING I, HOANG FAGERSTROM M H, CHEN L D, et al. Criteria for land suitability evaluation in a small catchment on the Loess Plateau in China[J]. Catena, 2003, (54):215 – 234.

[9] KALOGIROU S. Expert Systems and GIS: an application of land suitability evaluation[J]. Environment and Urban Systems, 2002, (26):89 – 112.

[10] KAMUNYA S M, WACHIRA F N, MUOKI R C. Evaluation of newly developed clones of tea [Camellia Sinensis (L.) O. Kuntze] for yields, drought tolerance and quality: preliminary indications[J]. Tea, 2004, 25(1): 12 – 19.

[11] KOLLIAS V J, KALIVAS D P. The enhancement of a commercial geographical information system (ARC/INFO) with fuzzy processing capabilities for the evaluation of land resources[J]. Computers and electronics in agriculture, 1998, (20):79 – 95.

[12]LI H,SUN D F,ZHANG F R,et al. Suitability evaluation of fruit trees in Beijing western mountain areas based on DEM and GIS[J]. Transactions of the Chinese Society of Agricultural Engineering. 2002,18:5,250 – 255.

[13]LI J,LEWIS J,ROWLAND J,et al. Evaluation of land performance in Senegal using multi-temporal NKVI and rainfall series[J]. Journal of Arid Environment,2004,(59):463 – 480.

[14]LUCKMAN P G,JESSEN M R,GIBB R G. Use of expert systems and GIS in land evaluation[J]. New Zealand Geographer,1990, (46):15 – 20.

[15]McCLEAN C J,CHERRILL A J,FULLER R M. The integration of three classifications within a decision support system for land use planning[M]. In P. Fisher(Ed),Innovations in GIS (pp. 137 – 149). London:Taylor and Francis,1995.

[16]NG'ETICH W K. The tea plant's responses to environment:a review[J]. Tea,2003,24(1):29 – 37.

[17]NISAR A T R, GOPAL R K,MURTHY J S R. GIS-based fuzzy membership model for crop-land Suitability analysis[J]. Agricultral Systems,2000,(63):75 – 95.

[18]OGUNKUNLE A O. Soil in land suitability evaluation:an example with oil palm in Nigeria[J]. Soil Use and Management,1993, 9(1):35 – 40.

[19]THAPA R B,MURAYAMA Y. Land evaluation for peri-urban agriculture using analytical hierarchical process and geographic information system techniques:A case study of Hanoi[J]. Land Use Policy, 2008,(25): 225 – 239.

[20]RANST E V. Application of fuzzy logic to land suitability for rubber production in peninsular, Thailand[J]. Geoderme,1996,70(1):1 – 19.

[21]ROSSITER D G. ALES:A microcomputer program to assist in land evaluation[J]. Land qualifies in space and time, ISSS Symp,Wageningen,1989,(p1):113 – 116.

[22]SATYAVATHI P L A,REDDY M S. Soil-site suitability for six major crops in Telangana Region of Andhra Pradesh[J]. Journal of the Indian Society of Soil Science,2004,52(3):220 – 225.

[23]SEFFINO L A,MEDEIROS C B,ROCHA J V, et al. WOODSS-A spatial decision support system based on workflows[J]. ELSEVIER-Decision Support Systems,1999,(27):105 – 123.

[24]TAMGADGE D B, GAJBHIYE K S, BANKAR W V. Evaluation of soil suitability for paddy cultivation in Chhartisgarh – a parametric approach[J]. Journal of the Indian Society of Soil Science,2002,50(1):81 – 88.

[25]鲍艳,胡振琪,柏玉,等. 主成分聚类分析在土地利用生态安全评价中的应用[J]. 农业工程学报,2006,22(8):87 – 90.

[26]毕如田,王镔,王晋民. 基于 MAPGIS 的耕地地力评价系统的建立及应用[J]. 山西农业大学学报,2005,(25):97 – 101.

[27]才华,李双异,徐志强,等. 基于 CLRMIS 的辽中县耕地地力评价[J]. 国土资源科技管理,2009,26(4):11 – 15.

[28]陈加兵,曾从盛. 主成分分析、聚类分析在土地评价中的应用——以福建沙县夏茂镇水稻土为主要评价对象[J]. 土壤,2001,(05):243 – 246.

[29]陈署晃,耿庆龙,张昀,等. 基于 GIS 的新疆县级耕地地力评价研究[J]. 新疆农业科学,2010,47(1):184 – 188.

[30]程亮. 基于 GIS 技术和多光谱遥感影像耕地地力评价比较研究——以安徽省肥西县为例[D]. 合肥:安

徽农业大学,2012.

[31]樊燕.梁平县耕地地力评价研究[D].重庆:西南大学,2008.

[32]方琳娜,宋金平.基于SPOT多光谱影像的耕地质量评价——以山东省即墨市为例[J].地理科学进展,2008,27(5):71－78.

[33]方睿红,常庆瑞,宋利珍,等.改进灰色关联模型在秦巴山区耕地地力评价中的应用[J].水土保持通报,2012,32(2):122－126,131.

[34]方先知,金勇章,辛建鑫,等.土地合理利用及其综合评价研究[Z].国家科技成果,2008.

[35]冯长春,侯玉亭.城镇土地评价中主成分分析法的应用[J].中国国土资源经济,2007,(07):27－31.

[36]冯耀祖,耿庆龙,陈署晃,等.基于GIS的县级耕地地力评价及土壤障碍因素分析[J].新疆农业科学,2011,48(12):2281－2288.

[37]傅伯杰.黄土区农业景观空间格局分析[J].生态学报,1995,(15):113－120.

[38]傅伯杰.陕北黄土高原土地评价研究[J].水土保持学报,1991,5(1):1－7.

[39]付金霞,常庆瑞,李粉玲,等.基于GIS的黄土高原地貌复杂区县域耕地地力评价[J].地理与地理信息科学,2011,04:57－61.

[40]高雪,龙胜碧.锦屏耕地[M].贵阳:贵州科技出版社,2013.

[41]高雪,赵恩学,赵伦学.黔西耕地[M].贵阳:贵州科技出版社,2014.

[42]贵州省土壤普查办公室.贵州省土壤[M].贵阳:贵州科技出版社,1994.

[43]贵州省土壤普查办公室.贵州土种志[M].贵阳:贵州科技出版社,1994.

[44]郭亚东,史舟,姜纪红.杭州市特色农作物适宜性评价WebGIS咨询系统的研制[J].浙江农业科学,2006,(3):237－241.

[45]何毓蓉,周红艺,张保华,等.长江上游典型区的耕地地力与农业结构调整:以川江流域及其周边地区为例[J].水土保持学报,2003,17(3):86－88,92.

[46]胡兵,熊德祥,潘剑君.农用地质量模糊综合评价模型的建立与检验[J].南京农业大学学报,1998,(3):67－72.

[47]胡富伟,杨德智.凯里耕地[M].贵阳:贵州科技出版社,2017.

[48]胡月明,冯立孝.小区域土地资源宜茶性评价[J].茶叶科学,1991,(02):121－126.

[49]胡月明,万洪富,吴志峰.基于GIS的土壤质量模糊变权评价[J].土壤学报,2001,38:226－238.

[50]黄河.GIS支持下的莆田县耕地基础地力评价与可持续利用对策[J].福建农林大学学报(自然科学版),2004,(33):245－249.

[51]黄河.GIS支持下的区域蔬菜地适宜性评价[J].福建农业学报,2004,19(2):108－112.

[52]黄健,李会民,张慧琳,等.基于GIS的吉林省县级耕地地力评价与评价指标体系的研究——以九台市为例[J].土壤通报,2007,38(3):422－426.

[53]黄伟娇.基于GIS的杭州市特色经济作物土地适宜性评价[D].福州:福建农林大学,2011.

[54]黄杏元.地理信息系统支持区域土地利用决策的研究[J].地理学报,1993,(48):114－121.

[55]侯伟,张树文,李晓燕,等.黑土区耕地地力综合评价研究[J].农业系统科学与综合研究,2005,21(1):43－46.

[56]侯文广,江聪世,熊庆文,等.基于GIS的土壤质量评价研究[J].武汉大学学报(信息科学版),2003,28(1):60－64.

[57]孔源. GIS 在耕地地力评价中的应用研究[D]. 昆明:云南大学,2011.

[58]李爱英,陈国亮. 回归分析方法在农用地评价中的应用——以新疆阜康市为例[J]. 现代农业科技,2010,(20):387 – 388,390.

[59]李莉捷,童倩倩,孙长青,等. GIS 支持下的贵州省赫章县耕地地力评价[J]. 湖北农业科学,2013,52(4):798 – 802,806.

[60]李雯雯,吴荣涛. 基于层次分析法的伊川县耕地地力评价[J]. 河南农业大学学报,2013,47(2):216 – 221.

[61]林碧珊,汤建东,张满红. 广东省耕地地力等级研究与评价[J]. 生态环境,2005,14(1):145 – 149.

[62]林小莹,王占岐,殳浩. 回归分析在农用土地分等中的应用[J]. 资源环境与工程,2005,19(1):65 – 69.

[63]刘广余. 用回归分析确定土地评价参评因素及其权重的局限性与存在的问题[J]. 北京农业科学,1988,(1):30 – 32.

[64]刘京,常庆瑞,陈涛,等. 黄土高原南缘土石山区耕地地力评价研究[J]. 中国生态农业报,2010,18(2):229 – 234.

[65]刘友兆,王峻,刘吉军,等. 地理信息系统支持下的县城耕地分等研究[J]. 南京农业大学学报,2001,(24):106 – 110.

[66]刘洋,张雅杰. 模糊—超图聚类模型在土地评价中的应用研究[J]. 武汉理工大学学报,2007,29(11):126 – 128.

[67]刘岳,梁启章,沈洪全. 土地信息系统及其试验研究——以北京十三陵地区为例[M]//. 中国地理学会,地理学与农业. 北京:科学出版社,1983:86 – 93.

[68]楼文高. 基于人工神经网络的三江平原土壤质量综合评价与预测模型[J]. 中国管理科学,2002,10:19 – 23.

[69]鲁明星. 湖北省区域耕地地力评价及其应用研究[D]. 武汉:华中农业大学,2007.

[70]鲁明星,贺立源,吴礼树,等. 基于 GIS 的华中丘陵区耕地地力评价研究[J]. 农业工程学报,2006,22(8):96 – 100.

[71]聂艳,周勇,余靖,等. 基于 GIS 和模糊物元贴近度聚类分析模型的耕地质量评价[J]. 土壤学报,2005,42(4):551 – 558.

[72]欧阳进良,宁振荣. 基于 GIS 的县域不同作物土地综合生产力评价[J]. 农业现代化研究,2002,23:97 – 101.

[73]潘峰,梁川,付强. 基于层次分析法的物元模型在土壤质量评价中的应用[J]. 农业现代研究,2002,(32):92 – 96.

[74]彭补拙,李春华,濮立杰,等. 中亚热带北缘青梅土地适宜性评价方法探讨[J]. 自然资源,1994,(2):14 – 21.

[75]秦明周,赵杰. 城乡结合部土壤质量变化特点与可持续利用对策:以开封市为例[J]. 地理学报,2000,55(5):545 – 554.

[76]邱炳文,周勇,李学垣. 地理信息系统支持下的区域土壤资源适宜性动态评价[J]. 土壤学报,2002,39(3):301 – 307.

[77]盛建东,文启凯,蒋平安,等. 投影寻踪回归技术在棉花土地适宜性评价中的应用[J]. 干旱地区农业研究,1997,14(2):36 – 41.

[78]史舟,管彦良,王援高,等. 基于 GIS 的县级柑桔适宜性评价咨询系统研制[J]. 浙江大学学报(农业与生命科学版),2002,28(5):492 - 494.

[79]宋于洋,王炳举,董伟,等. 多因素模糊综合评判在新疆种植晚红葡萄区划上的应用[J]. 新疆农业科学,2001,38(1):7 - 9.

[80]孙艳玲,郭鹏,刘洪斌,等. 基于 GIS 的土壤肥力综合评价[J]. 西南农业大学学报,2003,(25):176 - 179.

[81]孙翔,刘保成. 土地评价中回归分析方法的应用:以吉林省榆树县为例[J]. 中国土地科学,1990,(1):22 - 28.

[82]唐嘉平,刘钊. 基于 GIS 的特色经济作物种植适宜性评价系统[J]. 农业系统科学与综合研究,2002,18(1):9 - 12.

[83]田有国. 基于 GIS 的全国耕地质量评价方法及应用[D]. 武汉:华中农业大学,2004.

[84]汪华斌,李江风,吕贻峰,等. 清江流域旅游资源多层次灰色评价[J]. 系统工程理论与实践,2000,(4):127 - 131.

[85]王飞. 基于 GIS 技术的福建省主要经作用地适宜性评价及区划[D]. 福州:福建农林大学,2006.

[86]王桂芝. 基于 GIS 的三亚市热作土地适宜性评价模型的建立[J]. 测绘信息与工程,1997,(2):23 - 28.

[87]王建国. 模糊数学在土壤质量评价中的应用研究[J]. 土壤学报,2001,(38):176 - 185.

[88]王令超,曹富有,彭世琪. 中国耕地的基础地力与土壤改良[J]. 地域研究与开发,2001,20(3):10 - 12,38.

[89]王璐,于文,苏俊,等. 基于 GIS 的八五五农场耕地地力评价研究[J]. 吉林农业,2011,(4):87.

[90]王瑞燕,赵庚星,李涛,等. GIS 支持下的耕地地力等级评价[J]. 农业工程学报,2004,20(1):307 - 310.

[91]王新忠,林仪,于磊. 天然草地类型综合评价中的数据处理及灰色关联度分析[J]. 系统工程理论与实践,2000,(2):131 - 135,140.

[92]王雪梅,柴仲平,武红旗,等. 阿克苏市耕地地力评价与改良利用研究[J]. 水土保持通报,2013,33(1):162 - 166.

[93]温修春. 样地法农用地定级的技术方法与应用研究——以江都市大桥镇为例[D]. 南京:南京农业大学,2004.

[94]吴克宁,郑义,康鸳鸯,等. 河南省耕地地力调查与评价[J]. 河南农业科学,2004(9):49 - 52.

[95]吴立忠,郭氏乾,张保田. 基于 GIS 的黄土高原丘陵沟壑区的耕地地力评价研究——以天水市麦积区耕地地力评价为例[J]. 中国农业资源与区划,2009,30(6):35 - 41.

[96]夏忠敏,韩峰. 龙里耕地[M]. 贵阳:贵州科技出版社,2016.

[97]向平南. 林地资源质量评价方法探讨——以广西兴安县为例[J]. 自然资源,1988,(2):17 - 24.

[98]徐超. 基于 ArcGIS Engine 的县域耕地地力评价研究[D]. 乌鲁木齐:新疆农业大学,2010.

[99]冶军,吕新. 主成分分析在棉田质量评价中的应用[J]. 石河子大学学报(自然科学版),2004,22(4):289 - 291.

[100]尹君,许啸,林培,等. 地理信息系统在土地多宜性评价中的应用[J]. 河北农业大学学报,1998,21(1):83 - 88.

[101]张海涛,周勇,汪善勤,等. 利用 GIS 和 RS 资料及层次分析法综合评价江汉平原后湖地区耕地自然地

力[J].农业工程学报,2003,19(2):219－223.

[102]张红旗.GIS 支持的县级区域柑桔土地适宜性综合评价[J].资源科学,1998,20(1):62－70.

[103]张萍,刘高焕,邢立新.农业土地资源动态评价模型研究[J].国土资源遥感,2000,(1):51－56.

[104]张雁.基于 RS、GIS 的喀斯特地区土地适宜性评价研究[D].北京:北京林业大学,2007.

[105]钟德燕,常庆瑞.基于 GIS 的黄土丘陵沟壑区耕地地力评价研究[J].农机化研究,2012,(6):7－12.

[106]周福红.安徽省明光市优势作物适宜性评价与布局[J].安徽农业科学,2011,39(27):16 507－16 512.

[107]周红艺,熊东红,杨忠,等.长江上游典型地区基于 SOTER 数据库的耕地地力评价[J].土壤通报,2005,36(2):145－148.

[108]周勇,李倩,魏忠海,等.RS 和 GIS 支持的农用土地物元综合评价[J].土壤侵蚀与水土保持学报,1999,5(3):75－80.

[109]朱德兰,马国强,朱首军,等.榆林风沙区乔灌木树种适宜性评价[J].西北林学院学报,2003,18(4):54－56.

[110]朱磊,盛建东,武红旗.基于 GIS 的和硕县耕地地力评价与耕地土壤改良分区制图[J].新疆农业科学,2013,50(1):132－139.

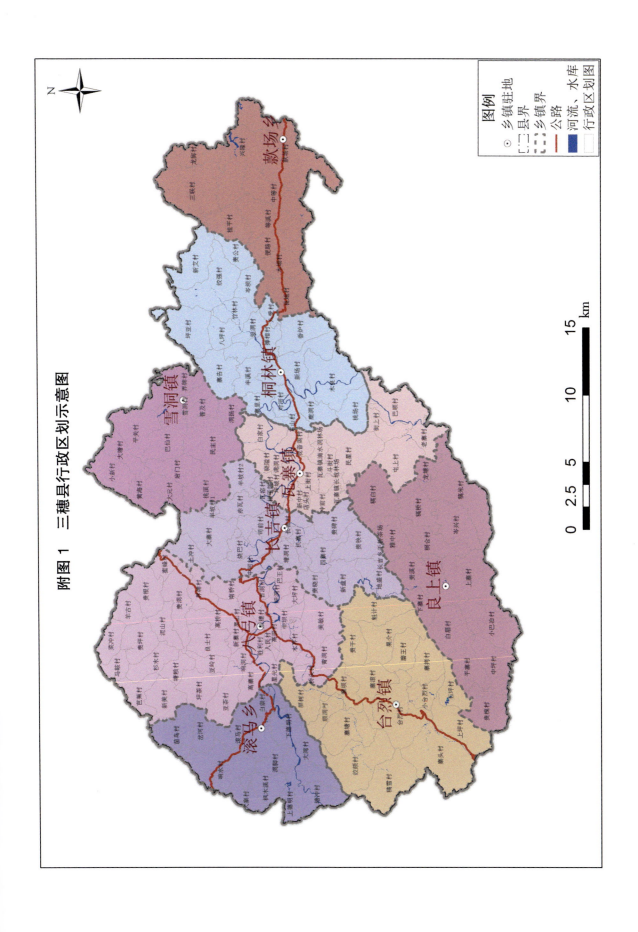

附图 1 三穗县行政区划示意图

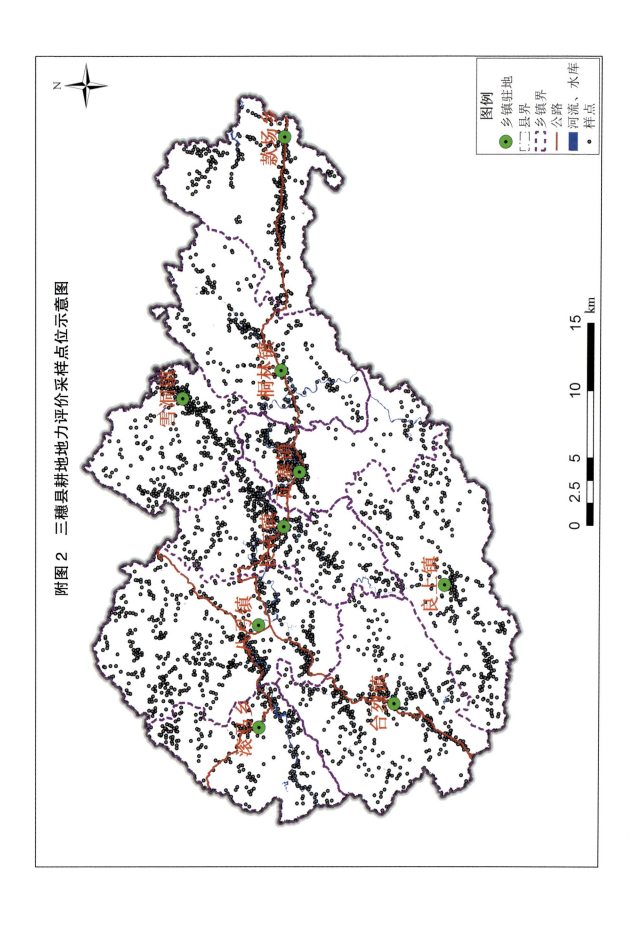

附图 2　三穗县耕地地力评价采样点位示意图

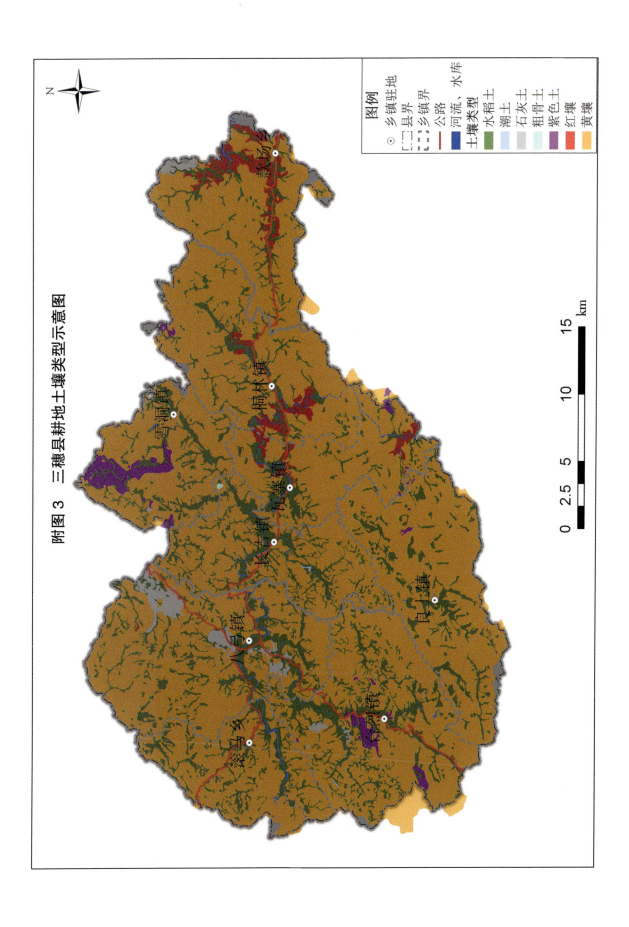

附图 3 三穗县耕地土壤类型示意图

图例
⊙ 乡镇驻地
☐ 县界
乡镇界
公路
河流、水库
土壤类型
水稻土
潮土
石灰土
粗骨土
紫色土
红壤
黄壤

N

赤吊乡
雪洞镇
桐林镇
瓦寨镇
长吉镇
八弓镇
良上镇
滚马乡
台烈镇

0   2.5   5   10   15
km

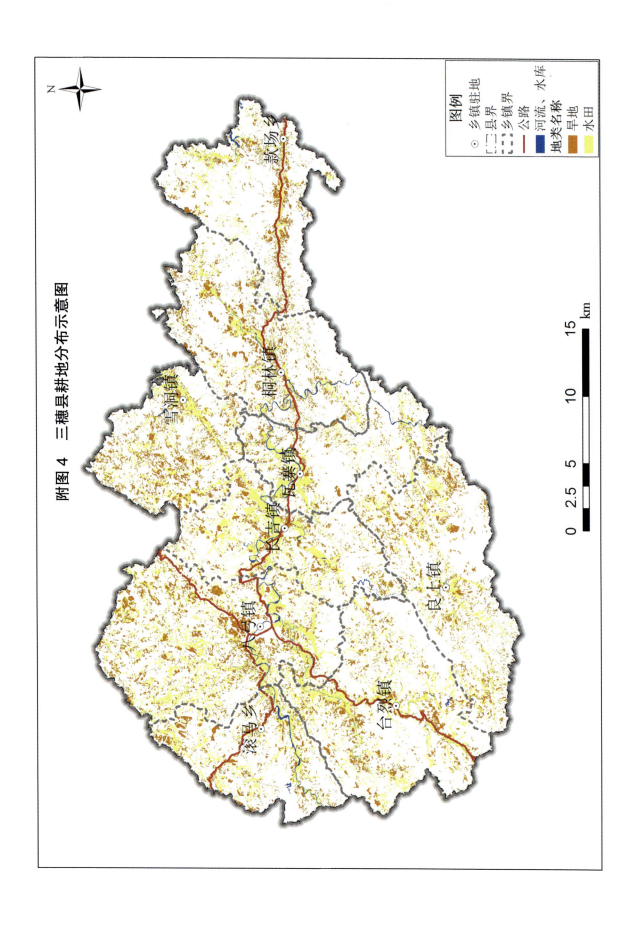

附图 4　三穗县耕地分布示意图

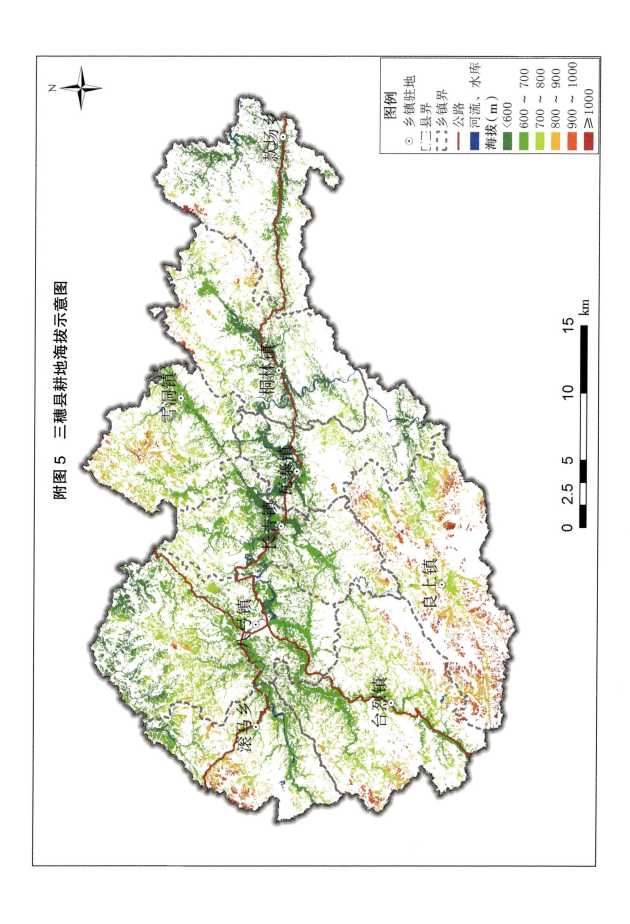

附图 5　三穗县耕地海拔示意图

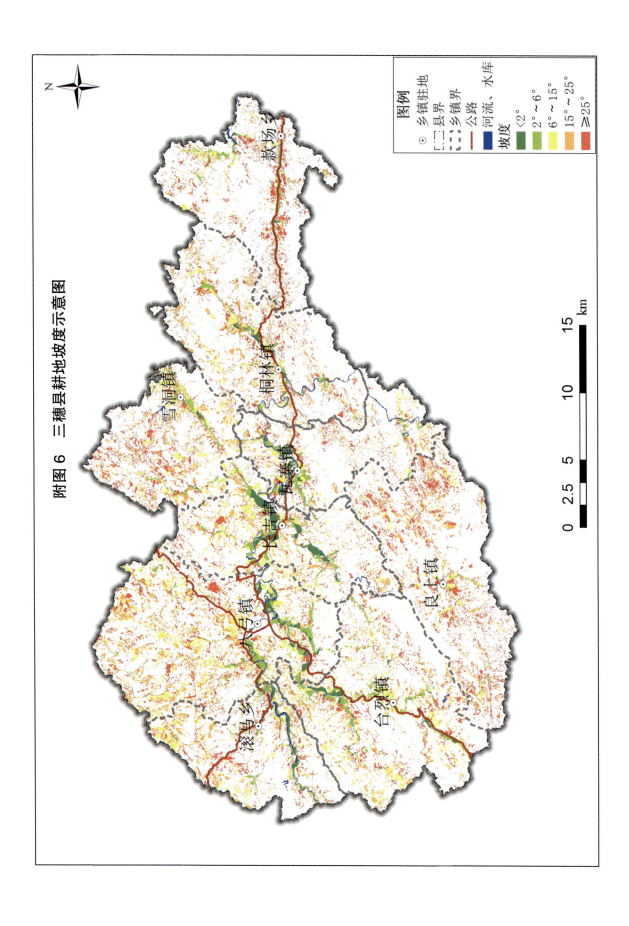

附图 6 三穗县耕地坡度示意图

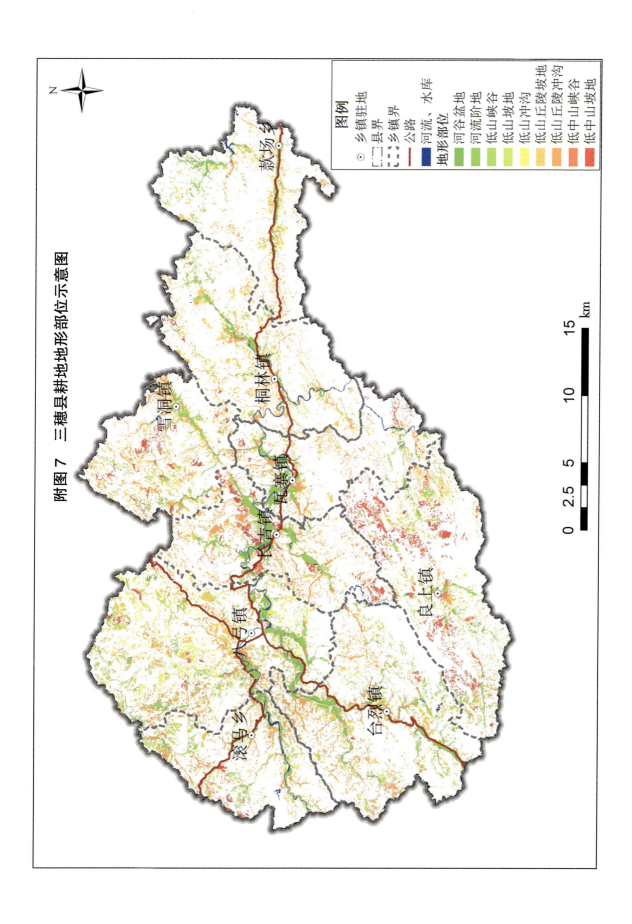

附图 7　三穗县耕地地形部位示意图

图例

⊙　乡镇驻地
　　县界
　　乡镇界
　　公路
　　河流、水库
　　地形部位
　　河谷盆地
　　河流阶地
　　低山峡谷
　　低山坡地
　　低山冲沟
　　低山丘陵坡地
　　低山丘陵冲沟
　　低中山峡谷
　　低中山坡地

款场乡
桐林镇
瓦寨镇
雪洞镇
长吉镇
八弓镇
良上镇
滚马乡
台烈镇

N

0　2.5　5　10　15 km

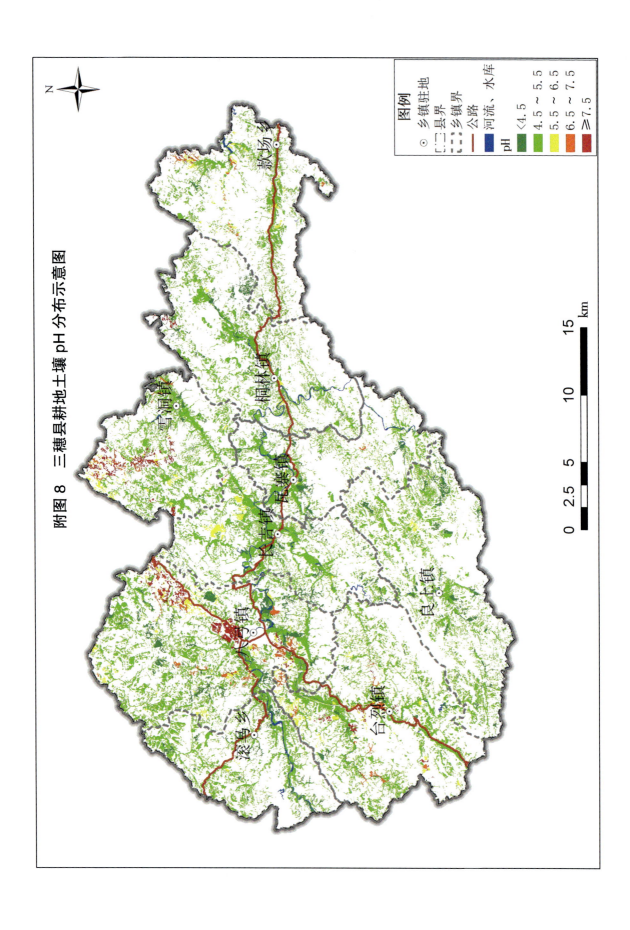

附图 8　三穗县耕地土壤 pH 分布示意图

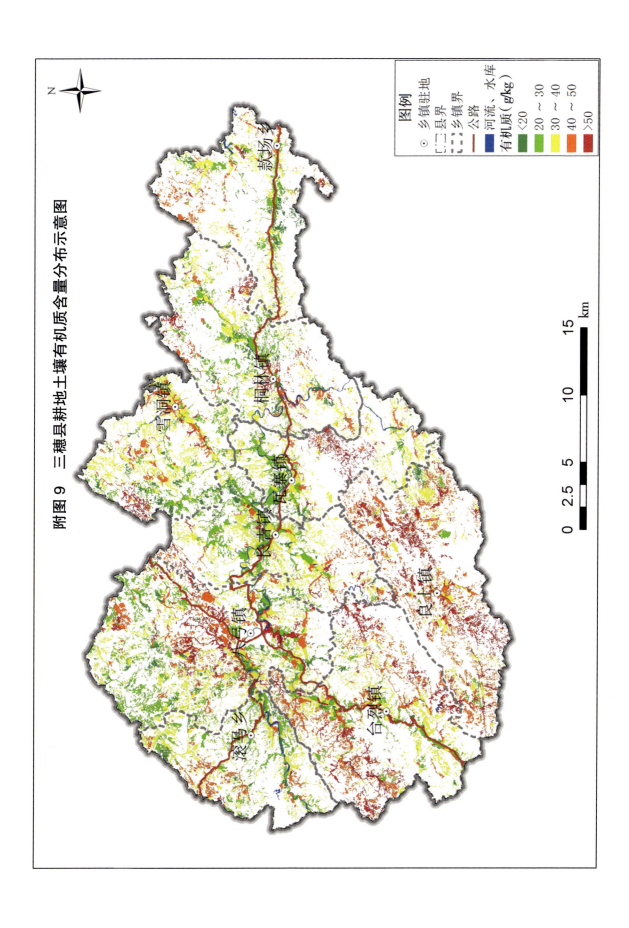

附图 9 三穗县耕地土壤有机质含量分布示意图

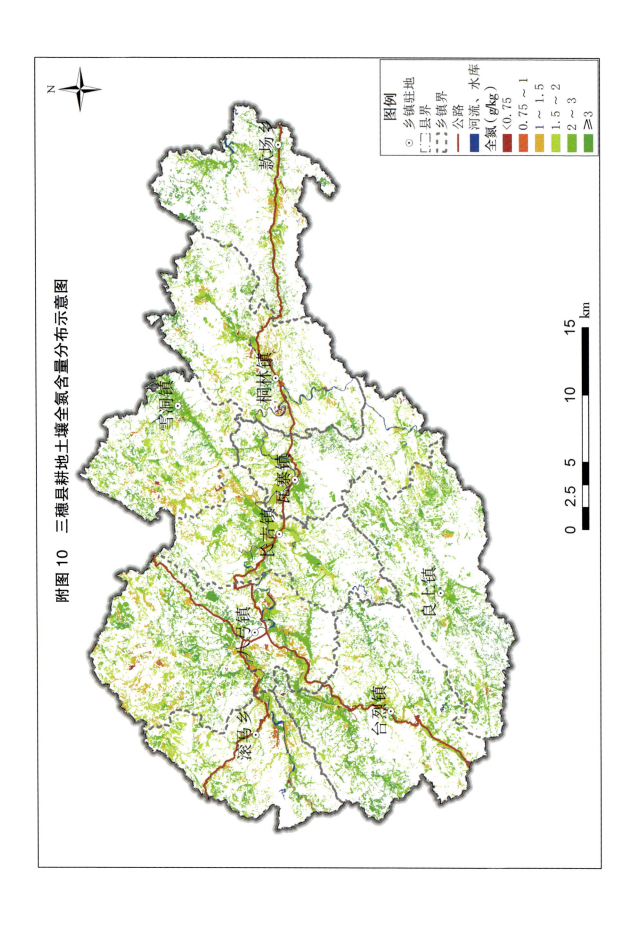

附图 10　三穗县耕地土壤全氮含量分布示意图

图例

⊙　乡镇驻地

[ ] 县界

[ ] 乡镇界

——　公路

——　河流、水库

全氮（g/kg）

<0.75

0.75～1

1～1.5

1.5～2

2～3

≥3

款场乡

桐林镇

雪洞镇

瓦寨镇

台烈镇

良上镇

八弓镇

台烈镇

滚马乡

0　2.5　5　　10　　15　km

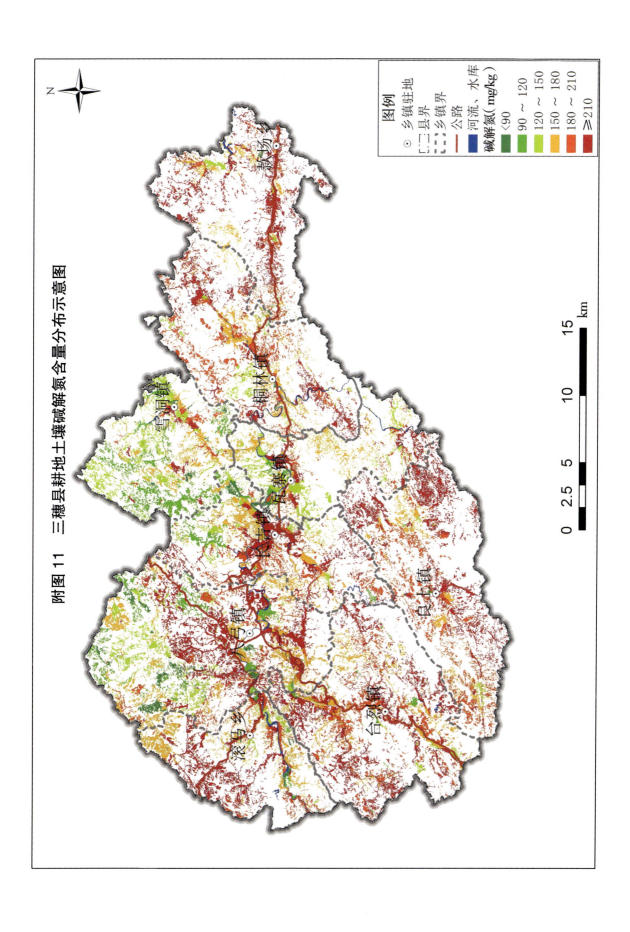

附图 11　三穗县耕地土壤碱解氮含量分布示意图

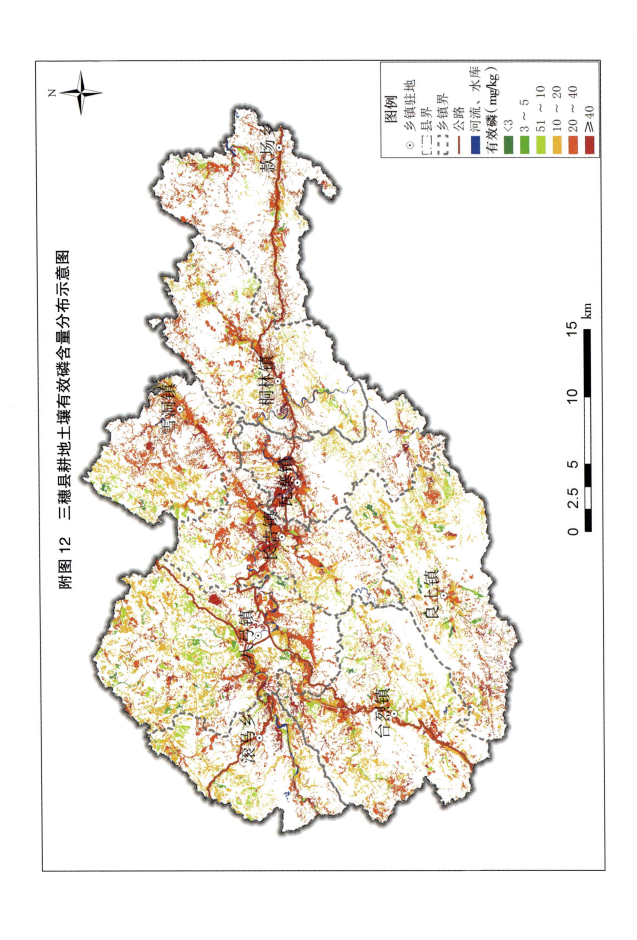

附图 12　三穗县耕地土壤有效磷含量分布示意图

图例

⊙ 乡镇驻地
县界
乡镇界
公路
河流、水库

有效磷（mg/kg）
<3
3～5
51～10
10～20
20～40
≥40

N

款场乡
桐林镇
雪洞镇
台烈镇
良上镇
瓦寨镇
滚马乡
合烈镇

0　2.5　5　10　15　km

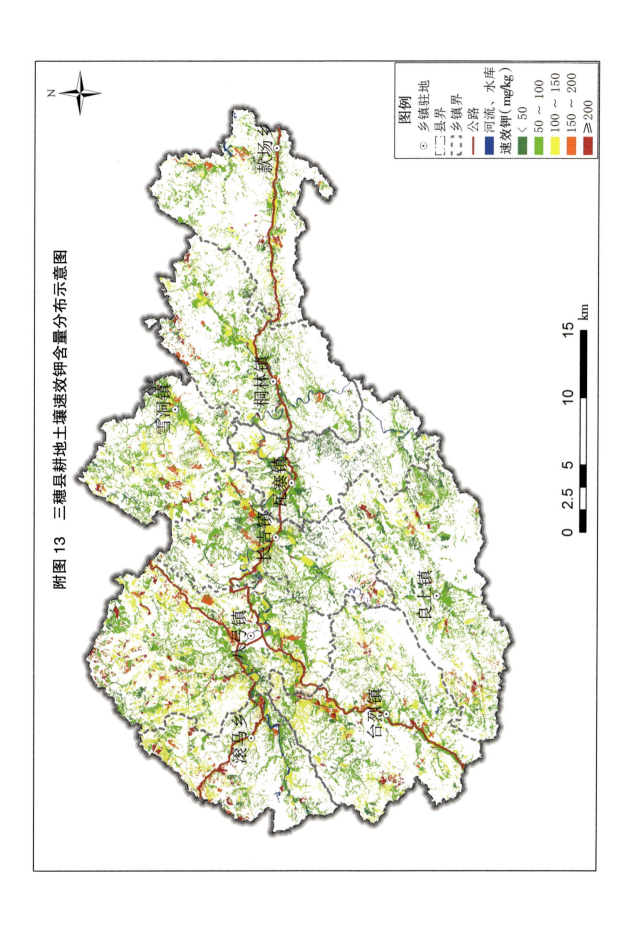

附图 13　三穗县耕地土壤速效钾含量分布示意图

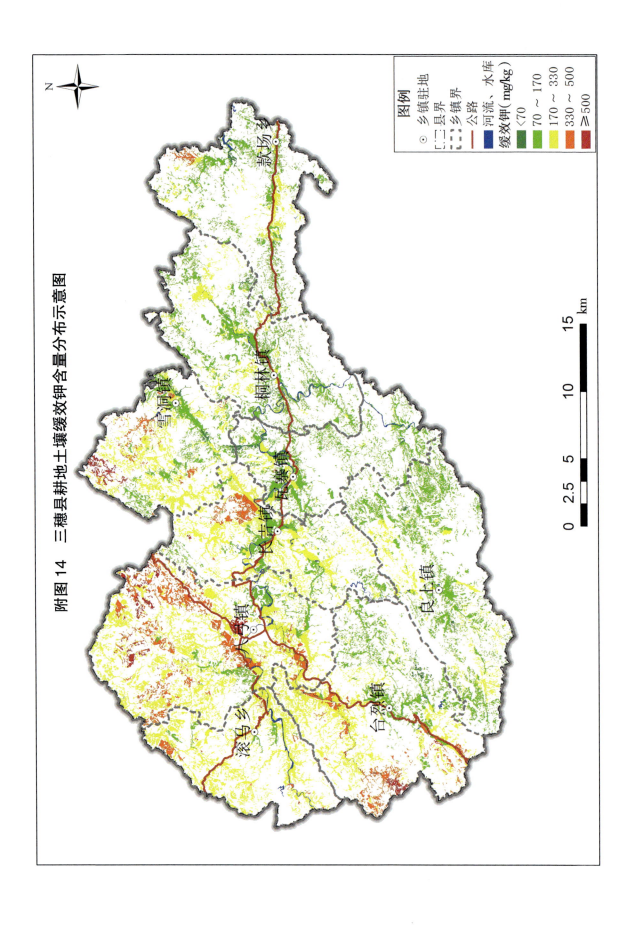

附图 14 三穗县耕地土壤缓效钾含量分布示意图

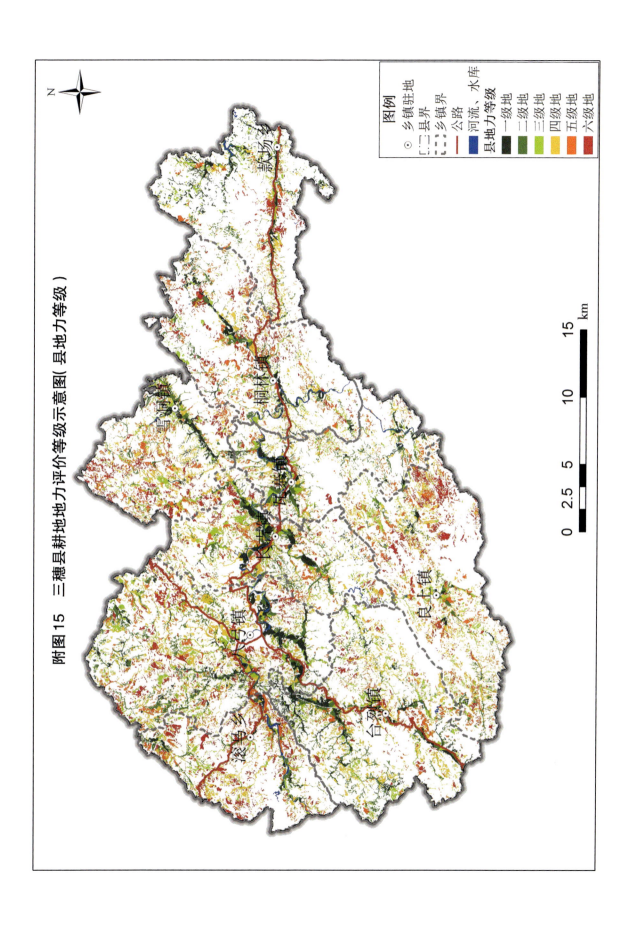

附图 15 三穗县耕地地力评价等级示意图（县地力等级）

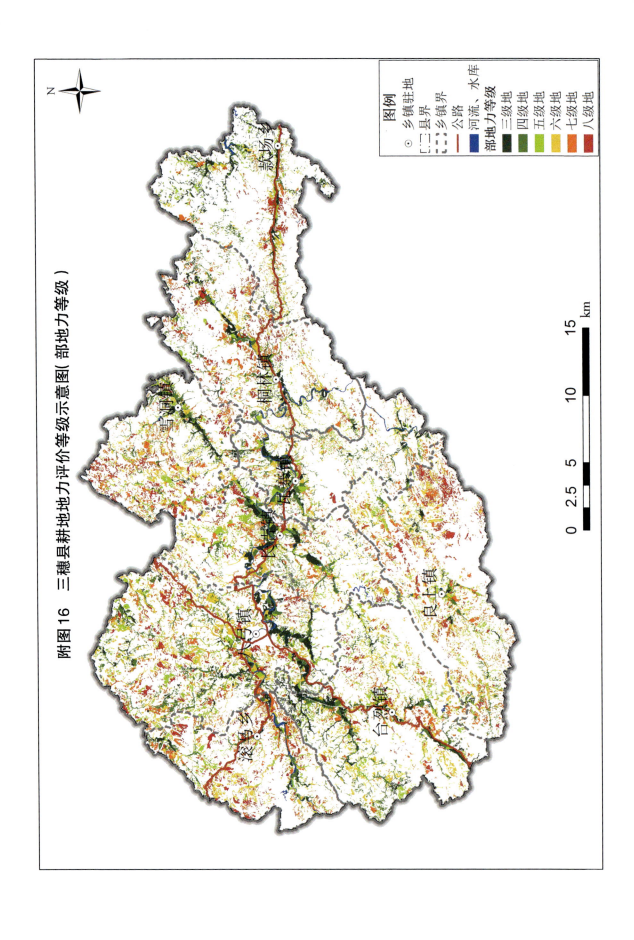

附图16 三穗县耕地地力评价等级示意图（部地力等级）

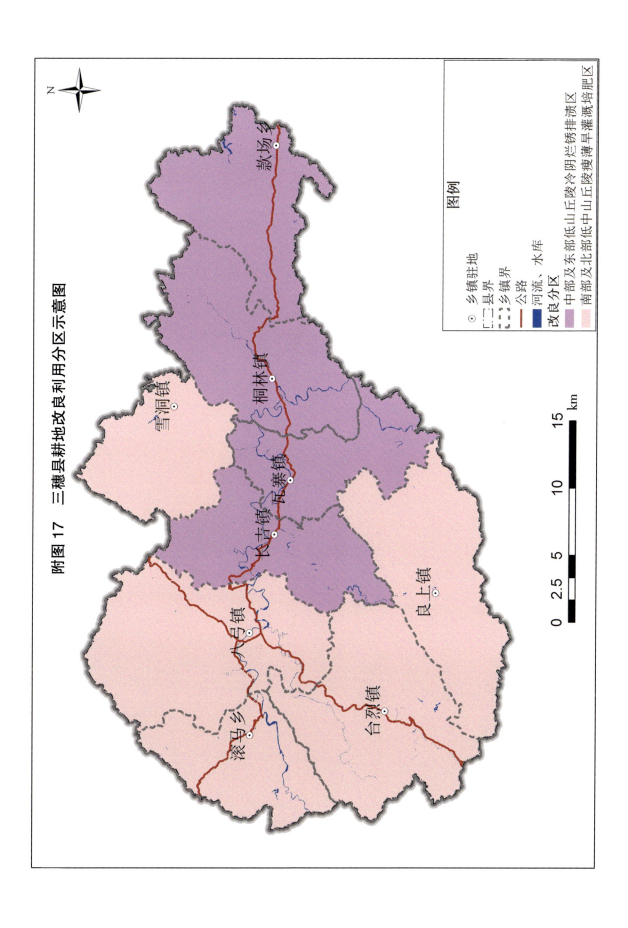

附图 17　三穗县耕地改良利用分区示意图

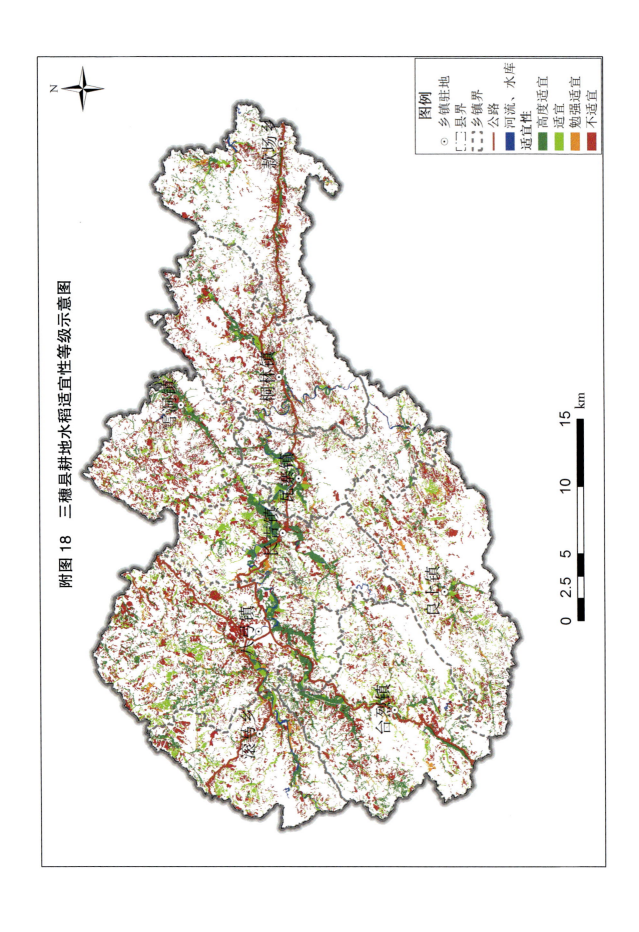

附图 18　三穗县耕地水稻适宜性等级示意图

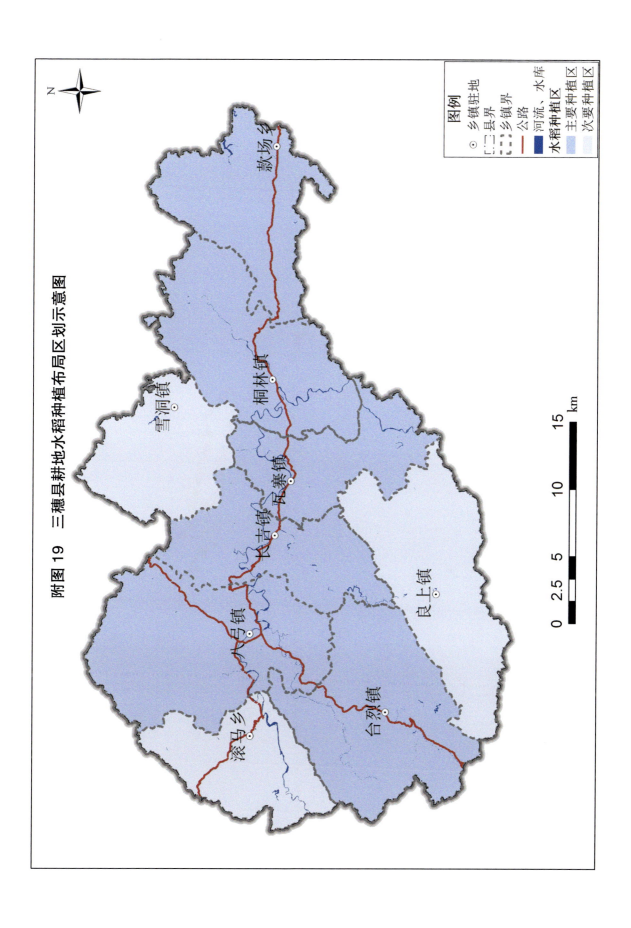

附图 19 三穗县耕地水稻种植布局区划示意图

图例

⊙ 乡镇驻地
▭ 县界
▭ 乡镇界
 公路
 河流、水库
▮ 水稻种植区
▮ 主要种植区
▮ 次要种植区

N

0 2.5 5 10 15 km

款场 乡

桐林镇

瓦寨镇

长吉镇

雪洞镇

良上镇

八弓镇

台烈镇

滚马 乡

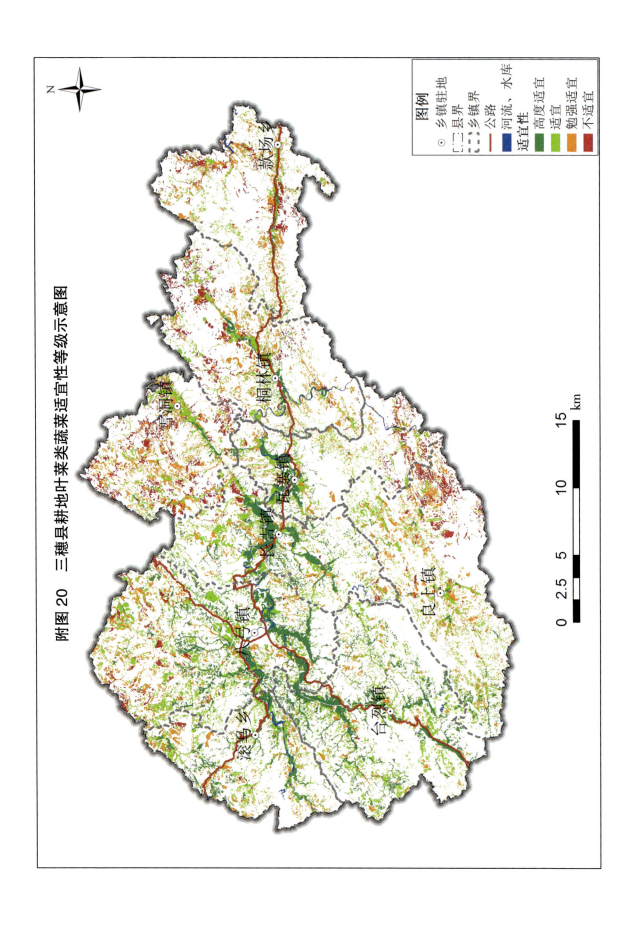

附图 20　三穗县耕地叶菜类蔬菜适宜性等级示意图

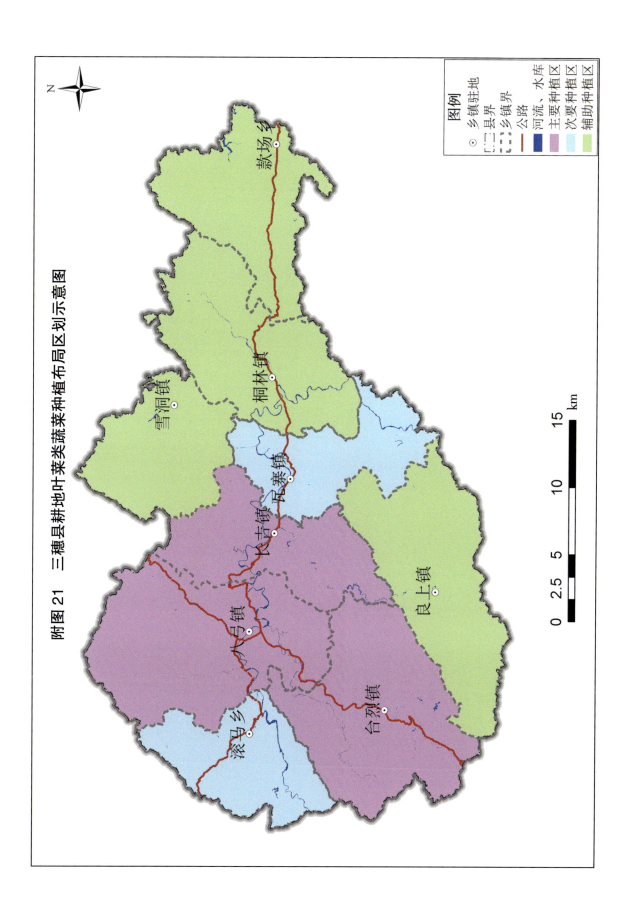

附图 21　三穗县耕地叶菜类蔬菜种植布局区划示意图

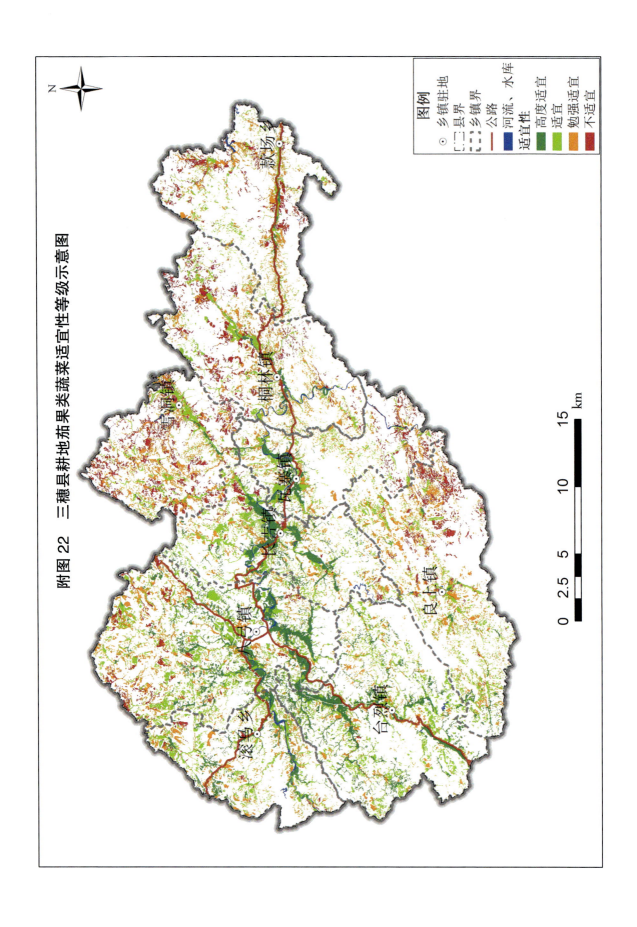

附图 22　三穗县耕地茄果类蔬菜适宜性等级示意图

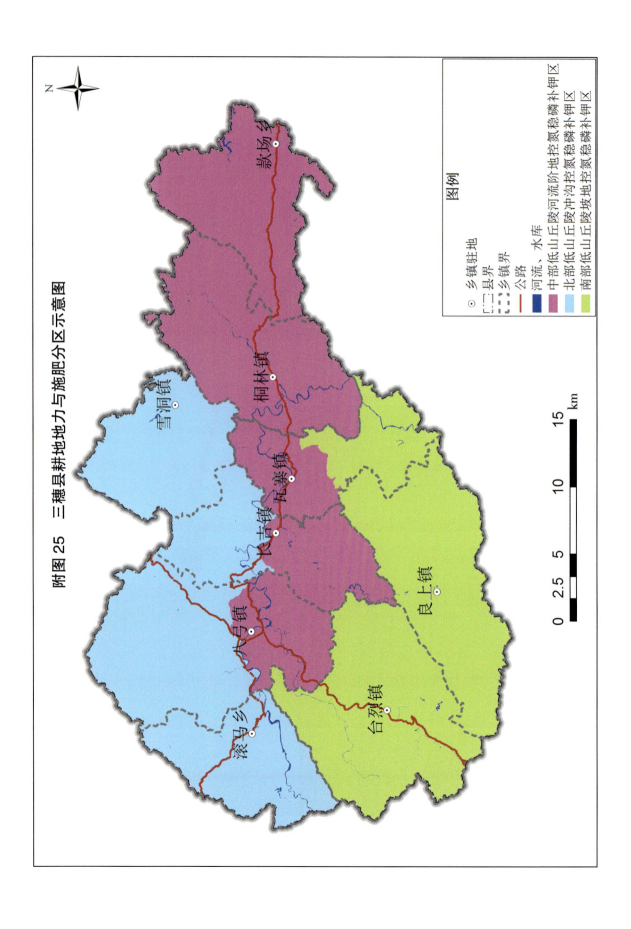

附图 25　三穗县耕地地力与施肥分区示意图

图例

⊙ 乡镇驻地
县界
乡镇界
公路
河流、水库
中部低山丘陵河流阶地控氮稳磷稳补钾区
北部低山丘陵冲沟控氮稳磷稳补钾区
南部低山丘陵坡地控氮稳磷稳补钾区

款场乡
桐林镇
瓦寨镇
雪洞镇
良吉镇
八弓镇
滚马乡
良上镇
台烈镇

0　2.5　5　　10　　15
km

N

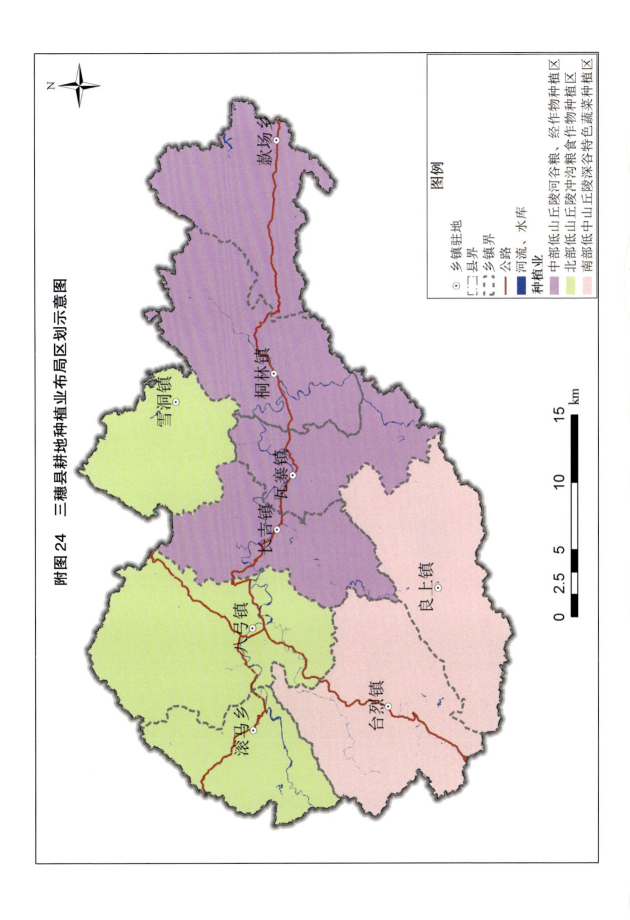

附图 24　三穗县耕地种植业布局区划示意图

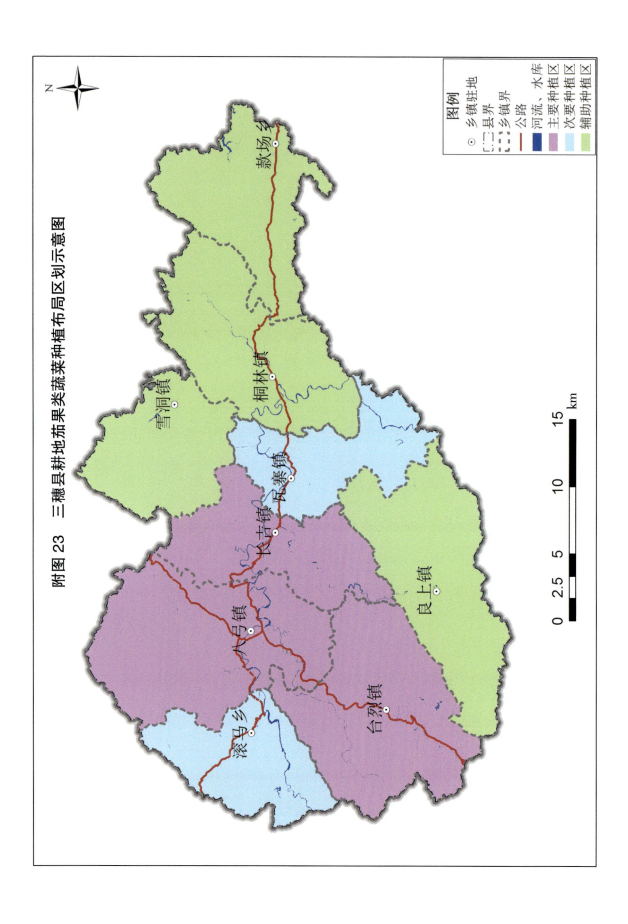

附图 23 三穗县耕地茄果类蔬菜种植布局区划示意图

图例

乡镇驻地
县界
乡镇界
公路
河流、水库
主要种植区
次要种植区
辅助种植区

N

款场乡
桐林镇
雪洞镇
瓦寨镇
长吉镇
八弓镇
良上镇
滚马乡
台烈镇

0 2.5 5 10 15 km